AF392263

ROSA LUXEMBURGO HOY

Foto de D.Seara (Mural Street Art de Rosa Luxemburgo en Frankfurt del Meno, Alemania)

Carlos Julio Báez Evertsz, es doctor en Sociología (Universidad de Bucarest) y doctor en Ciencias Políticas y Sociología (sección Sociología, Consejo de Universidades de España). Licenciado en Ciencias Políticas y postgrado en Comunicación Política (Universidad Complutense de Madrid). Fue funcionario del Cuerpo Superior de Administradores Civiles del Estado de España. Es autor de *Reflexiones sobre el presente y el futuro dominicano* (2020), *Desigualdad y clases sociales* (2016), *La modernización fallida* (2012), *Partidos políticos y movimiento popular en la RD* (2011), *Dominicanos en España, españoles en Santo* Domingo (2001), *La comunicación efectiva* (2000), entre otras publicaciones. Edita el blog-revista *Un mundo por ganar*: https://unmundoporganar.org

Carlos Julio Báez Evertsz

ROSA LUXEMBURGO HOY

SU LEGADO PARA UNA IZQUIERDA DEMOCRÁTICA

editorial **BETANIA**
Colección CIENCIAS SOCIALES

Colección CIENCIAS SOCIALES

Email del autor: cbaeze@gmail.com
Blog UN MUNDO POR GANAR: https://unmundoporganar.org.

Portada: Retrato de Rosa Luxemburgo.

Editorial Betania
Apartado de Correos 50.767
28080 Madrid, España
E-mail: editorialbetania@gmail.com
Blog EBETANIA: http://ebetania.wordpress.com

ISBN: 978-84-8017-429-9.
Depósito legal: M-29133-2020.

Imprime SAFEKAT
Impreso en España / Printed in Spain

Índice

Dedicatoria   9

Agradecimientos   11

1. Introducción   15

2. Rosa la roja: mujer, judía, polaca, socialista e internacionalista   21

3. La cuestión nacional   53

4. La lucha contra el revisionismo y el reformismo   70

5. La obra económica de Rosa Luxemburgo   95

6. Crítica de los métodos de la revolución bolchevique   122

7. La revolución alemana de 1918-1919   140

8. ¿Qué es el luxemburguismo?   168

9. El espontaneísmo de Rosa Luxemburgo   188

10. ¿Qué interés tiene hoy Rosa Luxemburgo?   205

Bibliografía   229

Índice biográfico   235

Breve cronología (1863-1919)   243

Dedicatoria

A Mirucha, por todo lo vivido, por su amor y compañerismo, en nuestros casi 50 años en común.

A mis nietos, León y Carla, que el estudio, el trabajo y el amor presidan sus vidas

Agradecimientos

Le quedo agradecido intelectualmente a Juan Trías Vejarano, del que fui alumno y después amigo, quien siguió fiel al pensamiento de Rosa Luxemburgo en sus elementos esenciales y murió en septiembre de 2019, siendo miembro destacado del Partido Comunista de España (PCE) y, brindando sus servicios en la sección de historia de la Fundación de Investigaciones Marxistas de la que fue director.

Ser militante del PCE evidentemente perjudicó o retrasó la carrera académica de Juan Trías. Ser marxista y, sobre todo comunista confeso y militante, conlleva represalias sutiles o brutales, incluso en algunos de los países capitalistas más democrático-liberales, aunque sea en el ámbito académico, teóricamente respetuoso del pluralismo ideológico.

Hay casos sintomáticos que ilustran estas acciones de "tolerancia represiva". Le ocurrió a Paul Baran en Estados Unidos. Hasta su muerte en 1964 era el único economista del ala izquierda marxista que ocupaba un puesto académico a tiempo completo en las universidades de su país.

Durante años en la universidad de Stanford le vetaron ascensos en la carrera académica, aumentos de salarios y ayudas a la investigación, no obstante ser uno de los economistas marxistas más reconocidos de Estados Unidos. Es decir, se le reprimía con una especie de *moobing* académico laboral. Algo semejante ocurrió con Paul Sweezy que comenzó su carrera en Harvard como discípulo de Schumpeter. Fue perseguido durante el McCarthyismo y se vio impedido de seguir una brillante carrera académica como todo auguraba. (Vid. Robert L. Heilbroner, 1972,p. 219 y ss)

Otro caso notable fue el del gran historiador Eric J.Hobsbawm de nacionalidad británica pero de origen austríaco y judío, que nació en Alejandría, Egipto en 1917. Hobsbawm fue un reconocido miembro del Partido Comunista de la Gran Bretaña (PCGB) durante casi toda su larga vida, si bien él decía que era un "comunista whig" (liberal). Este hecho influyó, parece, para que no se le permitiera impartir docencia en Cambridge. No llegó a tener el rango máximo de profesor (equivalente al español de catedrático) hasta 1970 y continuó enseñando en el Birbeck College, de la Universidad de Londres, hasta su jubilación.

En el año 1953 le fue rechazado un libro por una conocida empresa editorial británica, donde hacía un estudio comparativo sobre los salarios de los obreros por ser "demasiado tendencioso". Todo ello era consecuencia de su militancia política y del ambiente de la Guerra Fría. Y eso que se trataba de quien fue hasta su muerte el 1 de octubre de 2012, como dijo su colega el historiador Orlando Figes, "el historiador vivo más conocido del mundo". (Eric Hobsbawm, 2003, p.167 y ss.)

Nada que ver con los honores recibidos y la continuidad académica en Oxford que tuvo Isaiah Berlin, judío nacido en Letonia (1909), que también adoptó la nacionalidad británica pero cuyo liberalismo cultísimo y civilizado, nada tiene que ver con el tosco pensamiento neoliberal y, que al igual que Eric J.Hobsbawm, fue considerado uno de los escritores más importantes del mundo de su especialidad o campo de estudio.

No, no es lo mismo, incluso en las democracias avanzadas, ser marxista que ser liberal, como tampoco es igual ser un melifluo oportunista adaptativo, que un hombre de ideas sustentadas firme y militantemente de por vida. A Trías Vejarano, el catedrático de la asignatura Historia de las ideas políticas, el muy respetado Luis Díez del Corral, le puso obstáculos para acceder a la cátedra pasando por delante de él otros con iguales méritos quizás, no lo pongo en duda.

Díez del Corral pertenecía a esos intelectuales que fueron pro falangistas y que posteriormente fueron deviniendo liberales-conservadores y monárquicos, pero sin que ello les llevara a ninguna actitud firme de oposición al régimen de Franco. Aunque tolerara en su cátedra la presencia de profesores ayudantes de ideas políticas variopintas, lo cual le honra. Pero era un anticomunista que no estaba dispuesto a que se pudiera decir de él que promovía o apadrinaba a un miembro del entonces peligroso y temido PCE. (Vid. Gregorio Morán, 2008 y Antonio Elorza, 2019, El País).

Juan Trías dirigió el seminario de doctorado (1971-1972) en la Facultad de Ciencias Políticas y Sociología de la Universidad Complutense de Madrid, sobre "El marxismo de la Segunda Internacional". En ese seminario, a lo largo de un año académico, leímos y confrontamos los textos de Luxemburgo, Kautsky, Bernstein, Lenin, Bauer, Hilferding, Jaurés, Lukács y otros.Contribuyendo a reforzar mi conocimiento y admiración teórica por Rosa Luxemburgo.

Por lo antes expuesto, me complace honrar aquí la memoria del profesor, del amigo, del compañero, Juan Trías Vejarano.

A mis acreedores afectivos

También quiero recordar a otros compañeros de la Facultad de Ciencias Políticas, con algunos de los cuales coincidí en el doctorado de Ciencias Políticas como Margarita Castro Catrain, Rafael Toribio, Delfina Gallego, Delmira Seara.

No quiero dejar pasar la ocasión para expresar mi agradecimiento a los compañeros y amigos de la promoción de 1965-1970, de Ciencias Políticas, y quiero iniciarlo recordando a Juanjo Bajo, quien tuvo una influencia clave en la evolución de mis posiciones políticas. A Enrique Guerrero Salom, Ángeles Fernández Simón, Juan Luis Paniagua, Ángeles Zapata, Mercedes Alcover, Carmen Serrano, Joserra Pavía, Juan B. Palacios, Enrique Moral, Charo Martín, Nativel Preciados, Carolina González, Manuela Culebras, Paloma Jiménez, Gloria Madrigal, Pilar Perona, Clodoaldo Mateo, Rafael Bañón, Santiago Salas, Pilar Vázquez, Maru Fernández, Conchita Fernández, Félix Haering, Miguel Ángel Tarazona, Lydia Rosario, Paloma Barderas, Inmaculada Canet, Fernando Jiménez, Chiqui Erice, Emilia Graña, Alicia Pascual, Frances Vidal, Manuel Nistal, Mari Luz Collado, Chris Hermosa, Elena Gómez, Alicia López, Gloria Bodelón, Paloma Fernández, Maribel Mateo.

También recordar a los fallecidos Ricardo Campos, Ximena Castro, Marta Bizcarrondo, Mercedes Contreras, Victoria Gómez, Luis Pamblanco, Mª Victoria Codina, Enrique Curiel y Lucía González. Así como al resto de la promoción a los que sería prolijo nombrar, pero a los que tengo en alta estima. Gracias a todos por los momentos compartidos, por los afectos y por todo lo que aprendí de ellos.

Hay otras personas que con su estimulo, sus afectos, sus recomendaciones, sus ánimos, en momentos en que uno se plantea si debe seguir o abandonar, se convierten en claves para concluir un trabajo. Mi agradecimiento a mis hijos, David y Sara, a Mirucha, Marila, Maricha, Juan, Iris, Inma, July, Potota, Felipe, Roberto, Liliana Loydi, Danilo Rodríguez, Peter Collins, Alicia Bidart, Mario Sánchez, Javier Valero, Álvaro y José Santa Cruz, Thao-Vi Dao, Frank Báez, Quico Tabar, César Pérez, Josefina Zaiter, Zoila Besonias, María González Encinar, Porfirio García, Jesús Díaz, Emelio Betances, Luis Martinez Andrade, Rubén Silié, Rafael Durán, Bienvenido Cabrera, León De la Hoz y Max Puig.

A mi cuñado Fernando Perera, fallecido en septiembre de 2019 y a Tomás Hermo, fallecido antes de dar este libro a la imprenta, por causa del Covid-19 y a su viuda Carmen y, en ellos, a todos los que no nombro pero que han estado o están ahí, siempre brindándonos esa amistad, solidaridad y afecto tan necesario y valioso.

Todo trabajo es deudor de quienes precedentemente han investigado y reflexionado sobre las personas o asuntos que se tratan en este libro. En la bibliografía está mi lista de acreedores, la casi totalidad de los cuales han sido citados en el libro. A todos esos autores mi agradecimiento intelectual.

No deseo terminar sin expresar mi deuda con Roberto Montoya y Felipe Lázaro, quienes leyeron el borrador de este libro con atención y rigor y me hicieron importantes sugerencias para mejorarlo. Muy agradecido a ambos. Obvio, los errores que encuentren son de mi absoluta responsabilidad.

1. Introducción

Rosa Luxemburgo es sin ninguna duda la mujer, teórica y política marxista revolucionaria, más importante en la historia del movimiento socialista y de los trabajadores. La más grande y la más relegada.

Aunque en momentos en que se celebra una efemérides, como el ciento cincuenta aniversario de su nacimiento (1871-2021) o el centenario de su asesinato (1919-2019), su nombre se convierte en habitual en los medios de comunicación y es ocasión para la edición de libros y artículos recordando su vida y obra, si la comparamos con otras grandes figuras masculinas que permanentemente están presentes, ora para alabarlos, ora para denostarlos, como Lenin, Trotsky, Stalin, Mao, o el Che Guevara, lo que caracteriza a Luxemburgo es el relativo silencio sobre su figura, comparable sólo en su contraparte masculina a la de Ho Chi Minh.

Puede haber múltiples interpretaciones para ese hecho, todas con alguna base de razón, una destacable es que Rosa Luxemburgo nunca tuvo posiciones o cargos de poder en el Estado y sus instituciones. No tener poder institucional es una manera de carecer de significancia social y mediática, aunque tenerlo no logre siempre borrar la insignificancia vital y social de tantos detentadores de la tríada básica de nuestras sociedades de consumo: dinero, poder y prestigio.

En el caso de Luxemburgo hay otro motivo muy importante para su postergación si la comparamos con sus iguales masculinos. Aun siendo una revolucionaria y una marxista comprobada, no solo por sus ideas sino por su práctica e inclusive con su inmolación por la causa del socialismo, nunca tuvo como Lenin un Estado que la erigiera en una especie de figura reverencial.

Tampoco fue, como Trotsky, la brillante figura de una revolución triunfante que hizo temblar al mundo y el creador y líder de un Ejército Rojo vencedor ante los ejércitos de rusos blancos y los armados por las potencias occidentales.

Ni que decir de Stalin, que logró consolidar e incluso ampliar geográficamente el antiguo imperio zarista, conseguir un crecimiento económico notable con una economía planificada, ser esencial para ganar la guerra al nazismo y luego convertir a la URSS en la segunda potencia mundial.

Luxemburgo en el sentido pragmático y descarnado del uso coloquial de la palabra, social y políticamente,fue una "perdedora". Mujer, en una sociedad patriarcal, tradicionalista y jerárquica. Miembro de la minoría judía, sometida a múltiples discriminaciones de todo tipo. Nacida en un país, Polonia, repartido entre tres potencias: el imperio austro-húngaro, el imperio alemán y el imperio zarista ruso. Revolucionaria marxista que, aunque contribuyó al levantamiento de parte del pueblo trabajador alemán contra el militarismo y la guerra, no pudo hacer triunfar la revolución de 1918-1919 y fueron masacrados por el ejército y los paramilitares por decisión de sus ex compañeros socialdemócratas.

Así pues, Rosa Luxemburgo no tenía victorias que ofrecer, ni Estado que hiciera suyas sus ideas y las convirtiera en doctrina de Estado.

Cuando algunos partidos socialistas se fueron "bolchevizando" y se denominaron Partidos Comunistas y, otros, se inclinaron por las ideas de Bernstein e hicieron del reformismo y la colaboración de clases su razón de ser, la socialdemocracia pasó a ser sinónimo de partidos no revolucionarios, reformistas, e incluso "socioliberales". Estos partidos renegaron explícitamente de las ideas de Marx y Engels. Así pues, el espacio para la recepción de las ideas socialistas de Luxemburgo se estrechó sensiblemente.

Tanto es así que en algunos partidos socialdemócratas los dirigentes que seguían una línea aproximadamente "luxemburguista" fueron marginados, o ellos mismos optaron por retirarse para no enfrentar a los seguidores de la línea mayoritaria, como fue el caso en el PSOE de Luis Gómez Llorente. Algo muy comprensible desde el punto de vista de opción personal pero inexplicable políticamente, ya que si algo caracterizó a Luxemburgo fue su espíritu de lucha y enfrentamiento político, no por cargos dentro del partido o del Estado, pero sí por la defensa de las ideas del socialismo de Marx-Engels y de las suyas propias.

Se puede afirmar que se produjo, una pinza política ideológica de hecho entre los partidos comunistas estalinizados y los socialdemócratas, contra el socialismo democrático de Luxemburgo. Su pensamiento fue acogido por algunos de los disidentes del estalinismo, trotskistas, comunistas libertarios y minorías dispersas de socialistas democráticos.

Daniel Bensaïd señaló que uno de los trotskistas de mayor relevancia mundial, por su gran capacidad intelectual, producción teórica y combatividad militante, Ernest Mandel, tenía tanto aprecio o más por Luxemburgo que por el mismo Trotsky, alguno de cuyos libros consideraba un horror, como era el caso de *Terrorismo y Comunismo*. También expone que en las escuelas de formación de las organizaciones de la llamada IV Internacional, era habitual que se leyeran obras de Luxemburgo, de Kautsky e incluso de Bernstein. (D. Muhlmann, 2010, p.194)

La permanente actualidad de Rosa Luxemburgo

Sería de gran interés que se difundieran sus ideas en un momento en que el capitalismo ha pasado por una de sus más importantes crisis en 2008, y en que existen signos de una desaceleración o incluso recesión económica en países locomotoras de la economía mundial, acompañada de una guerra comercial entre potencias económicas. Este pronóstico se aceleró debido a la pandemia del Covid-19 que ha provocado una de las mayores sino la mayor recesión del capitalismo.

En 2020 tuvo lugar una caída del PIB mundial y no es probable que se vuelva a la tendencia anterior a la crisis hasta el 2022 o el 2023.La situación afectará a las economías emergentes y al llamado Sur Global cuyas economías exportadoras de productos básicos han visto reducir sus precios desde 2008-2009 y que verán intensificarse la contracción económica. Más de 90 estados han consultado al FMI sobre rescates (casi la mitad de los estados del mundo).

En la UE el PIB de la zona euro no es probable que supere el nivel del cuarto trimestre de 2019 hasta 2023. Y en el Reino Unido el retroceso del PIB como consecuencia del Covid-19 ha sido del 20,5%, la caída más grande de Europa y el de EE.UU. supera el 10% y se prevé que a fines de 2020 alcance el 15%. Se espera que los niveles de deuda del sector público excedan lo alcanzado en los últimos 150 años, incluso después de la Primera y la Segunda Guerra Mundial. El índice de deuda del sector público en 2020 alcanzará el 122% del PIB en las economías capitalistas avanzadas y el 62% en las llamadas economías emergentes. (M. Roberts, 2020)

El funcionamiento actual de la economía se manifiesta en una concentración de la riqueza en un número cada vez menor de billonarios, a la vez que se ha acentuado la brecha de la desigualdad entre países e intra países.

El mundo entero se encuentra sometido a la explotación capitalista y cada vez hay menos zonas pre-capitalistas al margen de la acumulación del capital y junto a todo ello, surgen movimientos sociales muy potentes como el feminismo, el ecologismo, la lucha contra la xenofobia y el racismo social e institucional, la defensa de la sanidad pública, de las pensiones, la lucha a favor de democracias participativas y por una economía más social y centrada en las necesidades, no en el hiper consumismo y la economía del despilfarro.

Luxemburgo aporta a este debate ideas fructíferas que nos pueden ayudar a pensar más profundamente sobre todos estos asuntos. Por tanto, este libro es una exposición sobre su vida pero sobre todo de su pensamiento, analizado un siglo después de su muerte. Se hace una lectura política y, a la vez, es una introducción, breve y sumaria, una invitación y espero que un estímulo, para que se lea a Rosa Luxemburgo en sus textos.

Coincido con las palabras de un dirigente político británico de izquierda, quien hace sesenta años publicó un interesante trabajo de divulgación sobre Luxemburgo, donde decía lo siguiente:

"Personificación de la unidad entre la teoría y la práctica, la vida y la obra de Rosa Luxemburgo requieren una descripción tanto de sus actividades como de su pensamiento: ellos son inseparables. No obstante (...) no podemos hacer justicia a ambos. Para evitar nadar entre dos aguas, este ensayo se concentra principalmente en la doctrina de Rosa Luxemburgo ya que ésta contiene su permanente contribución al movimiento internacional socialista". (T. Cliff,1959)

Uno de los lemas de vida de Luxemburgo fue "dudar de todo". Hay que colegir que alguien tan crítica y que veía el socialismo marxista como el enfoque científico, no ideológico, ni romántico o idealista del socialismo, estaría complacida que al analizar su obra teórica se empleara el método crítico a sus escritos e ideas. Admirar a alguien no debe estar exento de criticismo, señalar las diferencias o exponer los matices, ésta es la esencia de una actitud racional y científica ante los hechos y ante el pensamiento, es lo que muy modestamente pretendemos.

Este ensayo ha sido un trabajo realizado con afecto y mucha paciencia no exento de momentos de desasosiego al redactarlo. Era algo que deseaba hacer desde hace muchos años y siempre aplazaba, una vez iniciado no deseaba dejarlo inconcluso. El presente trabajo es mi homenaje a la mujer donde encontré algo así como una "iluminación" sobre la idea que tenía de lo que era el socialismo, la importancia de la democracia en el mismo y del papel de las masas como protagonistas del quehacer histórico y de la emancipación social, como obra de ellas mismas, aunque con la ayuda o cooperación de unas "vanguardias" organizadas.

Una de las razones que explica la vigencia hoy de Luxemburgo es que traza una línea por la que debemos transitar todos los que entendemos que el socialismo democrático es la alternativa pertinente para superar tanto la socialdemocracia neoliberal y el fundamentalismo de mercado, como el modelo de capitalismo de Estado hiper autoritario.

Como afirmaba Luxemburgo, se trata de afrontar el dilema de ir hacia una sociedad poscapitalista o socialista democrática o caer en la barbarie de un capitalismo que amenaza a la humanidad con la creciente desigualdad y concentración de la riqueza y que está destruyendo nuestro planeta. Nada más y nada menos.

No deseo concluir esta introducción sin indicarles a los lectores que los capítulos que componen el libro se pueden leer de manera independiente.

Como criterio de organización de los capítulos se ha seguido una línea más o menos cronológica, en la medida que ello ha sido posible, de acuerdo al período concreto en que Luxemburgo escribió sobre ellos su trabajo principal. Al final del libro presentamos una breve cronología centrada en su figura desde 1871 hasta su muerte en 1919 y un brevísimo índice biográfico.

Mi deseo como autor es haber logrado ofrecer a los lectores una visión sumaria del pensamiento y acción de Luxemburgo, a la vez que transmitirles mi interés por sus ideas sobre el socialismo democrático, desde la perspectiva del marxismo revolucionario, no sólo como parte de la historia del pensamiento político y social, sino por la gran actualidad que tiene su concepción y por la importancia capital de la participación activa de las mujeres y los hombres, en defensa de una vida mejor, más libre y más digna para todos.

Esta gran mujer hizo suyo el apotegma latino popularizado por Kant *sapere aude,* "atreverse a pensar por sí mismo". Yo agregaría este otro de su propia cosecha que es la consecuencia lógica del anterior en el plano de la praxis: "Quien no se mueve, no siente el ruido de las cadenas".

Torrelodones, 25 de noviembre de 2020

2. Rosa la Roja: mujer, judía, polaca, socialista e internacionalista

Las ideas hay que vivirlas.
André Malraux

El personaje histórico que conocemos con el nombre de Rosa Luxemburgo es la teórica marxista y revolucionaria socialista más importante del siglo XIX y XX. Lenin la consideró como un águila que vuela a alturas políticas y teóricas que ninguna gallina, que vuela a ras de tierra, puede siquiera llegar a soñar. Franz Mehring expresó que la consideraba la marxista más importante después de Marx y Engels.

Trotsky, creador y aún jefe del Ejército Rojo y, con Lenin, el líder indiscutible de la Revolución bolchevique, dedicó a la muerte de Luxemburgo -en 1919- un elogio que en sus labios no era algo protocolario sino un juicio objetivo y pleno de admiración, ya que ella había sido muy crítica con algunas de sus ideas y prácticas:

"Pequeña en altura, frágil, con un rasgo noble en su rostro y hermosos ojos que brillaban con inteligencia, destacaba por el valor de su pensamiento. Dominaba completamente el método marxista, como si fuera un órgano de su cuerpo. Se podría decir que el marxismo estaba en su sangre." (L.Trotsky, 1971)

Los datos biográficos de Luxemburgo son conocidos debido a los trabajos de Paul Frölich (1939) que fue compañero de militancia de Luxemburgo y encargado de publicar sus obras completas, trabajo que quedó inconcluso y el de J.P. Nettl (1966) quien dedicó largos años de su vida al estudio detallado y documentado de la vida y obra de esta extraordinaria mujer, pensadora y dirigente revolucionaria del socialismo internacional.

El de Frölich, es un libro no sólo bien documentado sino escrito por alguien que ha vivido los acontecimientos y tiene una perspectiva política marxista. El segundo, el de Nettl, es un trabajo erudito de un académico, un historiador profesional, al que algunos critican que no tiene la agudeza del analista de la política comprometida. Pero eso mismo es considerado por otros una baza a su favor. En todo caso, esos dos textos son los libros biográficos clásicos sobre Luxemburgo, sin desmedro de otros que han sido publicados después.

Por ejemplo, el excelente libro de Elzbieta Ettinger (1986), autora de origen polaco y que combina en su biografía una narrativa donde, como quería el sociólogo Wright Mills, se mezcla la vida, la historia, las ideas y los sentimientos de Luxemburgo, no sólo una teórica de altura sino una mujer afectiva y magnifica escritora del género –ya en desuso- de las epístolas, de las cartas. Esenciales para darnos una visión completa de la persona con sus filias, sus temores, su necesidad de amar y de vivir una vida de pareja.

Para acceder a un público más amplio, es muy recomendable la reciente y excelente biografía gráfica sobre Luxemburgo de Kate Evans (2015). Además, podemos referirnos a la biografía de Harry Harmer (2008) y al ensayo académico muy influido por los estudios culturales de Jon Nixon (2018) sobre Luxemburgo. Este autor considera que hay "muchas Rosa Luxemburgo". La legendaria Luxemburgo La Roja de las barricadas, víctima de fuerzas históricas fuera de su control. La cercana a las posiciones anarquistas que era partidaria de la espontaneidad–según una muy particular interpretación de ese autor-, a expensas de la acción organizada. La implacable crítica de los bolcheviques. La mártir del oportunismo político y la violencia del Estado. "Pero también está la Luxemburgo, que pensó su camino a través de uno de los períodos más críticos de la historia alemana y para quien el pensamiento formó la base de la acción política". (J.Nixon, 2018,p.5)

De reciente publicación en España tenemos los trabajos del historiador y dirigente político del grupo Izquierda Revolucionaria, Juan Ignacio Ramos (2018), quien también es autor de *Bajo la bandera de la rebelión. Rosa Luxemburgo y la revolución alemana* (2014) y el de Ana Muiña, Rosa *Luxemburgo en la tormenta* (2019).

Ramos hace un estudio histórico de la revolución alemana de 1918-1919 en el primer libro citado y en el segundo, de manera breve pero concisa, expone las ideas políticas de Luxemburgo. El libro de Muiña está centrado en una presentación cronológica basada en un trabajo de investigación documental riguroso de la acción política de Luxemburgo y aporta una útil selección de algunos de sus textos. Un libro magníficamente editado, con profusión de fotos lo cual, además, tiene valor como libro iconográfico. La parte dedicada a "Su proyección en la prensa y la vida española" es un aporte a la recepción y eco en los medios de comunicación de la figura de Luxemburgo en España. (Muiña, 2019, pp.79-85)

La atención sobre Luxemburgo en España viene de lejos. Sin pretender dar una bibliografía exhaustiva, aparte de los citados, tenemos los ensayos de Luis Gómez Llorente (1975), J.A. Díaz Valcárcel (1975), la selección de textos de Luxemburgo sobre la cuestión nacional, compilados por Manuel Izquierdo (1977) y otros trabajos sobre su vida y pensamiento, como los de José Vidal Villa (1978), María José Aubet (1983), Juan Trías B. y Manuel Monereo et alt., (2001).

Los libros que citamos, obviamente, no agotan la bibliografía de autores españoles sobre Luxemburgo. Aparte de libros y folletos, se pueden encontrar numerosos artículos sobre Luxemburgo en las revistas y periódicos de las izquierdas españolas. Desde *El Socialista,* que publicó por entregas *Huelga de masas, partido y sindicatos*, de diciembre de 1908 a septiembre de 1909 y posteriormente lo editaron como libro con el título de *La huelga de masas, el Partido Socialista y los sindicato*s, s/f Gráfica Socialista. (A. Muiña, 2019, pp.79-80), pasando por las revistas, blogs-revistas y webs, *Materiales, Marxismo Hoy, Kaos en la red, Rebelión, Sin Permiso* y *Viento Sur*, entre otros. Pepe Gutiérrez-Álvarez, es autor de unos artículos sobre la recepción de Luxemburgo en España, además de ser el editor y autor del prólogo de las misivas entre Luxemburgo y Leo Jogiches, *Cartas de amor y revolución (2020).*

Una familia judía polaca en Zamosc

Rozalia (Róza) nació el 5 de marzo de 1871 en Zamosc, ciudad situada a medio camino de los centros comerciales de Lublin y Lwow, que en el siglo XVI era un importante centro comercial y una importante ruta de tránsito. La invasión sueca del siglo XVII puso fin a la prosperidad comercial de esa ciudad. En el siglo XVIII Polonia dejó de existir como estado soberano y en las particiones de 1772, 1793 y 1795, su territorio fue repartido entre Prusia, Rusia y Austria.

En 1815 se crea el Reino de Polonia con Varsovia como capital y Zamosc queda en manos de los rusos como un puesto militar, aunque el comercio y el artesanado siguieron siendo importantes para la economía. Un tercio de la población de la ciudad eran judíos. Desde el siglo XVI eran sobre todo judíos sefarditas que se dedicaban al artesanado, farmacéuticos, médicos y no competían laboralmente con la población polaca.

Después de la invasión sueca en el siglo XVIII estos judíos se marcharon y ocuparon su lugar los judíos askenasis, menos cultivados y que entraron en conflicto con la población local por la búsqueda de puestos de trabajo. Esta lucha económica se tradujo en un cambio en las actitudes sociales y los polacos de Zamosc comenzaron a tener enfrentamientos con los judíos.

Se aprobaron normas para reducir los derechos de los judíos, tanto en materia de comercio, acceso a la propiedad, como en los lugares en que podían vivir. Esto los hizo buscarse la vida como vendedores ambulantes, revendedores y usureros, lo que les creó una reputación de timadores. Se reglamentaron, incluso aspectos como la vestimenta y el corte del pelo, pero todo ello fue inútil, los judíos siguieron con sus costumbres.

Según se transmitía oralmente en la familia de Luxemburgo, los Luksenburg llegaron a Polonia procedentes de Bruselas. El primero en trasladarse fue un arquitecto. Lo cierto es que el abuelo de Luxemburgo era un próspero comerciante de madera que no quiso seguir las rígidas normas de los judíos ortodoxos. El padre, Elías, fue enviado por su padre a estudiar comercio a Alemania y heredó el negocio y la tendencia paterna a la asimilación. Sin embargo, su madre, Lina Löwenstein, era hija de rabino y descendía de diecisiete generaciones de rabinos y de letrados, entre ellos el comentador del Talmud el rabino Zerachya Halevi que vivió en el siglo XVII en España. (Vid. E. Ettinger,1986, p.21)

El tío de Luxemburgo el rabino Bernard Löwenstein, era doctor en filosofía y en teología. Tal vez estos antecedentes hayan influido en la inteligencia abstracta y la tendencia polemista de Luxemburgo.

Es sabido que, en sus escuelas, los judíos dan una gran importancia a cuestionarse las cosas y a discutir, argumentando, sobre las interpretaciones del Talmud. Lo que se puede resumir en la sentencia del viejo testamento: En el principio fue el Verbo.

En todo caso, aunque judía de varias generaciones y por ambas ramas familiares, los Luksenburg no eran practicantes religiosos rigurosos, aunque la madre impuso que se respetaran las fiestas rituales judías como el Sabbath, la Hanukah y el Rosh Hashaná (Leo Trepp, 1980). A la vez transmitió a sus hijos el placer de la lectura de literatura alemana y polaca. En la casa hablaban entre ellos polaco y alemán, no yiddish, pero el padre si lo empleaba en sus negocios. Algo que ocurriría, también, en otros lugares como en Galicia (España), en los años de la posguerra civil hasta mediados los años de 1970, donde en familias acomodadas o de "clase media", aunque los padres hablaran gallego entre ellos a sus hijos les hablaban en castellano, con fines de distinción social respecto a la población rural, que era la que hablaba predominantemente la lengua vernácula.

Luxemburgo era la última de cinco hermanos. Tenía una hermana mayor Anna y tres hermanos Natan, Maksymilian y Jozef. El padre decidió que la familia marchara a la capital del reino, Varsovia, para tratar de mejorar su situación económica o quizás para escapar al ambiente judío religioso de Zamosc, donde los ortodoxos y los hassidim tenían tensiones con los católicos polacos, o bien, por ambos motivos.

Varsovia y la formación de una rebelde

En Varsovia se había ordenado desde 1809 que los judíos vivieran en un barrio destinado a ellos en las afueras. La ciudad era la que tenía más judíos de todas las ciudades europeas, 90 mil cuando la familia de Luxemburgo llegó a Varsovia y 200 mil en 1890. (H Harman, 2008, p.11). Sólo judíos con mucho dinero podían obtener el permiso para residir fuera del "guetto" y tenían además que hablar en polaco, alemán o francés, inscribir a los hijos en escuelas públicas y vestir a lo occidental. Era un intento de asimilar a las élites económicas-intelectuales judías.

La iglesia católica influía para evitar la integración residencial de ambas religiones. Pero el zar dispuso que la segregación residencial fuera abolida en 1862 y oficialmente el barrio judío dejó de existir legalmente. Aunque es obvio que los judíos con sus grandes sombreros negros, sus túnicas o caftans hasta las rodillas y las mujeres con sus pelucas siguieron allí, dándole un aspecto exótico e incluso medieval a dicho barrio.

En otros barrios, habitados por polacos, vivían los judíos asimilados, occidentalizados, que no hablaban en sus familias el yiddish, ni vestían a la usanza tradicional judía y que no querían ser confundidos con esos judíos pobres y fieles a los cánones religiosos. La familia Luksenburg era parte de ellos, aunque su vivienda estaba a relativamente, poca distancia del barrio judío.

En el mismo edificio donde vivía Luxemburgo había grandes diferencias sociales, entre los pisos que daban a la calle habitados por las familias con más medios económicos y las partes traseras, habitadas por familias más pobres, viviendas sin apenas luz solar, donde vivían amontonadas familias numerosas de zapateros, modistos, sastres, en lugares que eran a la vez talleres de trabajo y vivienda familiar.

En Varsovia, cuando Luxemburgo tenía cinco años, se produjo un acontecimiento que marcaría su vida. La llevaron a un especialista por problemas en la pierna y el médico decidió que había que enyesarla durante un año para tratar de resolver un problema de cojera, quizás se trataba de una displasia congénita. Su crecimiento se detuvo y comenzaron a verse signos de desnutrición.

Al año, cuando le quitan el yeso, se encuentran con una pierna más corta que otra y torcida. Eso significaba en ese tiempo que sufriría una cojera de por vida. A partir de allí no creció mucho aunque su cuerpo se desarrolló. Estaba coja y con una joroba en la espalda. Sufrió mucho por todos los tratamientos. Se sentía mal siendo coja y, además, los niños de su edad en cierto modo la evitaban. Al fin admitió su situación de discapacidad física y trató de hacer su vida como los demás niños, poniendo siempre mucho énfasis y esfuerzo en disimular su cojera.

A los diez años entra a estudiar en la escuela del Estado, el segundo Liceo Ruso para chicas. Para ello, como cualquier judía, tenía que tener muy buenas calificaciones en el examen de ingreso, porque había un *numerus clausus* para los judíos. Luxemburgo, ser sensible y despierto, fue consciente desde esa edad de su estigma y estatus de inferioridad social como judía.

Era judía, aunque como se ha dicho, no se la educara en el judaísmo religioso. Era polaca pero Polonia estaba dividida en tres partes y no era tampoco un Estado soberano. Por tanto, ninguna de esas identidades proporcionaba seguridad alguna. Obligatoriamente y según sus orígenes, tenían que asistir a clases de religión católica, ortodoxa o judía. Hay que señalar que Luxemburgo podía hablar polaco, hebreo, ruso y alemán. En la escuela era obligatorio el ruso y los alumnos tenían prohibido emplear la lengua polaca entre ellos.

En la escuela Luxemburgo se distinguió por su inteligencia y voluntad ya que participaba en las clases de gimnasia y deportes, pese a lo que le costaba, y trató de integrarse como polaca que era, pero su físico claramente judío la colocaba entre los no polacos. Algunos se preguntan si su rechazo tan acentuado al nacionalismo polaco no tiene sus raíces en ese nacionalismo y orgullo nacional polaco, excluyente con los no considerados polacos, que percibió en la escuela. Su imposibilidad de ser como todo el mundo se convirtió en una agresividad y arrogancia como mecanismo de compensación. En el segundo año del liceo ya era reconocida por su inteligencia y su fortaleza de carácter tanto por sus profesores como por sus compañeros.

Con diez años Luxemburgo asistió a un acontecimiento que la marcaría. En la Pascua de 1881 la masa de feligreses que salían de una iglesia se lanzó a desarrollar un *progrom*, atacando a los judíos, quizá para vengarse de la humillación que había significado para ellos la partición y la pérdida de su soberanía o por fanatismo cristiano. Las víctimas se convertían en victimarios creando otras víctimas indefensas. Durante tres días, asaltaron las viviendas y a las personas judías, golpeándolas, hiriendo y matando a algunos y destruyendo parte de sus enseres, con la pasividad de la policía rusa. Ese sentimiento de terror la llevó años después a confesarle a su amiga, Luise Kautsky, que sentía "horror a las masas".

Ese acontecimiento hizo que Luxemburgo encontrará cierto consuelo en la poesía, descubriendo al poeta del romanticismo, Adam

Mickiewicz, con un mensaje muy humanista y universalista, buscando el bien y la igualdad para todos los oprimidos, campesinos, judíos, obreros, en otro orden social. Los jóvenes se reunían para leer y recitar la poesía y obra del autor prohibido.

Mickiewicz influyó en la joven Luxemburgo insuflándole la idea y el sentimiento de que había que cambiar la sociedad en que vivían para establecer otra basada en una concepción más humana y ética. Además de influir de por vida en el sentimiento de que los de abajo, el pueblo, tenía "instintos sanos", una especie de intuición colectiva, ya que como dijo el poeta, saben porque sienten.

Luxemburgo no hizo suyo el nacionalismo polaco ya que se sentía rechazada por los que se consideraban polacos "puros", aunque ella se veía como polaca y no tanto como judía. Interiorizó algunas ideas de Mickiewicz, como la omnipotencia del pueblo, que la igualdad y la libertad son sagradas y que había que liberar a todos los oprimidos, personas y pueblos. Todavía Luxemburgo no había leído a Marx, que sería quien le daría las ideas fuerzas que guiaron su pensamiento y acción en el resto de su vida, pero las ideas románticas de Mickiewicz le dejarían una impronta.

Se integró en un grupo de jóvenes románticos e idealistas en los que se sentía una igual, tenía dieciséis años. Se leían libros prohibidos y de esa manera se fue expandiendo entre esos jóvenes idealistas un pensamiento crítico respecto a la realidad social concreta de opresión, desigualdad social y abusos. Dice su biógrafa E.Ettinger que en ese medio, unidos por similar grupo de edad y por su condición de pertenecer a medios obreros y pequeños burgueses, ella no se sentía extraña sino integrada, salieron a relucir sus cualidades "típicamente judías": ambición, seguridad, tenacidad, curiosidad intelectual, espíritu polémico. Luxemburgo desarrolló una pasión por el conocimiento, por el estudio que ya había calado en ella desde muy joven.

El 14 de junio de 1887 terminó los siete años de estudios del Liceo con una calificación de A en 14 de las asignaturas y B en cinco, pero no le dieron la medalla de oro que le hubiera correspondido a causa de su actitud rebelde. Terminaba la escuela con conocimientos de las lenguas rusa, polaca, alemana y francesa. En el certificado de estudios su apellido aparece modificado por la administración rusa, ya que consta no como Luksenburg sino como Luxenburg.

Se hizo militante de un grupo socialista clandestino que seguía el programa de la veterana organización *Proletariat* (Proletariado), creada en septiembre de 1882, cuyo fin era crear un partido obrero, un partido de los asalariados. En 1886 cuatro de los dirigentes fueron ahorcados por promover huelgas y muchos otros militantes encarcelados. Empero, el grupo siguió funcionando de manera clandestina y Luxemburgo al terminar la escuela se unió al mismo. Allí se inició su estudio sistemático de las obras de Marx y Engels y su aprendizaje del trabajo político conspirativo. Años después le dijo a una hija de diez años de una amiga, con evidente exageración: "A tu edad yo no jugaba con muñecas, hacía la revolución".

Los dirigentes de *Proletariat* le recomendaron que dejara de militar porque la policía estaba tras su pista y que por sus características físicas era muy fácil que la localizaran y detuvieran.(K.Evans,2017, p.23) Ella, además, quería continuar sus estudios universitarios pero en Polonia no había ninguna universidad que admitiera a mujeres. En febrero de 1889 abandona Varsovia para ir a estudiar en la Universidad de Zúrich.

Zúrich, exiliados y emigrados

El 18 de febrero Luxemburgo se inscribió en la municipalidad de Oberstrass haciendo constar que el apellido era Luxemburg, más cosmopolita que el original Luksenburg o el de la transcripción del ruso Luxenburg. Una vez así inscrito, Luxemburgo veló siempre porque se escribiera de esa manera, y así quedó para la historia.

Alquiló una habitación en casa de Karl Lübeck, alemán socialdemócrata que había sido el editor de *Demokratische Zeitung* en Berlín y que había tenido que emigrar debido a las leyes antisocialistas. Su mujer, Olimpia, era polaca y madre de ocho hijos. Luxemburgo hizo amistad con la pareja y ayudaba a Karl -que tenía problemas en la vista- a redactar artículos; de esa manera hizo su primer aprendizaje de la prensa alemana socialista y del periodismo político. Posteriormente, el matrimonio le hizo un gran favor a Luxemburgo al persuadir a su hijo Gustav para que hiciera un matrimonio blanco con ella, y de esa manera adquirir la nacionalidad alemana y poder residir y hacer política en su país de adopción.

En la Universidad de Zúrich comenzó a estudiar, primero, ciencias naturales y matemáticas y, en 1892, inició estudios de Derecho Público, Ciencias Políticas y Economía Política. No obstante, su interés principal se centró en la Economía Política dedicándose al estudio de la obra de Adam Smith, David Ricardo y Karl Marx. Era célebre, entre sus compañeros de estudios, por sus sonadas polémicas con uno de sus profesores, Julius Wolf, quien pese a sus disputas dijo de ella en sus memorias que fue su mejor alumna. El juicio de ella sobre su profesor era muy crítico, pues veía en él a un tipo de esos profesores que se consideran intelectuales siendo sobre todo unos burócratas:

"un burócrata teorizante que toma la materia viva de la realidad social, la divide en minúsculas moléculas, la clasifica y la etiqueta de acuerdo con sus burócratas opiniones y (…) la entrega a la actividad administrativa" de sus jefes. (Frolich, 1976, p.37)

En Zúrich entró en contacto con importantes marxistas rusos como Axelrod, Vera Sassulitch y Plejanov. Pero lo que fue más importante en su vida política y sentimental fue conocer al exiliado lituano Leo Jogiches, también de familia judía. Éste desde muy joven se dedicó a la lucha socialista y fue uno de los fundadores del movimiento obrero en Vilna. Era un gran organizador, obsesionado con la lucha clandestina y el estilo conspirativo.

Rosa y Leo, camaradas y amantes

En el otoño de 1890 Leo Jogiches llegó a Zúrich. Ya tenía fama de revolucionario y luchador clandestino. No era hombre de enfrascarse en discusiones y en contradecir las opiniones de los demás. Escuchaba con cierta impaciencia y se expresaba con frases cortas. Demostraba un gran conocimiento de la política. Resultaba además enigmático, nunca hablaba de sí mismo. Cultivaba el secreto sobre su persona.

Durante un año Leo Jogiches y Rosa Luxemburgo coincidieron en los lugares habituales donde se reunían los diferentes grupos de exiliados y emigrados políticos. A Leo le llamó la atención Rosa por su pasión en la defensa de sus opiniones y su habilidad dialéctica. Luxemburgo decidió cambiar la orientación de sus estudios de ciencias naturales por la economía política, filosofía, derecho y ciencia política.

Leo Jogiches fue a visitar a Plejanov con el fin de ingresar en el partido marxista "Emancipación del Trabajo" que éste dirigía junto a Axelrod, pero no hubo entendimiento entre ambos. Se afirma que Jogiches ofreció aportar dinero pero exigiendo que él tenía que controlar las publicaciones. Plejanov en una carta a Engels lo describió como un Netchaiev en miniatura. Hubo un rompimiento total entre ambos. Luxemburgo, que antes que Jogiches, había ido a conocer a Plejanov le describe como una persona de un saber y una inteligencia tremenda y afirma que no iría a visitarlo más ya que es una persona demasiado formada para que ella pueda mantener una conversación con él entre iguales.

Luxemburgo y Jogiches iniciaron su relación sentimental en el verano de 1891, en Ginebra. Jogiches quería que esa relación fuera secreta y por tanto ella no podía decirles a sus padres que vivía con su amante sin casarse. La relación política y amorosa de Luxemburgo y Jogiches se caracteriza por una unión de contrarios. Ella alegre, impetuosa, espontánea, genial. El taciturno, disciplinado hasta llegar a la pedantería, centrado siempre en el deber, al cual subordinaba todo. Empero, esa unión se mantuvo durante mucho tiempo. Jogiches era el principal crítico de Luxemburgo, su conciencia política y práctica.

Pese a su fuerte y dominante personalidad, Leo Jogiches fue un pionero del hombre capaz de convivir con una gran mujer manteniendo una relación de amistad y amor, no exenta de polémicas políticas y enfrentamientos afectivos. Su amistad continuó cuando cesaron sus relaciones sentimentales. Era uno de esos raros hombres que pueden soportar la compañía de una mujer de gran personalidad sin experimentar su progreso y su realización como una traba para su ego, como dijera de él Clara Zetkin.

Luxemburgo convenció a Leo de que tenían que crear un nuevo partido marxista en Polonia. Discrepaba de la posición de Marx respecto a la independencia de Polonia. Marx y Engels consideraban que la independencia de Polonia permitiría el debilitamiento del despotismo zarista. Siempre se mostraron favorables a esa reivindicación nacional del pueblo polaco. Idea que también defendería posteriormente Lenin.

Luxemburgo, estimaba que eso era un anacronismo, que más que la independencia lo importante era la unidad de los trabajadores polacos y rusos contra el despotismo zarista y contra los capitalistas: los trabajadores no tienen nada que ganar con un Estado burgués independiente. Esa idea anti-nacionalista formaría siempre parte del núcleo duro de las ideas de Luxemburgo y no renunciaría a ella. Lo más lejos que llegaba en esa cuestión era en el reconocimiento de la autonomía en materia cultural del pueblo polaco.

En 1892 se forma el Partido Socialista Polaco (PPS), con una plataforma política que ponía su énfasis en la independencia nacional. En 1893 Luxemburgo y Jogiches replicaron fundando el partido de la Socialdemocracia del Reino de Polonia (SDKP), que en el 1900 se alió con los socialdemócratas de Lituania para formar el Partido de la Social Democracia del Reino de Polonia y Lituania (SDKPiL), obviamente antinacionalista.

En agosto de 1893 habló en la reunión de la Segunda Internacional en Zúrich e impresionó a los socialistas de la reunión que aprobaron el ingreso de su partido en la organización, aunque posteriormente decidieron que no podían admitirlo y dejar fuera al mucho más influyente PPS. Tuvo que esperar tres años para que en el Congreso de Londres de 1896 el partido de Luxemburgo fuera admitido en la Segunda Internacional.

Rosa y Leo siguieron estudios en la universidad de Zúrich, aunque Leo lo hacía sin excesivo interés. Ella concluyó los estudios y comenzó a redactar su tesis doctoral sobre *El desarrollo industrial de Polonia*. Fue a la biblioteca polaca en París para documentarse, además de escribir artículos para la revista del partido. Defendió la tesis y obtuvo en mayo de 1897 el título de Doctor en Derecho Público y Asuntos Económicos por la Universidad de Zúrich, y la tesis fue publicada por la editorial Dunker y Humblot.

Aunque Leo Jogiches siguió viviendo en Zúrich hasta 1900 nunca presentó su tesis, por falta de interés y porque tenía grandes dificultades para redactar. Era un buen organizador clandestino, le gustaba mandar y orientar a los demás, financiaba el SDKPiL con la herencia de su abuelo, pero no tenía ningún talento para escribir ni disciplina académica para llevar a cabo estudios sistemáticos universitarios.

Para Luxemburgo, Leo Jogiches era unos de los grandes revolucionarios de su tiempo y lo comparaba con Lenin, pero era una supra valoración del hombre que admiraba y amaba, no un juicio objetivo. Lenin no se imponía por órdenes sino por su capacidad dialéctica, por su rigor en el análisis y crítica de las diferentes posiciones. También por su gran inteligencia y olfato político. Lenin era lo que se suele denominar un "animal político" revolucionario. Entre él y Jogiches había una diferencia abismal.

Berlín, la ascensión en el SPD

Luxemburgo llegó a Berlín el 17 mayo de 1898. Se puso en contacto con el SPD (Partido Socialdemócrata de Alemania, PSA) y como estaba en campaña electoral logró que la enviaran a la Alta Silesia, una zona polaca que había sido anexionada por Prusia en el siglo XVII, para hacer campaña allí entre los trabajadores cuya lengua era el polaco. Hay que decir que Luxemburgo nunca había hecho labores de *agitpro*, es decir, de agitación y propaganda, de manera que era un reto para ella. Por su parte, los trabajadores tampoco habían visto nunca a una *Frau Doktor (señora doctora) haciendo esas tareas.*

Tuvo éxito y en una carta a Jogiches escribió que en unos seis meses estaba segura de ser una de las mejores oradoras del partido. Luxemburgo no quería que la segmentaran en su trabajo político y la clasificaran como la polaca que hace política entre los polacos, sino como una socialista que hace política entre los trabajadores alemanes y, en la Segunda Internacional, hacia el resto de trabajadores europeos y del mundo. Su perspectiva era internacionalista.

Ese éxito le abrió las puertas para otras intervenciones políticas y la invitaban a hablar ante públicos que llenaban las salas para escucharla. Las dotes políticas, intelectuales, oratorias, de relaciones públicas, de Luxemburgo eran extraordinarias, lo que se puede constatar en que, en apenas muy pocos meses, se ganó el reconocimiento de los principales líderes del Partido Socialdemócrata de Alemania,

Liebknecht, Bebel, Kautsky, Mehring, Zetkin y otros, todo ello sin hacer concesiones o dejación de sus ideas.

Hay que tener en cuenta que -como mujer, joven, judía y polaca- suscitaba una serie de prejuicios entre esos señores donde la igualdad entre hombres y mujeres era proclamada pero no existía en la realidad social. Por otra parte, los polacos eran considerados en Alemania como una nación inferior y en cuanto a los judíos los veían como una "raza" que chocaba con sus costumbres. Todo ello a pesar de que Luxemburgo, no se veía a ella misma ni como una típica polaca ni como una judía.

Mantuvo siempre una cierta extrañeza ante esas identidades, que le podían ser atribuidas por los otros pero que ella no creía encarnar. Se consideraba una socialista, algo más universal que esas particularidades o meros accidentes del nacimiento y de la familia, que son un hecho, a veces una calamidad o una ventaja, pero que condicionan la vida de las personas. En todo caso, ella nunca asumió su judeidad o al menos no sentía orgullo de ella, aunque tampoco renegara explícitamente, lo cual era difícil por no decir imposible, porque sus rasgos físicos eran pronunciadamente judíos.

Su consagración en el socialismo internacional

Los éxitos políticos de Luxemburgo en el seno del SPD, su aceptación y reconocimiento público en el socialismo europeo, ser considerada como una gran teórica socialista, se debieron en buena parte a su trabajo de crítica al revisionismo de las teorías de Marx y a las concepciones reformistas de Eduard Bernstein. Él era un reconocido teórico del socialismo alemán que escribía habitualmente en los órganos teóricos del partido desde Inglaterra, donde estaba residiendo en ese momento.

Sus escritos publicados en 1897-1898 en *Die Neue Zeit* (*El Tiempo Nuevo*) fueron muy comentados y levantaron una gran polémica. Luego se publicaron en forma de libro en 1899, *Las premisas del socialismo y la misión de la social democracia (E. Bernstein, 1966).* Bernstein defendía que la evolución del capitalismo evitaba cada vez más las crisis periódicas, que la lucha de clases estaba en decadencia con la mejora de las condiciones de trabajo y de vida de los trabajadores y que, políticamente, se podía ir hacia el socialismo gradualmente a través de las victorias electorales y la legislación social. Esto último no es desechable porque la marcha hacia el socialismo es un proceso necesariamente largo y por tanto gradual, aunque se haya producido una revolución. También señalaba que para él lo más importante eran las reformas, los cambios, no la meta final.

La meta, el socialismo, no era lo fundamental, sino el movimiento de reformas sociales que iban creando un nuevo tipo de sociedad. El capitalismo se iba haciendo más social y sus transformaciones beneficiaban a los trabajadores. Marchaba no hacia su hundimiento sino que tenía una tremenda capacidad de adaptación y de transformación, lo cual se ha visto que es indudable. Concluía que no era necesario tratar de sustituir el capitalismo sino continuar reformándolo para satisfacer los intereses de los trabajadores y de la mayoría de los ciudadanos.

Luxemburgo enfrentó las ideas reformistas y revisionistas del marxismo de Bernstein en su pequeño gran libro *¿Reforma o revolución?* donde desmonta las tesis de Bernstein sobre las crisis, las transformaciones del capitalismo y la oposición entre reforma y revolución. Reivindica la teoría marxista de la lucha de clases y la toma política del poder por la clase trabajadora. Ese libro sintetiza las posiciones del marxismo revolucionario frente a lo que, desde Bernstein hasta ahora, han sido las posiciones predominantes en los partidos socialdemócratas de Occidente.

Continuó su lucha teórica en defensa de las ideas de Marx frente a las más conciliadoras de los dirigentes políticos y sindicales de los partidos socialdemócratas europeos. La experiencia del llamado Millerandismo, es decir, de la participación de un ministro socialista en el gobierno francés, defendida por Jean Jaurés en un primer momento, y criticada mucho después por el mismo, mostraba la capacidad analítica de Luxemburgo frente al pactismo imperante en la socialdemocracia. Ese fue uno de los primeros puntos de disputa en la Segunda Internacional, si los socialistas debían participar en gobiernos burgueses.

Los fracasos sucesivos de los gobiernos de coalición de McDonald en Gran Bretaña, de la República de Weimar en Alemania, del Frente Popular en Francia, ya en la década de los 30 del siglo pasado, así como de los gobiernos de coalición posteriores a la II Guerra Mundial, son interpretados como una demostración por los hechos, al menos para algunos socialistas, de la certeza y la claridad de las ideas políticas de Luxemburgo.

En Europa de posguerra, con partidos comunistas fuertes, la existencia de la URSS como potencia militar y contra balance de poderes frente a EE.UU., y la existencia de un potente movimiento sindical, el capitalismo hubo de adaptarse, "humanizarse" y llegar a un reparto menos desigual de la plusvalía generada a través de una creciente productividad del trabajo. El resultado fueron los llamados Estados de Bienestar. Producto de un "pacto virtuoso" entre el Estado, los trabajadores y los empresarios.

En los escritos de Luxemburgo se encuentra una polémica con el reformismo y el abandono de las ideas centrales del marxismo por los partidos socialdemócratas, primero vía de los hechos, y muy posteriormente ya, incluso con un rechazo y abandono explícito del marxismo, como hizo oficialmente en 1959 el SPD en su Congreso de Bad Godesberg.

En su programa, el SPD señalaba que el partido ya no era el de la clase trabajadora sino de todo el pueblo y que apoyaría el sistema de economía de mercado. Luego fue imitado por otros partidos en Europa y de otros continentes afiliados a la Internacional Socialista, entre los cuales destaca el PSOE.

En mayo de 1979 en el XXVIII Congreso del PSOE, Felipe González propuso que se retirara el marxismo del programa del partido. Cuando esa moción fue rechazada presentó su renuncia a la secretaría general. Hubo de celebrarse un congreso extraordinario en septiembre y debido a ese gesto el sector de centro-derecha del PSOE, encabezado por Felipe González y Alfonso Guerra, salieron ampliamente victoriosos.

Lograron que se eliminara en el programa la mención al carácter marxista del PSOE. Si bien el marxismo fue abandonado como la "ideología oficial" se le mantuvo como el instrumento teórico "crítico y no dogmático" del partido. Eso dio origen al surgimiento de la tendencia o corriente dentro del PSOE denominada "izquierda socialista", que encabezaron Pablo Castellanos y Francisco Bustelo.

Periodismo militante

La notoriedad que le dio a Luxemburgo *¿Reforma o revolución?*, le valió que fuera la primera mujer y la única nombrada directora de un diario socialista en Alemania, la *Sachsische Arbeiterzeitung*. Sin embargo, renunció muy pronto al puesto por diferencias sobre la línea editorial del periódico. Ella quería poder publicar los artículos que deseara, seleccionar colaboradores, fijar la línea y el estilo del periódico. Ante los obstáculos que le pusieron creyó necesario abandonar el puesto. En octubre de 1899 le ofrecieron la dirección de *Vorwärts* que ella no aceptó.

En febrero de 1902 acepta un puesto directivo en el *Leipziger Volkszeitung* bajo la dirección de Franz Mehring. Estaba muy contenta por ese empleo y le escribió a Jogiches, que se encontraba en Argelia con su hermano enfermo grave de tuberculosis, que ganaría mucho dinero, lo que les permitiría vivir sin carencias e incluso ahorrar. Pero no pasó mucho tiempo para que Luxemburgo chocara con Mehring, porque éste le hizo recortes en un artículo sobre Polonia sin consultarle. Rosa, carácter muy rebelde, en octubre abandona su puesto en el periódico.

Bebel la reprende por dejar el periódico y le señala que si continúa con esa actitud se puede quedar aislada en el partido tanto a derecha como a izquierda y ella, con notoria arrogancia, le responde que eso nunca le va a ocurrir porque puede dedicarse a realizar estudios científicos. Sin embargo, Luxemburgo siguió teniendo las puertas abiertas para publicar en la revista teórica del SPD dirigida por Kautsky, *Die Neue Zeit*.

Había una distancia muy grande entre Luxemburgo y muchos de los dirigentes políticos y sindicales de la socialdemocracia alemana, ella era apasionada, imaginativa y escéptica. Ponía todo bajo una óptica crítica sin hacer distingos, ya fuera Marx, Plejanov, Lenin, Jaurés, Bernstein y después, Vandervelde, Kautsky y Trotsky. Para ella lo más importante era no tener en cuenta las opiniones en su contra, "ser yo misma, no importa lo que digan los demás, y cualesquiera que sean las circunstancias". Fue fiel a esa actitud, hasta su muerte. (E.Ettinger, 1986,p.112).

Cuando regresa Leo Jogiches a Berlín desde Argelia, en agosto de 1902, después de la muerte de su hermano, se dedica a reanimar el partido polaco-lituano SDKPiL centrado en sus dos publicaciones, el periódico *Czerwony Sztandar* (*Bandera Roja*) *y Przeglad Socjal-demokratyszny* (*Revista socialdemócrata*).

Con el financiamiento del SPD se crea *Gazeta Ludowa* (*Gaceta del Pueblo*), dirigido a los trabajadores polacos y es Luxemburgo la que prácticamente escribe casi todos los artículos para esa publicación, eso sí, siempre con el fervor supervisor y controlador de Jogiches, cuyo nombre de guerra para los polacos era Jan Tyszka. El periódico tuvo que ser cerrado a mediados de 1904 debido a que apenas tenía lectores.

El feminismo de Luxemburgo

Antes de que se cerrara *La Gaceta del Pueblo,* Luxemburgo escribió un virulento artículo criticando a las delegadas a un congreso internacional de mujeres celebrado en Berlín, que es de los pocos trabajos que ella dedicó al tema de las mujeres. En ese artículo afirmaba que era un congreso de damas que:

> "no representaban el bello sexo sino desde el punto de vista de la burguesía o como mucho de la pequeña burguesía" y que, "fatigadas del papel de muñecas o de cocineras de sus maridos, buscaban en la acción el modo de llenar sus cabezas vacías y sus vidas vacías". (E.Ettinger,1986, pp.141-42)

Para Luxemburgo, las mujeres de la clase trabajadora comprenden la relación estrecha entre la causa de las mujeres y el cambio social universal, que las mujeres lo que tienen que hacer es luchar por la causa de la igualdad, de la solidaridad, de la fraternidad, por terminar con la explotación y la opresión allí donde esta se manifieste y no estar centradas e interesadas solo en sus propios derechos y libertades.

En 1912 fue invitada a dar un discurso en las Segundas Jornadas de Mujeres Socialdemócratas, celebradas en Stuttgart, donde trató sobre la reivindicación del sufragio femenino y volvió a diferenciar el punto de vista de la mujer burguesa del de la mujer trabajadora, con un análisis donde converge el aspecto económico, de clase e histórico. Expuso que:

"La mayoría de estas mujeres burguesas, que actúan como leonas en la lucha contra los «privilegios masculinos», se alinearían como dóciles corderitos en las filas de la reacción conservadora y clerical si tuvieran derecho al voto. Serían incluso mucho más reaccionarias que la parte masculina de su clase. A excepción de las pocas que tienen alguna profesión o trabajo, las mujeres de la burguesía no participan en la producción social. No son más que co-consumidoras de la plusvalía que sus hombres extraen del proletariado. Son los parásitos de los parásitos del cuerpo social. Y los consumidores son a menudo mucho más crueles que los agentes directos de la dominación y la explotación de clase a la hora de defender su «derecho» a una vida parasitaria". (M.J. Aubet, 1983, pp. 281-287)

Frente a estas mujeres burguesas sin profesión y que no trabajan, las de la clase trabajadora, por el contrario, están sometidas a un trabajo doméstico que desde el punto de vista capitalista ni siquiera es considerado un trabajo productivo porque no produce ganancias. Estas mujeres han sido participes directas e indirectas de las grandes luchas sociales por reivindicaciones sociales, económicas y por el sufragio universal, primero por el masculino y luego porque se extendiera a las mujeres. Señala al respecto:

"El actual y poderoso movimiento de millones de mujeres proletarias que consideran su falta de derechos políticos como una vergonzosa injusticia, es una señal infalible de que las bases sociales del orden existente están podridas y de que sus días están contados".

«En toda sociedad, el grado de emancipación de la mujer es la medida natural de la emancipación general» (Fourier). Esto es totalmente cierto para nuestra sociedad. La actual lucha de masas en favor de los derechos políticos de la mujer es sólo una expresión y una parte de la lucha general del proletariado por su liberación". (Aubet, Ibid.)

Luxemburgo no fue nunca una feminista dedicada al activismo político entre las mujeres, como lo fue Clara Zetkin, que era directora del periódico dirigido al movimiento femenino *Gleichheit* (*Igualdad*), en el cual Luxemburgo hizo colaboraciones. Nunca quiso que como mujer la dedicaran a esas funciones, como tampoco quiso que por ser judía y polaca se le asignara al trabajo político exclusivo entre esos colectivos. No quería que se la confinara a ser una política sectorial sino generalista.

Ella era una teórica y activista socialista con una visión política amplia pero eso no indica que fuera indiferente al problema de las mujeres, reconocía su especificidad pero lo veía como una parte de la lucha de los trabajadores por su emancipación. La perspectiva de clase y de la lucha de clases nunca la pasaba por alto, ni en las cuestiones nacionales, ni en las de "género", ni en las de "etnias" o "razas". Ahí radica su apego radical al enfoque marxista:

"Las feministas burguesas quieren conseguir los derechos políticos para poder después insertarse en la vida política. La mujer proletaria sólo puede seguir el camino de la lucha de los trabajadores, que es en cambio el único capaz de lograr progresivamente espacios de poder real". (R. Luxemburgo, La proletaria, cit, por J.I. Ramos, 2018, p.46)

Luxemburgo y sus divergencias con Lenin en materia de organización

Durante 1903 Luxemburgo participa activamente en mítines de campaña electoral en la Alta Silesia participando, por ejemplo, en dos semanas en doce reuniones en lugares diferentes, donde toma la palabra cerca de dos horas y después le hacen preguntas, todo ello trasladándose en trenes. En una de esas reuniones, a las que invariablemente asistían miembros de la policía para tomar notas, ella hizo unas críticas al *Kaiser.*

Por esas palabras fue sentenciada a tres meses de cárcel pero a las seis semanas hubo un indulto con motivo de la coronación del rey Federico Augusto de Sajonia. En las elecciones los socialdemócratas alemanes quedaron como la segunda fuerza política en el *Reichstag* (el Parlamento) detrás del Partido del Centro Católico, pasaron de 56 a 81 diputados. (H. Harmer, 2008, pp.55-56)

La política de Luxemburgo y Leo era que los trabajadores de Polonia y Rusia se unieran contra el zarismo y para fomentar esto les convenía mantener relaciones con el Partido Obrero Social Demócrata de Rusia (POSDR), creado en 1898 e incluso formar parte del mismo. Lo que dividía a su partido, el SDRPiL, del ruso era que ellos estaban contra la independencia de Polonia, mientras que los rusos eran partidarios de esa independencia (como también lo estuvieron Marx y Engels).

En el II Congreso del POSDR celebrado en agosto de 1903, primero en Bruselas y después, una vez expulsados de allí, en Londres, cuando se trató este tema lo que hicieron los delegados del partido polaco, instruidos por Luxemburgo, fue ausentarse de los debates sobre la autodeterminación de las naciones, para no enfrentarse con los rusos, perder la votación y quizás que no se les aceptase en el POSDR. Esto muestra que Luxemburgo era muy teórica y muy firme en sus principios, pero también sabía tener cintura y calibrar la correlación de fuerzas. Lo que hizo fue una muestra de lo que ella denominaba la *realpolitik* socialista.

En ese Congreso el partido ruso se dividió en dos alas los mencheviques o minoritarios y los bolcheviques o mayoritarios. Los mencheviques pidieron a Luxemburgo, como experta que era de la Segunda Internacional en temas polacos y rusos, que elaborara un informe sobre las cuestiones que habían llevado a la división del POSDR. Sus conclusiones fueron publicadas en *Iskra* y en *Die Neue Zeit* en 1904 con el título de *Cuestiones de organización de la social-democracia rusa*.

En ese trabajo realiza un análisis en el cual finaliza afirmando que las posiciones de Lenin son ultra centralistas y que sus concepciones conducen a que el Comité Central sea el único órgano pensante y decisorio siendo el resto de organismos partidarios meras instancias ejecutivas y que eso conduce a la esterilidad política:

"Hablando claro: los errores cometidos por un movimiento obrero verdaderamente revolucionario son históricamente infinitamente más fecundos y valiosos que la infalibilidad del mejor comité central". (R. Luxemburgo, 1946, p.33)

Como es sabido, Luxemburgo había combatido las posiciones del SPD y los sindicatos en Alemania por considerar que su burocratización y el querer controlar a los afiliados en sus movimientos espontáneos, era negativo, ya que ahogaba sus iniciativas. Por ello se ha considerado que la crítica de Luxemburgo a Lenin era indirectamente una crítica también a los socialdemócratas de Alemania y especialmente a Kautsky, cuyas concepciones sobre el Partido habían sido adoptadas por Lenin, aunque acentuando sus elementos ultra centralistas. La concepción del partido de Lenin viene de Kautsky, no es una creación "leninista".

Luxemburgo ya había polemizado con Lenin en 1903 sobre la cuestión de la autodeterminación nacional y ahora lo hacía sobre la concepción de la organización del partido y la relación entre el partido y la actividad de las masas.

Luxemburgo en Varsovia

En San Petersburgo, el domingo 22 de enero de 1905, las tropas dispararon contra una manifestación pacífica de trabajadores convocada por el padre Gapone para pedirle al zar, frente al Palacio de Invierno, que ordenara mejorar las condiciones de trabajo. Los cosacos a caballo los dispersaron y persiguieron produciendo centenares de muertos y heridos. Esa masacre fue bautizada como el *Domingo Sangriento* y desencadenó una oleada de huelgas en Rusia que se extendió al territorio de Polonia dominada por ésta. La consecuencia fue que el partido SDRPiL aumentara el número de sus afiliados de apenas 2 mil, a finales de 1905, a 30 mil en 1906. Poniéndose al mismo nivel de adherentes que el rival PPS, partidario de la independencia de Polonia.

En febrero Leo Jogiches deja Berlín y se traslada a Cracovia para desde allí dirigir y controlar la edición de publicaciones del SDRPiL y la política del partido sobre el terreno. Crea otra publicación *Z Pola Walki* (*Del Campo de Batalla*). Pero además instruye a los redactores cómo hacer periodismo revolucionario y ejerce como jefe para todo del partido. En agosto Luxemburgo va a verle a Cracovia durante doce días y le confiesa que tiene un amante mucho más joven que ella. Jogiches a su vez viaja a verla a Berlín a inicios de septiembre. Como consecuencia de esas visitas y de sus conversaciones Luxemburgo rompe con su joven amante Kostia Zetkin.

En noviembre Jogiches, con identidad alemana como Otto Engelmann, se traslada a Varsovia y allí se reúne con otros miembros de la dirección del partido, el PSDRPiL, Dzerjinski, Warszawski y Marchlewski, para continuar la lucha clandestina desde dentro. Luxemburgo decide que se va a trasladar a Varsovia, algo que le desaconsejan tanto desde Varsovia como en Berlín. Empero el 28 de diciembre de 1905 abandona Berlín por tren con la identidad alemana de Ana Matschke.

En ese momento el punto culminante de la revolución de 1905 había sido superado y la represión aumentaba. Se prohibieron todos los mítines, pero los obreros todavía los celebraban en las fábricas. Todos los periódicos de los trabajadores fueron suprimidos, pero el del partido de Luxemburgo, *Bandera Roja*, seguía apareciendo todos los días, impreso clandestinamente como ella escribió a los Kautsky, a veces amenazando a punta de pistola a los encargados de las impresoras.

Luxemburgo escribió numerosos artículos sobre la revolución de 1905 y panfletos para las publicaciones del SDRPiL, en los que exponía la idea de la revolución permanente que había sido desarrollada independientemente por Trotsky y Parvus, pero sostenida por pocos marxistas de la época. Mientras que tanto los bolcheviques como los mencheviques, a pesar de sus profundas divergencias, creían que la revolución rusa había de ser democrático-burguesa, Luxemburgo argüía que se desarrollaría más allá del estadio de la burguesía democrática y que podría terminar en el poder de los trabajadores o en una derrota total. Su eslogan era "dictadura revolucionaria del proletariado basada en el campesinado".

El 4 de marzo de 1906 fue arrestada junto a Jogiches –debido a un fallo inexplicable en el trabajo clandestino-, detenida durante cuatro meses, primero en la prisión de Pawiak y, posteriormente, en la tristemente célebre fortaleza de la Citadela. A causa de su mala salud, su nacionalidad alemana y al soborno, fue liberada y expulsada del país a finales de junio. Para evitar tener que cumplir prisión en Alemania fue a Finlandia donde vivió en el pueblo de Kuokkala a treinta kilómetros de San Petersburgo.

Allí mantuvo relaciones con Lenin y sus colaboradores Zinoviev, Kamenev, Bogdanov Al mantener conversaciones con Lenin pudo valorar su inteligencia y su gran conocimiento de la realidad rusa.

Le escribió a un amigo que era: "Un placer hablar con él. Es inteligente e instruido, con ese género de picardía traviesa que yo aprecio tanto". (E. Ettinger, 1986, p.169).

La huelga de masas, anti imperialismo, sufragio femenino y cuestión nacional (1905-1910)

Fue en Finlandia donde terminó su célebre escrito *Huelga de masas, partido y sindicatos*, en el que saca las conclusiones políticas del gran aporte de la revolución de 1905: la huelga de masas.

La revolución rusa dio vigor a una idea que Luxemburgo había concebido años atrás: que las huelgas de masas -tanto políticas como económicas- constituían un elemento cardinal en la lucha revolucionaria de los trabajadores por el poder.

Las huelgas serían la gran escuela de los trabajadores pues le dan idea de su fuerza, de lo que pueden alcanzar, les da confianza en sí mismos, les permite tomar decisiones, enfrentarse a sus adversarios, saber organizarse y desarrollar su espíritu de lucha, a la par que conocer el sabor amargo de la derrota, porque no toda lucha y huelga logra de manera inmediata sus objetivos, sus metas. También les enseña a negociar, a plantear tácticas adecuadas para lograr objetivos estratégicos.

Con esas ideas, Luxemburgo critica la actitud de las burocracias y dirigentes sindicales que más que alentar a las masas trabajadoras son un freno y no un acicate para avanzar. Era para ella el caso de Alemania donde estaban más ansiosos de mantener lo logrado que avanzar mediante las luchas sociales

Destacó la importancia del elemento espontáneo en las huelgas de masas en Rusia y Polonia: "Si el elemento espontáneo desempeña un papel tan importante (…) no es porque el proletariado ruso está insuficientemente educado sino porque las revoluciones no se aprenden en la escuela" (R. Luxemburgo, 1970, p. 30).

Al regreso de Alemania en septiembre de 1906 participa en el congreso del partido socialdemócrata en Mannheim, dio un discurso donde exponía sus experiencias de las huelgas de 1905 y hacía un llamado a aprender de la revolución rusa e intensificar la lucha de clases, por todo ello es acusada de "incitar a la violencia" y condenada a dos meses de prisión.

Antes de finalizar el año se inaugura la escuela del Partido y Luxemburgo es nombrada profesora de economía. Sus apuntes son el material que sirvió para la muy posterior publicación de *Introducción a la economía política* (R. Luxemburgo, 1974).

En 1907 se celebró el Congreso de la Internacional Socialista en Stuttgart y Luxemburgo participó como representante del partido polaco pero tomó la palabra también en nombre de los rusos. Su discurso estuvo centrado en enfrentar las posiciones imperialistas y militaristas. Presentó, con el apoyo de Lenin y Martov, una resolución *Contra el militarismo y el imperialismo*, que instaba a hacer todo lo necesario para impedir la guerra y aprovechar la crisis económica y política para que las masas se levantaran para destruir la dominación capitalista. (J.P. Nettl, 1972, I, pp.380 y ss.)

En este año participa en la Primera Conferencia Internacional de Mujeres Socialistas organizada por Clara Zetkin, y se crea la Internacional Socialista de Mujeres. Zetkin también organizó en 1910 la Segunda Conferencia de Mujeres donde se aprobó que todos los partidos socialistas hicieran agitación y propaganda a favor del sufragio universal femenino.

Luxemburgo escribió en la *Revista Socialdemócrata* de su partido SDRPiL, seis artículos donde expone de manera sistemática sus posiciones sobre la cuestión nacional. Critica que en el programa del POSDR se reconozca a las nacionalidades el "derecho a la autodeterminación". Afirma que eso no tiene ningún vínculo con el socialismo ni con la política de los trabajadores y dice que es una paráfrasis del viejo lema del nacionalismo burgués del "derecho de las naciones a la libertad y a la independencia".

Su tesis principal se puede sintetizar en lo que sigue: "Para la socialdemocracia, la cuestión de las nacionalidades es, ante todo, como todas las demás cuestiones sociales y políticas, una cuestión de intereses de clase". (R.Luxemburgo, 1977,p.119)

Entre 1905 y 1910, la ruptura entre Luxemburgo y la dirección centrista del SPD -del que Kautsky era el portavoz teórico- se hizo más profunda. Ya en 1907, había expresado su temor de que los líderes del partido, al margen de su profesión de marxismo, vacilaran frente a una situación que requiriera una acción decidida. La llamada "cuestión marroquí" enfrentó a Luxemburgo con los líderes del SPD que justificaron la torpeza del canciller alemán y el envió de una fragata a Marruecos y no se mostraran lo suficiente firmes frente al rearme y los aprestos militaristas, que conllevaban designios imperialistas que desembocarían en la guerra por mercados y territorios.

En 1910 hubo un enfrentamiento que condujo al desencuentro frontal entre Rosa Luxemburgo y Karl Kautsky respecto a la cuestión de cuál era el camino a seguir por los trabajadores para la conquista del poder político. El SPD se dividió en tres tendencias diferenciadas: los reformistas, que progresivamente fueron adoptando una política imperialista; los así llamados marxistas de centro, conducidos por Kautsky, quien conservaba su radicalismo verbal pero se limitaba cada vez más a los métodos parlamentarios de lucha; y el ala revolucionaria, de la que Luxemburgo era la principal inspiradora.

De la acumulación del capital a la guerra de 1914

En 1913 Luxemburgo publicó su obra más importante: *La acumulación de capital. (Una contribución a la explicación económica del imperialismo)* (R.Luxemburgo,1967). Desde *El Capital* una de las contribuciones más originales a la doctrina económica marxista. Este libro -como lo señalara Mehring, el biógrafo de Marx- con su caudal de erudición, brillantez de estilo, vigoroso análisis e independencia intelectual, es de todas las obras marxistas, la más cercana a *El Capital*. El problema central que estudia es de enorme importancia teórica y política: los efectos que la expansión del capitalismo en territorios nuevos y atrasados, tiene sobre sus propias contradicciones internas y sobre la estabilidad del sistema capitalista.

La conclusión de Luxemburgo sobre el tema se puede sintetizar exponiendo que si el modo de producción capitalista es no sólo el predominante sino el único -ya que va convirtiendo en capitalistas todas las relaciones pre-capitalistas, tanto en los países capitalistas como en los territorios que han conservado dichas relaciones- en un periodo relativamente breve (el tiempo histórico es siempre más largo que el de los individuos, obviamente), el capitalismo sucumbirá de manera forzosa debido a sus contradicciones internas. (Vid. Tony Cliff, 2019, pp.91-115)

Los argumentos de Luxemburgo fueron criticados tanto por los economistas marxistas de su época como por los no marxistas, pero actualmente se le reconoce su valor como una contribución importante, no tanto porque llena lo que ella consideraba una laguna de *El Capital* -en el tema de la reproducción ampliada- ni tampoco por su explicación del imperialismo y el derrumbe del capitalismo, sino por el tratamiento de la inversión, una novedad en su época y que sigue teniendo interés y por su teoría del crecimiento:

> "que un cierto número de economistas actuales la consideran aún como importante y válida (…) En revancha sus viejos enemigos los economistas burgueses profesionales (…) descubren hoy en Rosa Luxemburgo una manera de plantear los problemas, con trazos proféticos". (J.P. Nettl, 1972, II, p.822)

La política de la socialdemocracia, a pesar de algunas declaraciones anti-imperialistas y críticas a ciertas provocaciones de Guillermo II en Marruecos -como el envió de una cañonera a Tánger en 1905 y luego en 1912 una fragata a Agadir-, era apoyar en el parlamento la política exterior alemana. Algunos sectores del partido inclusive estaban a favor de un conflicto con Inglaterra y de disputarle su dominio del mar y de una política colonial activa. Otros tenían una fe absoluta en que no se iría a la guerra y que se alcanzaría la paz. Los conflictos entre Estados podrían resolverse en los tribunales internacionales y la creación de los Estados Unidos de Europa sería la garantía de una paz duradera.

Luxemburgo discrepaba de ellos, lo que estaba en juego entre las grandes potencias era el saqueo y el sometimiento de pueblos. Lo que tenía que hacer la clase trabajadora era mostrar los intereses ocultos y las consecuencias que traerían los conflictos entre los estados, la carrera armamentista y la guerra. En 1911, en el artículo, *Utopías de paz*, escribió que si se quisiera detener el armamentismo habría que comenzar por detener la "rapiña en las colonias" y poner fin a "la política de áreas de influencia en todo el mundo".

Habría que hacer lo contrario de lo que están haciendo que es "la esencia de la política en un estado capitalista de clases". (P. Frolich, 1976, p.245)

Además, lanzó una consigna que movilizase a las masas, crear la república, que era "un grito de guerra contra el militarismo, el desarrollo de la marina de guerra, la política colonial, el predominio de los *junkers*. EL 25 de septiembre de 1913 pronuncia un importante discurso en Fechenheim, Frankfurt, contra el militarismo y contra la guerra, donde pide a los soldados alemanes y de los otros países europeos que renuncien a matarse entre ellos y que confraternicen.

Debido a ello es denunciada por incitación a la violencia y en febrero de 1914 es juzgada. Su defensa ante el tribunal fue publicada con el título *Militarismo, guerra y clase obrera*. Fue condenada a un año de prisión, aunque no entró de inmediato a la cárcel. Enseguida que salió de la sala del tribunal fue a dar un mitin…contra la guerra.

También fue acusada de ofensas al ejército por su denuncia de los malos tratos infringidos a los soldados en los cuarteles. Al presentar como pruebas testimonios de 30 mil víctimas y testigos de malos tratos a los soldados, el Ministerio de Defensa echo tierra sobre el asunto. En junio de 1914, en una asamblea del SPD, propuso que se aprobara una resolución de llamamiento a una huelga de masas de protesta contra la guerra.

Como expone Frölich (1976, pp.259-261), ella y todos los firmantes de la resolución fueron acusados y se pidió la detención de los que votaron a favor de la misma. Desde las persecuciones a Lasalle ningún político había estado tan perseguido como Luxemburgo. Empero ella siguió con su campaña y confiaba cada vez más en que los jóvenes socialistas liderados por el abogado Karl Liebknecht, que en 1906 había escrito el libro *Militarismo y antimilitarismo*, llevaran la antorcha de la movilización antibélica. Karl Liebknecht había sido condenado en 1907 a un año y seis meses de cárcel por alta traición.

Cuando estalló la Primera Guerra Mundial (el 28 de julio de 1914 que concluiría el 11 de noviembre de 1918 con la firma por Alemania del armisticio), prácticamente todos los líderes socialistas se dejaron arrastrar por la ola "patriótica". El 3 de agosto de 1914, el grupo parlamentario de la socialdemocracia alemana decidió votar a favor de créditos para el gobierno del *Kaiser.*

Sólo quince de los ciento once diputados mostraron algún deseo de votar en contra. Pero cuando el grupo parlamentario rechazó su solicitud de permiso, se sometieron a la disciplina del partido, y el 4 de agosto, todo el grupo socialdemócrata votó por unanimidad en favor de los créditos.

Pocos meses después, el 4 de diciembre, Karl Liebknecht ignoró la disciplina del partido para votar de acuerdo con su conciencia. Fue el único voto en contra de los créditos para la guerra. La decisión de la dirección del partido fue un rudo golpe para Luxemburgo. Sin embargo, no se permitió la desesperación. El mismo día que los diputados de la socialdemocracia se unieron a las banderas del *Kaiser*, un pequeño grupo de socialistas se reunió en su apartamento y decidió proseguir la lucha contra la guerra.

Este grupo estaba dirigido por Rosa Luxemburgo, Karl Liebknecht, Franz Mehring y Clara Zetkin, entre otros, se denominó el Grupo Internacional y finalmente se transformó en la Liga Espartaco (*Spartakus Bund*). Durante cuatro años, principalmente desde la prisión, Luxemburgo continuó dirigiendo e inspirando al grupo levantando la bandera del socialismo.

Por sus declaraciones y propaganda antibelicista y antimilitarista tiene que pasar un año en la cárcel de mujeres de Barnimstrasse, en Berlín, de febrero de 1915 a febrero de 1916. Allí escribió el famoso "folleto Junius", conocido así porque ella lo firmó con este seudónimo que era uno de sus nombres de guerra y que fue difundido clandestinamente. El título del libro era *La crisis de la socialdemocracia.* Como afirma Ernest Mandel ella expresó los sentimientos de rebelión de todos los socialistas internacionalistas por la capitulación de los principales líderes del socialismo europeo y el estallido de la primera guerra mundial. Pero además de ello:

"Rosa Luxemburgo, al contrario de otros internacionalistas, dirige su ataque principal contra el imperialismo y el capitalismo, la responsabilidad de los dirigentes socialdemócratas, es haber devenido cómplices del enemigo de clase...no es en tanto que moralista o en tanto que pacifista que Luxemburgo condena la guerra imperialista, sino en tanto que marxista". (E. Mandel,1970, p.11)

La revolución rusa de febrero de 1917 concretó las ideas políticas de Luxemburgo: oposición revolucionaria a la guerra y lucha para el derrocamiento de los gobiernos imperialistas. Señaló que únicamente el poder en manos de la clase trabajadora podía asegurar la paz.

Recibió con entusiasmo la Revolución de Octubre, si bien estimaba que no era marxista la posición acrítica de que todo lo que los bolcheviques hicieran era modélico. Fue la primera en darse cuenta de que si no se producía la revolución en Occidente, en los países de mayor desarrollo, sí la Revolución Rusa permanecía en el aislamiento, habría distorsiones en su desarrollo, como así ocurrió, ya en tiempos de Lenin y Trotsky y, más aún, después de 1923.

La revolución alemana de 1918-1919

La revolución que se produjo en Alemania estuvo causada por el deterioro de las condiciones de vida de la población y, especialmente, de las clases trabajadoras lo que agudizó las contradicciones contra las clases dominantes y sus representantes políticos, que además habían perdido la guerra. El desencadenante fue un motín de los marineros que se negaron a sacar los buques de guerra de Kiel para combatir contra la flota inglesa. Estimulado por esta insubordinación se crearon consejos de soldados, marineros y trabajadores.

Luxemburgo salió de la cárcel el 8 de noviembre de 1918, gracias a la revolución que sacó a los revolucionarios de las prisiones. Enseguida se incorporó en cuerpo y alma a la lucha revolucionaria. Las fuerzas de la reacción, como siempre, son muy poderosas y en ocasiones de amenaza a su poder, saben actuar unidas y aparcar momentáneamente sus diferencias con el fin de salvar la razón de su ser político: mantener el *status quo*, el dominio económico y político de las clases dominantes.

El *Kaiser* Guillermo II abdicó -que era una de las exigencias del presidente Wilson- y el 9 de noviembre de 1918 se creó la república alemana, que tuvo como primer presidente al socialdemócrata Friederich Ebert. Los consejos y la movilización de las masas dirigidas por la socialdemocracia de izquierda, escindida del SDP, la denominada USPD, o sea, socialdemócratas independientes, de la cual formaba parte como una corriente interna el *Spartakus Bund*, que se creó a partir del Grupo Internacional, exigían la creación de una república donde el poder estuviera en manos de los consejos.

A finales del diciembre de 1918 e inicios de enero de 1919, los espartaquistas decidieron crear el Partido Comunista Alemán (KDP), con la objeción inicial de Rosa Luxemburgo y Leo Jogiches que creían que no existían las condiciones objetivas y organizativas para dar ese paso, pero que cedieron ante la mayoría.

Los documentos que Luxemburgo escribió para la fundación de ese partido siguen teniendo valor en la actualidad. Contienen el núcleo de ideas para un socialismo que se fundamente en la auto emancipación de los trabajadores a través de sus luchas y del camino al poder como un proceso democrático donde la mayoría social conquiste el poder político.

Mientras esto ocurría en las filas de los revolucionarios, los dirigentes socialdemócratas en el gobierno (Ebert, Noske, Schiedmann), aliados con el mando Supremo Militar, decidieron reprimir a los consejos y a los dirigentes socialistas que les orientaban, no sólo con las trop*as* regulares del Ejército sino con el grupo paramilitar de los *FreiKorps* o cuerpos francos (muchos de los cuales años después formarían parte de los grupos de asaltos hitlerianos).

Las derechas casi siempre actúan de manera contraria a como lo hacen las izquierdas, que de manera infantil e irracional, en cualquier ocasión, siempre dan prioridad a lo que las divide en vez de a lo que las une. Constante histórica del proceder de la izquierda que ha ido creando una especie de "ley" de comportamiento político de izquierdas universal. Para una persona de la izquierda militante, el peor enemigo casi nunca es la derecha, sino la persona de izquierda de su mismo partido o de otro con algunas ideas contrarias al suyo.

Esa patología conduce casi siempre a la izquierda a la derrota, a detener el avance y a facilitar el triunfo de las derechas. Líderes del ala derecha de la socialdemocracia (Ebert, Noske), y generales del ejército del *Káiser* unieron sus fuerzas para suprimir la resistencia de los trabajadores y soldados organizados en los consejos.

Miles de trabajadores fueron asesinados a culatazos, con las bayonetas o a tiros por las tropas del Ejército y los paramilitares de los *Frei Korps* o Cuerpos francos. El 15 de enero de 1919 asesinaron a Karl Liebknecht y a Rosa Luxemburgo. El soldado Runge le propinó dos culatazos de fusil en la cabeza, destrozándole el cráneo, luego, en el coche en que la transportaban, el teniente Vogel le disparó un balazo de revólver para rematarla. Su cuerpo fue arrojado al canal Landwehr.

Los trabajadores de todo el mundo y la Internacional Socialista perdieron a uno de sus cerebros más agudos y brillantes: "El más admirable cerebro entre los sucesores científicos de Marx y Engels", como dijo Franz Mehring. La idea que guió su vida política e intelectual fue la auto emancipación de la clase trabajadora y la liberación de la humanidad.

Con el asesinato de Rosa Luxemburgo la barbarie se impuso al socialismo. Ahora se trata de vencer a la barbarie construyendo una sociedad poscapitalista. Este es el mejor homenaje que se le puede hacer a esta mujer socialista de extraordinaria capacidad e incansable espíritu de lucha por los intereses de todas las personas del mundo.

3. La cuestión nacional

La socialdemocracia tiene como vocación no realizar el derecho de las naciones a la autodeterminación sino solamente el derecho a la autodeterminación de la clase trabajadora, de la clase explotada y oprimida.

Rosa Luxemburgo

Luxemburgo, la internacionalista

En su país natal, Polonia, y a pesar de ser la marxista polaca más reconocida internacionalmente, ni siquiera durante la vigencia del llamado "socialismo real" se le apreciaba oficialmente. Uno de los motivos de esa exclusión política en los rituales oficialistas se debía, no a sus divergencias con Lenin o a su concepción del socialismo como consecuencia de la emancipación de la clase trabajadora y de las masas populares por ellas mismas, ni de la libertad entendida en sentido amplio y su aversión al burocratismo.

Lo que verdaderamente molestaba a la nomenclatura del Partido y del Gobierno, era la posición mantenida por Luxemburgo sobre la cuestión nacional. Ni siquiera cuando publicaron sus obras en polaco se incluyó en ellas integralmente su famoso escrito *La cuestión nacional y la autonomía*. Un trabajo que en la edición francesa editada en 2001 ocupa 249 páginas.

El motivo de esa laguna hay que buscarlo más en su internacionalismo que en la minusvaloración relativa de la cuestión nacional, algo que era mal visto en Polonia, país donde el nacionalismo de nación oprimida estaba muy expandido y enraizado en la conciencia de la población. Como afirma Claudie Weill, en materia nacional las ideas que los polacos aceptan son las del adversario ideológico de Luxemburgo en la cuestión nacional polaca, Pilsudski.

Cierto es que ese texto, fundamental para conocer el pensamiento de Luxemburgo sobre este asunto fue poco conocido internacionalmente, quizás porque estaba redactado en lengua polaca y, tanto durante su polémica con Lenin, como después, lo que se leía de ella sobre este tema eran fragmentos y artículos sueltos.

Luxemburgo era una internacionalista y no parecía sentirse apegada a lo que los pensadores posmodernos de hoy tanto nos machacan como esencial, las identidades. Aunque judía de ocho apellidos, nunca se sintió atraída por el judaísmo religioso. Si bien hizo referencias aisladas al "pueblo judío" en sus escritos, idea está que hoy sería rebatida por el historiador, también judío, Shlomo Sand, para quien no existe un "pueblo judío", ya que para él eso es una pura invención.

Luxemburgo escribió en una carta a Mathilde Wurm del 16 de febrero de 1917 que ella rechazaba dar:"un pequeño lugar especial en su corazón" a los judíos y afirmaba: "me siento en mi casa en el ancho mundo, donde quiera que haya nubes, pájaros y lágrimas". (R.Luxemburgo, 1977, p.180) Eso parece que no le impedía sentirse estimulada y regocijada cuando estaba en contacto con la lengua polaca y los campesinos de su tierra, ya que escribía en 1898 después de una visita en un acto electoral del PSD a la Alta Silesia:

"Mi mayor y principal sensación, se la debo a ésta región: los campos de trigo, los bosques, una inmensa pradera y la lengua polaca, los campesinos polacos del lugar. No te puedes imaginar cómo esto me hace feliz, me siento revivir como si hubiera reencontrado la tierra bajo mis pies". (*R. Luxemburg,* 1989, p.170)

Así pues, lo que para algunos sería una contradicción de Luxemburgo, lo podemos ver como una situación sólo aparentemente paradójica. Es perfectamente conciliable el internacionalismo más agudo con un pletórico sentimiento nacional, el amor al suelo de nacimiento y donde están tus raíces o parte de ellas, porque como los árboles trasplantados, las raíces también crecen en otras tierras que las originarias. Para quienes han vivido largos años fuera del lugar de nacimiento, incluso más años que los allí vividos, como fue el caso de Luxemburgo, esto es más perceptible.

No está ese sentimiento reñido con una mezcla de amor y crítica, atracción y rechazo a malas prácticas. Esto se puede percibir con nitidez en un pueblo tachado por los otros de pasional. Los españoles que más aman a su patria a veces son los que expresan mayor criticidad y rechazo a una cierta España de "mantón y pandereta" y al llamado "españolismo casposo". El sentimiento nacional no está reñido con la aceptación de los valores positivos de los demás pueblos y naciones y de la crítica a las negatividades propias y también de las ajenas.

La situación de Polonia

Cuando Luxemburgo estudiaba la situación polaca afirmaba que para ella no se trataba de elaborar una teoría de la cuestión nacional válida universalmente y por tanto aplicable a todos los casos específicos, sino examinar las variantes posibles de surgimiento del problema para poder proponer soluciones políticas concretas y apropiadas.

Polonia se encontraba dividida en tres partes, la austríaca (la Galitzia), la alemana (el principado de Poznan) y la rusa. Luxemburgo, al contrario que otras corrientes socialistas, no consideraba que la independencia de Polonia de Rusia fuera el elemento clave para poner fin al zarismo. Al contrario, al producirse la revolución de 1905 que fue hegemonizada por la clase trabajadora, ella se reafirma en que lo provechoso para la causa del socialismo es que los trabajadores polacos se unan con los rusos contra el zarismo y así hacer avanzar la revolución.

Para Luxemburgo la independencia de Polonia no servía en ese momento a los trabajadores sino a la burguesía polaca. Y ella sabía de lo que hablaba ya que había dedicado su tesis doctoral en la Universidad de Zúrich al tema del *Desarrollo industrial de Polonia.*

Se opone a la independencia de Polonia y defiende su punto de vista con argumentos sólidos en una serie de artículos publicados en 1908-1909 en la revista teórica del Partido Social Demócrata de Polonia y Lituania, PSDPiL, *Przeglad Socjaldemokryczny* (*Revista Socialdemócrata*), reunidos luego en el libro *La cuestión nacional y la autonomía.* En esos trabajos teóricos pone en duda que sus adversarios del Partido Socialista Polaco (PPP) puedan conciliar el socialismo y el nacionalismo y considera que darían prioridad a lo segundo.

En el artículo *La cuestión polaca en el Congreso Internacional de Londres* (congreso celebrado en 1896), hace una crítica de la resolución sometida a ese Congreso por la delegación del Partido Socialista Polaco (PPS) que eleva la independencia de Polonia a "exigencia política indispensable" para el movimiento obrero internacional y considera que con la independencia de Polonia el zarismo iría a la ruina. Luxemburgo realiza la deconstrucción de esa resolución y la hace añicos. Los ejes de sus argumentos eran los siguientes:

1) El zarismo no saca su fuerza interior ni su influencia exterior del dominio de su parte de Polonia sino de las relaciones sociales internas de Rusia, de su opresión del campesinado y a partir de 1860 de su apoyo a su burguesía para abrir nuevos mercados y al desarrollo del capitalismo en Rusia.

2) Tampoco la fuerza exterior de Rusia depende de la división de Polonia sino de su situación geográfica que la hace clave en la llamada "cuestión oriental" y a partir de la guerra de 1870 y la apropiación de Alsacia y Lorena por Alemania, porque se convierte en un aliado indispensable para Francia, y por ende, también clave en Europa.

3) Por tanto, con o sin Polonia, la situación de Rusia no cambia, a lo que se añade que parte de la burguesía polaca está encantada con hacer negocios en el mercado ruso y no está interesada en la independencia de Polonia porque mira primero al bolsillo y después a su "identidad polaca". De manera que, partiendo de premisas falsas –afirma Luxemburgo- indefectiblemente se sacan conclusiones falaces, por ende, esa resolución la califica de una utopía.

El Congreso Internacional de Londres no aprobó la resolución polaca del PPS sino una resolución más general que decía:

"El Congreso se declara por el pleno derecho a la autodeterminación de todos los pueblos y expresa su simpatía a los obreros de todos los países que sufren en la actualidad la opresión militar, nacional o cualquier otra; el Congreso llama a los obreros de todos los países a formar parte del movimiento obrero mundial para luchar juntos por el derrocamiento del capitalismo internacional y por la realización de los objetivos de la socialdemocracia internacional". (R.Luxemburgo,1977, p.203)

Luxemburgo escribió apasionadamente que el Congreso de Londres puso en pie el problema polaco al relacionar con el todos los demás pueblos oprimidos e invitó a los trabajadores de todas las naciones a unirse en las filas del socialismo internacional para acelerar la creación del sistema socialista, que eliminaría de raíz, la opresión de clase y cualquier otro tipo de opresión (de género, de raza, etc.), incluida la opresión nacional.

Señalaba el absurdo de querer poner la cuestión nacional polaca como "una necesidad específica del movimiento obrero", ya que había problemas internacionales más importantes o al menos tan importantes como era el de Alsacia y Lorena y su restitución a Francia, la reivindicación italiana de recuperar Trento y Trieste, las tendencias separatistas de Bohemia, entre otras muchas. Si se aceptaba la propuesta de los socialistas polacos esto desplazaría –según ella- el programa socialdemócrata, la táctica y los principios organizativos, desde posiciones de clase a posiciones basadas en el nacionalismo.

Defensa de la autonomía cultural

Luxemburgo tenía ideas muy definidas sobre el papel de la clase trabajadora polaca. Consideraba que lo que esta debía hacer era combatir por la "defensa de la nacionalidad como cultura espiritual específica, distinta". Ya que en ese momento la defensa de la nacionalidad:

"sólo puede llevarse a cabo no a través del nacionalismo separatista, sino solamente a través de la lucha por el derrocamiento del despotismo (el zarismo) y por conquistar en todo el país esas formas de vida cultural y cívica de que goza desde hace tiempo la Europa occidental".

Eso se garantizaba con un movimiento exclusivamente de clase de los trabajadores, por ello:

"todo lo que contribuya a desarrollar y acelerar ese movimiento de la clase obrera debe ser considerado como un factor *patriótico, nacional*, en el mejor sentido de la expresión". Por el contrario, "el esfuerzo por desviar a la clase obrera polaca de la vía de la lucha de clase para llevarla al callejón sin salida de la utopía de la independencia de Polonia (...) es, en el fondo, una política esencialmente *antinacional*, a pesar de su carácter nacionalista". (R.Luxemburgo,1997, pp.94-95)

Contra el derecho a la autodeterminación

Lenin con su sentido político pragmático expone que rusos y alemanes deberían reconocer el derecho de Polonia a la separación incondicional. Luxemburgo, por su parte, critica lo relativo al derecho de las naciones a la autodeterminación por considerarlo "una paráfrasis del viejo eslogan del nacionalismo burgués de todos los países y de todos los tiempos" (R.Luxemburgo, 2001, p.16). Ningún partido socialdemócrata tenía en su programa el principio de la autodeterminación, salvo el ruso, en el punto 9 del mismo.

Para Luxemburgo "la fórmula del derecho de las naciones a la autodeterminación no es en el fondo una directiva política y programática para abordar la cuestión nacional, sino solamente una manera de esquivar ese problema" (Ibid.p.23) Una tal fórmula, ese vago cliché "no expresa absolutamente nada, no es más que una fraseología vacía de sentido (…) si ella expresa el deber incondicional de los socialistas de apoyar todas las aspiraciones nacionales (…) es simplemente falsa". Y sigue afirmando, sobre la base del materialismo histórico, que la posición socialista sobre los problemas de la nacionalidad depende sobre todo "de las circunstancias concretas de cada caso, que difieren considerablemente de un país a otro y se modifican igualmente en el tiempo en cada país". (Ibid. p.25)

Espíritu racional y profundo, todas esas proclamas huecas sobre el derecho a la autodeterminación, junto a otras proclamas incapaces de poder satisfacerse en el capitalismo o las que conllevan en los hechos un retroceso social o político, le parecen propias no de marxistas sino de charlatanes:

> "La esperanza de resolver todas las cuestiones nacionales en el cuadro del capitalismo, de darle o asegurarle a todas las naciones, tribus, clanes, la posibilidad de "auto determinarse", es algo utópico (…) si se tiene en cuenta el curso del desarrollo histórico de las sociedades actuales" (…) el desarrollo capitalista moderno no tiene tendencia a darle a cada nación su existencia independiente sino que va más bien en la dirección opuesta". (Ibid. pp.35-37)

La cuestión nacional, empero, está considerada por algunos de los especialistas en el pensamiento de Luxemburgo como el punto más endeble y menos sostenible de sus concepciones políticas.

El que menos resiste el paso del tiempo y el que fue y ha sido más contradicho por los hechos, por la realidad social e histórica. Y ello no solamente por la política que se deriva de la misma, que es valorada como una no política, sino por los errores tácticos que puede conllevar.

Lenin respondió con su contundencia habitual a la teoría de la cuestión nacional de Luxemburgo. Defendía el derecho a la autodeterminación en el programa del POSDR , pero hay que decir que Marx y Engels nunca hablaron del derecho a la autodeterminación, esa idea la introdujo Lenin, por ende, es una concepción más "leninista" que propiamente "marxista" originaria.

Lo que ocurre es que posteriormente a la revolución soviética, todo lo que afirmó Lenin pasó a ser considerado la interpretación marxista correcta, ahora bien, una cosa es lo que dijo Marx y otra lo que dijo Lenin. Hacer esa distinción se hace necesario a efectos analíticos.

Como hemos visto, Luxemburgo negaba dicho principio de la autodeterminación. Consideraba que bastaba con la autonomía cultural - siempre pensando en la situación polaca-, y que no era necesario que la parte de Polonia integrada a Rusia se separase de ella, sino que los trabajadores polacos se unieran con la clase trabajadora rusa contra el zarismo y por la consecución de una revolución democrática que seguiría avanzando hacia el socialismo.

Lenin en febrero-mayo de 1914 escribió y publicó *Sobre el derecho de las naciones a la autodeterminación* (VI Lenin,1961, OE,I,-pp.613-669), en él explica que la base económica de los movimientos nacionales estriba en que para la victoria de la producción mercantil es necesario que la burguesía conquiste el mercado interior y que los territorios con una población de un mismo idioma logren su cohesión estatal, eliminando cuanto obstáculos se opongan a ello.

La tendencia de todo movimiento nacional es a crear Estados nacionales que son los que responden mejor al capitalismo moderno. Por ello, el Estado nacional es lo típico en el periodo capitalista. Para Lenin, Luxemburgo no ha sabido distinguir las cosas, lo que dice sobre la dependencia de los pequeños estados de los grandes, del sometimiento de pueblos por el imperialismo, todo eso lo sabe perfectamente cualquier marxista. Y dice lo siguiente para invalidar sus posiciones:

> "el problema de la autodeterminación política de las naciones en la sociedad burguesa, de su independencia estatal, lo sustituye Rosa Luxemburgo por el de autonomía e independencia económica. Esto es tan inteligente como si una persona, tratando de la reivindicación programática que exige la supremacía del parlamento (...) se pusiera a exponer su convicción, plenamente justa, de la supremacía del gran capital, bajo cualquier régimen, en un país burgués". (op. cit., p.620-621)

A continuación Lenin ponía el ejemplo de Japón, como Estado nacional independiente en Asia, que había desarrollado el capitalismo y eso había contribuido a que el capitalismo hubiera despertado en la región asiática y, en todas partes, surgieron movimientos nacionales que llevaron posteriormente a constituir Estados nacionales. En el ámbito europeo pone el ejemplo de los Balcanes, al crearse allí Estados nacionales independientes aparecieron las condiciones para el desarrollo del capitalismo. En ese sentido dice Lenin que Kautsky tenía razón sobre Luxemburgo:

> "el Estado nacional es regla y "norma" del capitalismo, el Estado abigarrado (de diferente población e idiomas) en el sentido nacional es atraso o excepción (...) la "autodeterminación de las naciones", en el programa de los marxistas, no puede tener (...) otra significación que la autodeterminación política, la independencia estatal, la formación de un Estado nacional". (VI Lenin, 1961, p.621)

Es preciso hacer ciertas puntualizaciones sobre la cuestión nacional en la óptica de Luxemburgo. En primer lugar, afirmar que ella no negaba la existencia de la cuestión nacional, ni su interés e importancia, como pretenden algunos ultraizquierdistas que parten de la idea absurda de que todo lo relativo a lo nacional deriva al nacionalismo y por ello debe ser ahogado, extirpado o apartado de una concepción como la marxista, profundamente internacionalista. Aunque es cierto, como afirman unos analistas de su pensamiento, que Luxemburgo:

"Tenía una profunda comprensión de la amenaza nacionalista, en sus diversos matices, para el movimiento obrero en general y para el marxismo revolucionario en particular. Denunciará con vigor "los intereses nacionales como una mistificación", a partir de la experiencia directa de Polonia, pero con el temor constante de que la atención hacia las particularidades nacionales distrajese, o incluso desviase, al socialismo de sus tareas fundamentales". (D. Renzi y A. Bisceglie, 2000,p.188)

Lo que ocurre es que ese temor a la distracción de los intereses fundamentales del socialismo puede llevar a un reduccionismo, a negar interés a lo que no sea la confrontación capital/trabajo, y en el caso de algunas "tendencias" que se auto proclaman marxistas, a subordinar al método de lucha que han escogido todos los demás problemas.

Luxemburgo cayó en una manera de abordar la cuestión nacional de tipo principista o esencialista. El materialismo histórico se emplea de manera muy rígida y la lucha de clases termina concibiéndose en condiciones químicamente puras, condiciones que nunca se dan así en la realidad.

La cuestión nacional es un asunto multilateral, con muchas aristas, ya que se vive en la psique, en la mentalidad, en la conciencia de las masas, es un sentimiento además que puede estar muy arraigado, mayor quizá en las viejas naciones europeas como Francia, Inglaterra, España, Rusia. También la conciencia o identidad nacional se comprueba en naciones que se unificaron en fechas más recientes como Alemania, Italia y en los Estados formados en la América anglosajona, española y portuguesa, e incluso, en las naciones más recientes, conformadas bajo los esquemas de las divisiones territoriales coloniales como las de África, cuyas fronteras responden más a los trazados de las antiguas metrópolis que a las realidades de sus tribus, etnias y lenguas.

Las naciones son realidades conformadas en el tiempo en base a determinados elementos unificadores pero también son realidades construidas. ¿Es necesario reafirmar lo que ya debería ser algo aceptado de manera generalizada? Es decir, que lo que las gentes piensan también es un hecho social, por cierto nada desdeñable. Eso es también igual de válido en el hecho nacional.

Que la clase trabajadora no se conciba exclusivamente como siendo parte de una clase social, sino que también se auto perciba como siendo parte constitutiva de una nación, es algo que hoy no debería traer muchas polémicas y más aún con la experiencia de las dos guerras mundiales escenificadas principalmente en territorio europeo. Si bien se puede admitir incluso la existencia de una traición de los líderes de la socialdemocracia de la Segunda Internacional al principio admitido por ellos de no apoyar la guerra, lo cierto es que si hacemos abstracción de los trabajadores socialdemócratas otra parte de esa clase trabajadora de las diferentes naciones, con concepciones no socialistas, sí apoyaban la guerra.

En la Segunda Guerra Mundial, se apeló a los sentimientos nacionales para fortalecer la conciencia de lucha y la unidad contra la invasión alemana, caso notable de la Rusia soviética, cuya guerra fue bautizada por la jerarquía del Partido Comunista como *La Gran Guerra Patria,* lo cual fue seguido de una intensa ideologización nacionalista de la población, tanto por medio del cine (las películas de Eisenstein), la radio y la propaganda política, basada en los valores anclados en la tradición rusa zarista de Alexandre Nevski e Iván El terrible, de defensa y resistencia de su territorio ante los invasores extranjeros. "Quien venga en son de paz es bienvenido, quien venga en son de guerra perecerá", como así ha sido con Napoléon y después con Hitler.

Es acertada la explicación que señala por qué las reivindicaciones nacionales no pueden ser consideradas como simplemente "mistificaciones burguesas", sino un precio inevitable histórico:

"a pagar por reaccionar y defenderse contra la opresión dictatorial y/o imperialista. Las aspiraciones nacionales pueden llegar a ser no sólo un factor no antagónico o desviacionista con respecto a las contradicciones socioeconómicas fundamentales, sino incluso, entrelazándose objetivamente con ellas, una causa decisiva de radicalización o incluso de revolución (…) la rebelión frente a la opresión nacional combinada con la rebelión frente a la opresión política, y ambas alimentadas por la rebelión fundamental contra la explotación económica, han constituido sistemáticamente las razones esenciales de las revoluciones".(D. Renzi, 2000,p.190)

Así pues, se puede tener un programa que sepa unir las reivindicaciones nacionales, dándole su lugar justo y preciso y, a la vez, orientándolo hacia una meta democrática progresista y socialista. Para ello se requiere una dirección política capaz de educar a las masas en sus problemas reales y sentidos.

Lo que ocurre es que muchas veces los revolucionarios que se auto califican de marxistas están más ocupados en ser propagandistas de gobiernos vagamente progresistas y de movimientos revolucionarios extranjeros, que en educar políticamente a las clases subalternas, al conjunto del Trabajador Colectivo, de su territorio, de su nación.

Esto es un error de bulto ya que el prestigio de un dirigente se tiene no solo por su trayectoria vital de largos años de defensa de los valores revolucionarios, sino porque haya sabido lograr crear una vanguardia de calidad y una organización fuerte de la clase trabajadora de su país. Si no lo consiguen, serán reconocidos como buenos propagandistas o agitadores para fines divulgativos y de "relaciones públicas" con otros partidos o gobiernos extranjeros pero como dirigentes políticos su valor es cercano al grado cero de la política.

Lo que caracteriza a un dirigente que tenga como brújula vital el marxismo, no es seguir la corriente oportunista de los que enarbolan las diferentes formas de los valores ideológicos del "populismo de época". Es decir, la invocación a los lugares comunes elaborados sofisticadamente por los *think tanks* capitalistas que siempre, curiosamente, buscan sustituir la lucha política de clases por la lucha de frases, aparentemente universalistas, cosmopolitas, humanistas pero que esconden detrás la desmovilización y desmotivación de la clase trabajadora.

Por ello se promociona como lo actual: La lucha de razas contra la lucha de clases, la lucha contra los valores culturales nacionales a sustituir por valores cosmopolitas (muchos de ellos pro imperialistas) y, en casos ya patológicos graves, por la defensa de la prevalencia del atraso como supuesta vía para lograr un progreso futuro.

Nadie con un pensamiento crítico racional puede entender tamaño galimatías, ya que está alejado de todo lo que han sido los valores de la llamada Ilustración y del socialismo, que ha sido y es propugnar el progreso a través de mejorar la vida material y espiritual de las personas. Nada de lo que conlleve una marcha hacia atrás puede ser considerado no digo ya valores socialistas sino incluso progresistas.

Luxemburgo y la cuestión nacional hoy

A Luxemburgo se le ha querido cargar con valoraciones e interpretaciones que no le corresponden en la cuestión nacional, ya sea atribuyéndole posiciones del discurso maximalista extremista y anarquista, como de posiciones oportunistas. Si algo hay de verdaderamente criticable en su enfoque de la cuestión nacional es que ella, tan apegada y atenta al sentir de los trabajadores y de la gente en general, ignorase la diferencia capital y esencial, entre los movimientos nacionales capitalistas y estatalistas y los de la clase trabajadora y sectores populares.

Mientras el nacionalismo burgués capitalista no puede llegar a sus consecuencias últimas por sus propias limitaciones de clase, el movimiento nacional de la clase trabajadora y popular tiene también su límite, ya que su fin último supera lo nacional. En la mejor tradición marxista, el socialismo para serlo plenamente, tiene que traspasar las barreras nacionales, ya que el socialismo es internacional por su naturaleza y tiene en los países más avanzados por sus fuerzas productivas y el desarrollo de la investigación científico-tecnológica e innovación, la garantía material de la realización del socialismo a escala global.

En la concepción marxista no hay una invocación a un socialismo de la miseria, porque eso sería la miseria del socialismo, si de marxismo hablamos. Ahora bien, socialismos ha habido y hay de muy diferentes escuelas y hay quienes sustituyen el enfoque materialista crítico por el "sentimentalismo filisteo" como dijo Marx.

En otras palabras: el socialismo de Marx, a diferencia de otras escuelas socialistas, pequeñoburguesas, anarquistas e incluso de comunismos milenaristas, voluntaristas y utópicos, se basan en otros criterios para organizar la sociedad y no dan la prioridad a la primacía del desarrollo de las fuerzas productivas. En el marxismo, el voluntarismo, del tipo que sea, no sustituye el papel fundamental de la estructura económica (el conjunto de las relaciones de producción), ni el desarrollo de las fuerzas productivas.

En el socialismo de Marx no se espera el "milagro" del advenimiento del socialismo por un acto de bondad, de humanismo o por un golpe de fuerza, sino por la combinación de lucha de clases y nivel alcanzado por las fuerzas productivas. Por ende, mientras más atraso haya en una sociedad más lejos se está del objetivo socialista marxista.

No se puede considerar en sentido estricto como socialismo, en el marxismo, los capitalismos de Estado que han existido y los que aún persisten o los llamados Estados obreros degenerados, por mucho que su intención fuera establecer el socialismo o por mucho que lograran desarrollar la economía y realizar un reparto más igualitario de los bienes materiales y de civilización.

Luxemburgo, obsesionada con razón por el carácter internacional del socialismo, no supo ver que hay situaciones donde el movimiento nacional que viene de abajo, la defensa de su territorio y todo lo que ello acarrea, puede ser progresivo si hay una guía política socialista que alumbre su camino, que haga compatibles y retroalimente la cuestión nacional y la cuestión social. Si la nación es de todos, es del común, es prioritariamente de la mayoría, por tanto de los trabajadores, no de un puñado de capitalistas.

Esa dialéctica es la que permite pensar en el paso por el "momento" nacional para superarlo posteriormente en el internacionalismo. El internacionalismo supone la existencia de naciones. El internacionalismo "proletario" o para decirlo en términos actuales, el internacionalismo de la clase trabajadora, de los asalariados, supone la lucha por los intereses comunes de dicha clase. No el sacrificio de la clase trabajadora de una nación para beneficio, real o supuesto, de la clase trabajadora de otra nación.

Luxemburgo puso mucha esperanza en la Internacional Socialista, entendida como una organización centralizada, que orientara las políticas de los diferentes partidos nacionales, para evitar el oportunismo. A esto y a la construcción socialista subordinaba todo. Así pues, no percibió la importancia de la cuestión nacional que no tendería posteriormente a su muerte a disminuir sino a acrecentarse.

El mismo desarrollo del capitalismo en su etapa imperialista e incluso en la posterior, que se ha bautizado como de la globalización, o del capitalismo monopolista financiero internacional, ha conducido a un desarrollo de determinados centros muy avanzados económicamente que dominan a una periferia muy diversa pero que está subordinada a los centros económicos, financieros y comerciales, y que ha contribuido a acentuar la emergencia de los actuales nacionalismos.

Hay una dialéctica entre tendencias globalizadoras centrípetas y tendencias centrifugas. No existe un único o sólo factor unificador sino que hay factores tendentes al desmembramiento estatal, corrigiendo tendencias unificadoras, cuyo caso más evidente ha sido el de los Balcanes, que después de una unificación en forma federativa en la posguerra, se fomentó, desde Alemania, primero y luego por la UE y los EE.UU., la desmembración en varios Estados y la creación incluso de un Estado *ex novo* donde nunca existió algo tal como una nación, desgajando del Estado Serbio la región habitada por población albanesa, por imperativo de Clinton y de las bombas de la OTAN.

Si hubiera habido allí una lógica nacional consecuente los habitantes de la provincia Serbia de Kosovo tendrían que haberse unificado con Albania, ya que tienen los elementos comunes de lengua, religión, tradiciones y otros elementos étnicos-culturales, no crear una supuesta nación Kosovar. Se trataba, en realidad, de debilitar a Serbia y lanzar el mensaje de la supremacía e impunidad imperial en las relaciones internacionales.

Algunos marxistas de la época de Luxemburgo tenían una tendencia a minusvalorar el hecho nacional y consideraban de manera ingenua que el socialismo era la solución mágica a todas las contradicciones y problemas históricos, culturales, étnicos, de desarrollo desigual y no combinado del capitalismo y de la existencia de relaciones de producción precapitalistas, de producción mercantil simple e incluso de economías naturales o de trueque. Es curioso que siendo Luxemburgo la más perspicaz en ver este panorama económico no sacara la consecuencia de que esto planteaba problemas que no son secundarios y que no se podían resolver simplemente con una economía socialista o a la espera que el socialismo se instaurase.

En *La Acumulación del capital* explicaba como el capitalismo se desarrolló históricamente en un medio social no capitalista hasta que las relaciones capitalistas se fueron imponiendo, aunque quedaran formas de producción no capitalistas en los países europeos occidentales, en otras partes de Europa y sobre todo fuera de este continente:

"Aparte de esto, rodea al capitalismo europeo una enorme zona de culturas no europeas, que ofrece toda la escala de grados de evolución, desde las hordas primitivas comunistas de cazadores nómadas, hasta la producción campesina y artesana de mercancías. En medio de este ambiente se abre paso, hacia adelante, el proceso de acumulación capitalista". (R. Luxemburgo, 1967,p.283)

Es lamentable que no concluyera que hay fenómenos derivados de esos tipos de relaciones de producción que persisten y otros que surgen. Que mantuviera un rechazo reduccionista a fenómenos como los hechos nacionales, las contradicciones entre naciones y Estados, y que se conformara con imaginar que todo ello quedaría atrás simplemente por la instauración del socialismo. No fue ese el caso de Marx, que había mostrado su interés por la contradicción entre los Estados y por la cuestión de las naciones.

Luxemburgo en *La cuestión nacional y la autonomía* (1908) expone con prístina claridad su posición:

"El desarrollo hacia el Gran Estado que caracteriza la época moderna y que gana en importancia con el progreso del capitalismo, condena de entrada al conjunto de mini y micro nacionalidades a la debilidad política. Al lado de algunas naciones muy potentes, que son los auténticos gerentes del desarrollo capitalista porque disponen de los medios materiales e intelectuales indispensables para preservar su independencia económica y política, la "autodeterminación", la existencia "autónoma" de las mini y micro naciones es cada vez más ilusoria. Este retorno a la existencia autónoma de todas, o al menos, de la gran mayoría de las naciones actualmente oprimidas sólo sería posible si la existencia de pequeños Estados tuviera posibilidades y perspectivas de futuro en la época capitalista (...) incluso los pequeños estados políticamente independientes, formalmente iguales en derechos, que existen en Europa, sólo desempeñan un papel simbólico y la mayor parte de las veces son títeres de otros Estados (R. Luxemburgo,1977, p.109)

Efectivamente, la soberanía existente en los Estados que no forman parte del entramado de dominio mundial económico, financiero, político, militar y cultural, no es soberanía real es soberanía formal. Lo que es real sociológicamente hablando y no una interpretación jurídico-formal, es la dominación y el control de aquellos sobre éstos.

A pesar de ello, se agudizan las contradicciones y cada vez es más difícil mantener el control-subordinación por los centros mundiales de poder (básicamente los EEUU, los Estados miembros UE y a su cabeza Alemania, y disputando un lugar China), sobre esa periferia variopinta.

Uno de los problemas que confrontan hoy día es la supervivencia de la cuestión de las nacionalidades, de los pueblos sin tierras como los Palestinos, de las naciones sin Estados, las cuestiones étnicas, las identidades religiosas, las reivindicaciones de género, todos ellos se pueden considerar problemas meramente "superestructurales", y restarles importancia desde una óptica "economicista" corta de miras, o bien, desde una "visión globalista cosmopolita", tan amplia de miras que tratando de otear tan ancho horizonte, es incapaz de ver la realidad concreta delante de sus narices.

Ante todo ello nos parece más adecuada la visión que apegada a un análisis de la dialéctica de lo concreto, afirma que la crisis estructural de la economía capitalista no se entiende independientemente de la crisis de la política burguesa:

"Frente a este formidable aumento de la presión, de la explotación y de la opresión por parte de las clases dominantes, concentrado en cada uno de los estados, la cuestión de la sociedad civil y más concretamente de las nacionalidades, como por otro lado la cuestión de género, se presenta no sólo como importante, *sino como absolutamente inseparable de la cuestión social y viceversa.* Resulta difícil imaginar un país del mundo en el que la reivindicación de autodeterminación o autodecisión no plantee de inmediato el problema de clase, así como no es fácil concebir una escalada global de la lucha de clases que no suscite de modo igualmente inmediato problemas étnicos y nacionales." (D.Renzi, 2000,p.196)

No se debe pasar por alto algunas puntualizaciones de Luxemburgo sobre el derecho de las naciones a la autodeterminación, e incluso sobre los "derechos humanos", ya que descontextualizados y enarbolados de manera a-histórica, estos "derechos" no siempre sirven a objetivos progresistas sino que son utilizados para fines de manipulación por las clases dominantes, para debilitar ciertas posiciones, cuando no para emplearlos con objetivos claramente retardatarios e incluso visto con perspectiva histórica, claramente reaccionarios, es decir, que no contribuyen a hacer avanzar a una sociedad en su proceso civilizatorio sino hacerla estancarse o retroceder.

La clave está ahí: lo que nos hace retroceder nunca puede ser progresista, por más que los partidarios de la logomaquia místico religiosa y la teodicea de los derechos abstractos, se desgañiten para hacerlos tragar como lo más humanista y el cénit de lo bondadoso. Es sabido que el camino del infierno está empedrado de buenas intenciones y magníficos deseos.

Luxemburgo en su crítica al punto nueve del programa del Partido Obrero Socialdemócrata de Rusia (POSDR), nos abre los ojos ante la proliferación de frases vacías y buenas intenciones, formuladas como universales imperativos categóricos, con independencia de la realidad concreta, de las coyunturas y de las fuerzas sociales enfrentadas:

> "Un "derecho de las naciones" que se refiera de modo imparcial a todos los países y a todas las épocas no es más que retórica metafísica del estilo de los "derechos del hombre" o de los "derechos del ciudadano". El materialismo dialéctico, que constituye el fundamento del socialismo científico, ha roto para siempre con las formulitas "eternas" de esta clase" para emplear las palabras de Engels, "lo que aquí y ahora es bueno, allá y en otro momento es malo, y, al contrario, lo que en ciertas circunstancias resulta justo y razonable en otras se convierte en injusto y absurdo. El materialismo histórico nos ha enseñado que el contenido de estas verdades, leyes y fórmulas "eternas" depende siempre y exclusivamente de la relación social material de un ambiente o una época histórica determinada". (R. Luxemburgo,1977, p.109)

4. La lucha contra el revisionismo y el reformismo

El signo distintivo del oportunismo es en primer lugar la hostilidad a la teoría.

La mayor conquista de la lucha de clases de los trabajadores en el curso de su desarrollo ha sido el descubrimiento de que la realización del socialismo encuentra un apoyo en los fundamentos económicos de la sociedad capitalista (...) que se ha convertido en una necesidad histórica.

Rosa Luxemburgo

Cuando Rosa Luxemburgo decide residir en Alemania, en mayo de 1898, lo hace teniendo en cuenta que allí se encontraba el movimiento obrero en pleno desarrollo y que el Partido Socialdemócrata de Alemania (SPD) contaba con un vigoroso aparato político y con dirigentes que gozaban del mayor prestigio entre los socialistas europeos. Además, Prusia, en el Este de Alemania, tenía amplios territorios que habían formado parte de Polonia y donde habitaba una población que hablaba polaco.

Después de ponerse en contacto con el Partido Socialdemócrata de Alemania (SPD) sus primeras actuaciones fueron en la campaña electoral para las elecciones parlamentarias, participando en mítines, conferencias y reuniones, donde hablaba en lengua polaca en las provincias de la Alta Silesia y Posen. Allí demostró sus notables condiciones oratorias y tuvo muy buena acogida. Si bien no era la típica agitadora transmisora de consignas sino que apelaba más a la razón que a los sentimientos.

Como había publicado con anterioridad en algunas revistas alemanas como *Die Neue Zeit*, no le fue difícil seguir colaborando en la amplía prensa ligada al SPD. Intentó hacerlo de manera diferente a los otros publicistas, poniendo entusiasmo, pasión y sabiduría en sus escritos. En tiempo breve logró relacionarse con los principales dirigentes del partido con Karl Kautsky, con August Bebel, Franz Mehring, y con la que sería una de las líderes del feminismo socialdemócrata y una de sus amigas más fieles, Clara Zetkin.

Luxemburgo no era una oportunista acomodaticia sino una persona de fuertes convicciones y sólida preparación intelectual, por ello no tardó en verse envuelta en polémicas con algunos diputados socialdemócratas y posteriormente con notables dirigentes del partido. Su actitud no sumisa sino combativa, la llevó a expresar su rechazo a los reptiles políticos, tan comunes en el medio, con estas palabras: "existen fundamentalmente dos tipos de seres vivos. Los vertebrados, que gracias a eso pueden andar y, en ocasiones correr, y los invertebrados, que solamente pueden reptar y vivir como parásitos". (*Leipziger Volkszeitung*, 26/09/1899).

El Imperialismo Alemán

A finales del siglo XIX el capitalismo alemán estaba desarrollándose con brío y además Alemania estaba participando en el nuevo reparto del mundo, ya que el capitalismo necesitaba tener control sobre zonas no capitalistas. Según la tesis de Luxemburgo, para poder realizar la reproducción ampliada y la acumulación de capital.

Alemania se hizo con colonias en África y en el Océano Pacífico. Junto a ello se desarrolla la industria pesada interesada en la producción de armamento militar, además de la construcción de ferrocarriles y explotación de yacimientos mineros. A la vez, se efectúa una mayor concentración en el sector bancario en el mundo. Como escribe Luxemburgo, este imperialismo joven da el salto a la escena mundial con un apetito enorme pero en un momento donde el mundo estaba ya prácticamente repartido, lo cual tenía que producir resquemor en las potencias dominantes.

El Canciller Bismarck había basado su política en el principio de que el *Reich* era una potencia terrestre. El *Kaiser* Guillermo II tenía un nuevo objetivo para Alemania: convertirla en una potencia tanto terrestre como marítima. En los años 1898 y 1899 se incrementaron al doble los efectivos navales. Eso era un cambio radical en la política militar y exterior de Alemania.

Además el estallido de las guerras hispano-norteamericana, la chino-japonesa, la anglo-boer, y la intervención de las potencias europeas en China, formaban un cuadro que fue percibido por los estudiosos de la socialdemocracia alemana como que el capitalismo entraba en una fase de conflictos que podrían llevar a una guerra mundial.

Sin embargo, no todos tenían en la socialdemocracia esta visión. Para otros la escena se caracterizaba por otros signos. El capitalismo estaba entrando en una etapa de superación de las crisis cíclicas, que Marx previó, con ciclos de crisis aproximadamente cada diez años. Había un periodo de crecimiento económico con cierto reparto de la riqueza, la lucha de clases se atenuaba y el movimiento obrero tenía mayor capacidad de actuar con libertad.

Junto a todo ello la participación electoral de la socialdemocracia daba frutos evidentes constatables en el aumento de votos y de afiliados al partido y a los sindicatos. Todo ello dio alas al surgimiento de una corriente revisionista y reformista, tanto teórica como práctica, dentro del movimiento obrero y socialista marxista.

La controversia del revisionismo y el reformismo

A finales del siglo XIX con el término revisionismo se designaba las teorizaciones de Eduard Bernstein que iban dirigidas a contradecir los análisis de Marx sobre el capitalismo, las crisis y la conquista del poder para la clase trabajadora. Los revisionistas eran los que aceptaban este análisis de Bernstein y de otros con ideas parecidas. El reformismo hacía referencia a algo más particular dentro del revisionismo, la idea de que se podía llegar al socialismo mediante reformas sociales sin que hubiera un recurso a la revolución social. (J.P. Nettl, 1972, I, p.200 y ss)

La controversia sobre estos temas se inició con los artículos que Bernstein publicó en *Die Neue Zeit* a partir de octubre en 1896 y que luego recogió y amplio en su libro de 1899 *Las premisas del socialismo y la misión de la socialdemocracia*. Sin embargo, Bernstein no surgió de la nada, ya dentro del SPD existían tendencias claramente revisionistas, reformistas y oportunistas, que se manifestaron como reacción a las posiciones marxistas expuestas por Karl Kautsky en su libro *La cuestión agraria* y que se pueden personalizar en la persona de G. Vollmar.

El mismo August Bebel, presidente del partido, después del Congreso de Frankfurt del SPD de 1894, hizo referencia a esas corrientes en una reunión de organización en Berlín en noviembre de ese año, diciendo que tenía la impresión de la existencia de corrientes oportunistas que señalaban que la lucha de clases había cambiado y que flirteaban con toda suerte de ideas reformistas burguesas. Llamaba Bebel a que "esta corriente fuera combatida con la máxima determinación". (Massimo Salvadori, 1990, p.60)

La polémica sobre el revisionismo duró desde la publicación de los trabajos de Bernstein hasta prácticamente el inicio de la primera guerra mundial, pero ya para 1904 había perdido intensidad. El campo estaba muy delimitado, por un lado, Bernstein y sus seguidores, del otro lado, los "ortodoxos", que a su vez se dividían en los radicales y los centristas.

Bernstein era junto a Bebel y Kautsky uno de los marxistas más relevantes no sólo del partido alemán sino de los más destacados de la Segunda Internacional. Durante el período de vigencia de las llamadas leyes de excepción de Bismarck contra los socialdemócratas (de octubre de 1878 hasta 1888, en que el *Reichstag* no las renovó), estuvo exiliado en Suiza, donde editaba el periódico *Der Socialdemokrat*. Expulsado de Suiza fue a residir a Inglaterra desde donde seguía colaborando con la prensa socialista alemana enviando artículos.

Bernstein expuso desde Londres las consecuencias sociales y políticas de lo que él veía o lo que interpretaba de lo que veía. Su fin explícito no era criticar el marxismo o apartarse de él sino adaptarlo a las nuevas circunstancias. Lo que le movía era un sentido práctico, no tratar de invalidar las tesis marxistas. Con ello pensaba que estaba siguiendo las huellas de Marx, no tratando de borrarlas. Sin embargo, la subjetividad personal no cambia el hecho que lo que exponía iba directamente contra lo esencial del marxismo revolucionario.

Las ideas revisionistas y reformistas de Bernstein expuestas en sus artículos de 1896 y en su libro de 1899 en realidad se fueron exponiendo en años anteriores, especialmente durante su estadía en Inglaterra donde recibió la influencia de los fabianos. El mismo Engels llamó la atención de Bebel y Kautsky desde 1891 sobre la flojera de los escritos de Bernstein, "donde no se sabe bien si es carne o pescado".

Criticaba Bernstein la huelga general porque podría llevar a las barricadas y a la violencia. Aunque Engels había escrito que la lucha de barricadas estaba anticuada no descartaba que en alguna circunstancia se pudiera volver a emplear. Bernstein no sólo rechazaba la huelga general sino que abogaba, ya entonces, por el paso del capitalismo al socialismo en "el marco de la legalidad existente" y además, como constataba que no se producía una polarización social entre los capitalistas y los trabajadores sino una ampliación de las capas medias, no veía el socialismo como algo inminente.

La ruptura entre el Bernstein marxista y el reformista se encuentra bien expuesta en su escrito comentando el libro de Louis Héritier, *La Historia de la revolución francesa de 1848*, que escribió en 1895 e inicios de 1896, donde ataca a los insurrectos y defiende a los que aplastaron la insurrección. En contradicción con lo expuesto por Marx en *La lucha de clases en Francia*.

Para Bernstein el episodio de junio y la posterior carnicería mostraban lo fútil de todo empeño revolucionario. Y sobre la Comuna de París de 1871, mientras Marx vio en ella esencialmente un gobierno de la clase obrera:"la forma política al fin descubierta bajo la cual se podía realizar la liberación económica del trabajo". Bernstein la reduce a un episodio de la historia del siglo XIX que no se repetirá.

Es importante recordar que cuando estalló la revolución alemana en 1918-1919, Bernstein dio su apoyo al gobierno de Ebert y cuando a las órdenes de Noske se la aplastó y produjeron los asesinatos de Luxemburgo y Liebknecht, también le pareció algo necesario, aunque lamentó la muerte de estos dirigentes. El reformismo de Bernstein no era algo emocional era el producto de una concepción pensada de manera exhaustiva y sistemática.

Las tesis principales de Bernstein

Las tesis principales de Bernstein se pueden resumir de manera sucinta como sigue:

1. Derrumbamiento del capitalismo. El capitalismo se había sabido adaptar. Los pequeños capitalistas no habían desaparecido. La utilización del crédito bancario y las alianzas empresariales le permitía subsistir a las oscilaciones económicas y los periodos de estallidos de las crisis estaban siendo más largos que los decenios que Marx había comprobado en su época.

2. Mejora de las condiciones de vida. Las condiciones materiales de vida de los trabajadores en sentido amplio estaban mejorando debido a una mejor distribución de la riqueza social. Las cooperativas de producción y consumo y las luchas de los sindicatos, eran un medio de presión que había permitido aumentar el nivel de vida. Amplios sectores del proletariado habían ascendido a las capas medias.

3. Reformas contra la revolución. La revolución no tenía sentido salvo que se la entendiera como la realización de cambios profundos, no en el sentido tradicional de enfrentamientos o guerra civil. Por tanto, en un sentido marxista, era lo primero y no lo segundo lo importante y decisivo.

Ahora bien, a esos cambios profundos se podía ir a través de reformas sociales. Bernstein admitía que podría haber resistencia a los cambios sociales y que para lograrlos, en determinados momentos, habría que emplear medidas más fuertes, coercitivas. Exponía que el partido tenía que admitir ser lo que verdaderamente era por su práctica social: un partido reformista, socialista y democrático.

4. El fin último, el socialismo. El socialismo, como forma superadora del capitalismo que conduciría en un muy largo proceso gradual al comunismo, tenía poco sentido, lo importante era el "movimiento". Y este se manifestaba en la ampliación de los derechos políticos, económicos y sindicales de los trabajadores. Para Bernstein el fin último no era nada, lo que importaba era el "movimiento": las reformas, la ampliación de los derechos y libertades y el aumento de los votos para la socialdemocracia y, con ello, de la representación parlamentaria. (Eduardo Bernstein, 1966)

Un contemporáneo resumía lo que significaba para el socialismo las ideas de Bernstein de la manera siguiente:

"El resultado de todo lo que Bernstein ha estudiado es la ruptura con los principios del marxismo, de lo que nada queda sin impugnar, ni la concepción materialista de la historia, ni la teoría de la plusvalía, así como tampoco los principios y la táctica del Partido Socialdemócrata. Sin embargo, por motivos tácticos comprensibles, Bernstein no consuma la ruptura en una desgarradura: pretende continuar el marxismo y querer demostrar al final que Marx conserva la razón frente a Marx". (M. Lorenz, *Marx-Berns-*

tein-Kautsky, 1899, *PreusBische Jahrbücher*, vol. 96, p.330 y ss., cit. por Bo Gustafsson,1975, p.14)

El revisionismo de Bernstein no era sólo un fenómeno alemán, ya que en los principales partidos existían corrientes con ideas similares tanto en el socialismo inglés, francés e italiano, por lo cual hay que pensar en ello de una manera marxista, tenía que haber una clara influencia o "reflejo" del desarrollo económico, social y político de esa época de finales del siglo XIX en Europa, sobre las ideas del reformismo.

Bernstein tenía lo que alguien denominó una "hipertrofia de la conciencia", al contrario de muchos políticos, que suelen ser oportunistas y tiran la piedra y esconden la mano o se callan, pero promueven con sus actos y decisiones posiciones revisionistas. Al contrario de ellos él escribía, analizaba y exponía sus conclusiones con alto sentido ético. Su posición reformista era producto de una convicción intelectual profunda, de una reflexión sobre la mejor vía para obtener progreso social para la clase trabajadora en sus diversas capas. Nada que ver con el cálculo vulgar del político que lo hace pensando en sus logros personales o grupales. Esa distinción no es banal.

Lo mismo ocurría con la que fue su gran adversaria en el debate: Rosa Luxemburgo. Ambos se movían por ideales, por ideas, no por intereses mezquinos, por ende, decían con claridad lo que pensaban. No eran personalidades neuróticas de las que tanto abundan en el mundo de la política y entre los intelectuales, que piensan una cosa, dicen otra y actúan de manera muy diferente a lo dicen y a lo que piensan, habitualmente según la persona o público que tienen de interlocutores. (Vid. Karen Horney, 1985)

Por ende, no hay comparaciones posibles con parte de nuestros políticos contemporáneos socialdemócratas que en realidad no tratan de "adaptar" el marxismo y sus objetivos, a lo que creen la realidad concreta de su época, sino que tienen claro que ellos sirven al mantenimiento y perpetuación del capitalismo. Entre Bernstein y ellos hay un abismo intelectual y ético. (Vid.por ejemplo a T.Blair, 1998)

Tanto Bernstein como Luxemburgo aportan ideas de interés en el debate, el paso del tiempo mostrará cada vez más sus aciertos y errores, aunque habrá divergencias en admitir en que han acertado uno u otro, según la perspectiva de quien lo analice, eso es inevitable.

Ahora bien, lo que no es de recibo es tratar las ideas en el socialismo marxista con una actitud de secta o iglesia, con sus santos, diablos y dogmas. E incluso montar una nada santa Inquisición para denostar a todo aquél que no se rija por los cánones establecidos. La ciencia es búsqueda, pruebas, errores, aciertos, nuevos intentos, para repetir de nuevo el proceso y superar lo anterior desde lo ya obtenido, así se va avanzando dialécticamente en el conocimiento, este método es el que debe prevalecer.

El estilo de las condenas tajantes y el epíteto descalificador y reduccionista del adversario –propio de un clima de guerra, donde los matices se desvanecen-, se convertiría durante el estalinismo en la condena al Gulag o a la muerte. Disentir era ser un traidor, un "enemigo del pueblo" que debía ser exterminado. Esto sí es radicalmente contrario al espíritu del marxismo, tanto a su vocación científica como revolucionaria.

Ver la realidad y exponer lo que se deduce de esos hechos puede llevar a concepciones erróneas, pero eso es mejor que ver esa realidad y callarse para no contradecir lo establecido como políticamente correcto y que puede conducir a que los poderes sociales establecidos (en el Estado o en el partido) enfilen sus medios represivos contra el que osa pensar, osa analizar y osa exponer.

Atreverse es el rasgo del científico, del revolucionario y del reformador social. Lo demás es cinismo, filisteìsmo, burocratismo y oportunismo de la peor ralea. Propio no de personas que piensan sino de meros ejecutores de órdenes, de "practicones poco imaginativos".

El combate de Luxemburgo contra el reformismo

Luxemburgo no era adversaria de las reformas que mejoran la vida de los trabajadores, que empoderan a las mujeres, que amplían los derechos democráticos y las libertades en el Estado capitalista, ya que todas esas reformas deberán ir preparando al conjunto de la clase trabajadora para el momento de la revolución, ya que les permite educarse y organizarse:

"Para la socialdemocracia, la lucha cotidiana para conseguir instituciones democráticas y reformas sociales que mejoren, aun dentro del orden existente, la situación de los trabajadores, constituye el único camino para orientar la lucha de clases proletaria y para trabajar por el fin último: la conquista del poder político y la abolición del sistema de trabajo asalariado. Para la socialdemocracia existe un vínculo indisoluble entre reforma y revolución: la lucha por las reformas sociales es el medio, mientras que la lucha por la revolución social es el fin ". (R.Luxembourg,1969,I, p.16)

Ahora bien, todas esas reformas no conducen inexorablemente al socialismo. En un discurso en la asamblea del SPD en Stuttgart expuso el principio estratégico en esta materia: la lucha cotidiana del proletariado debe estar orgánicamente unida a la búsqueda de un objetivo final y cuando se habla de este no es de una visión cualquiera de una situación futura, "sino aquello que debe preceder a toda sociedad futura, esto es, la conquista del poder político". (R.Luxemburgo, Obras completas, T.III, cit. por Paul Frölich, 1976, p.94)

A esa idea Bernstein opone lo opuesto: la reforma social se convierte de medio en fin y el fin en algo innecesario. Para Luxemburgo la tarea final, la conquista del poder político y la transformación socialista es lo decisivo, lo que mantiene una línea de separación neta entre el movimiento socialista y el radicalismo burgués y pequeñoburgués.

Bernstein consideraba que la marcha del desarrollo capitalista era más lenta de lo esperado lo cual es algo que no tenía que ser objetado. Aunque para él no se trataba de una ralentización sino de cuestionar que el capitalismo se encaminara hacia su hundimiento por sus contradicciones internas. Luxemburgo criticó que con ello el socialismo dejaba de ser "objetivamente necesario" y se convertía en lo que sea, "excepto el resultado del desarrollo material de la sociedad".

En cuanto a las crisis económicas Bernstein afirmaba en 1896 y 1899, que tendían a disminuir o a desaparecer. Empero en 1900 hubo una crisis, cuyos efectos más notables se hicieron sentir en la industria eléctrica y ello cuando el sistema de créditos empresariales y la formación de carteles tenían un mayor desarrollo. En 1907 hubo otra crisis, por ende, "Bernstein estaba derrotado en su argumentos económicos" (Paul Frölich, 1976, p.99)

Treinta años más tarde de publicar sus escritos se produjo la gran crisis capitalista de 1929-1930 una "crisis senil del capitalismo", usando la terminología de Luxemburgo, o viéndolo nueve décadas más tarde y habiendo vivido la crisis de 2008 y la del Covid-19 de 2020, la de 1929 fue una crisis de un capitalismo que aún maduraría más hacia lo que algunos llaman capitalismo tardío (Mandel) y otros el capitalismo "puro" (Husson).

La refutación por los hechos de la adaptación del capitalismo a las crisis, se interpreta también como la negación de la visión optimista de que las clases sociales irían disminuyendo sus diferencias e irían convergiendo en una gran "capa media", entre dos extremos minoritarios. El papel que le atribuía Bernstein a los sindicatos y el auge de los mismos era que cada vez más una parte mayor de los beneficios iban a quedar en manos de los asalariados y que la parte del capital iría disminuyendo hasta casi desaparecer y con ello se pondría fin a la explotación capitalista.

Para Luxemburgo los sindicatos no tenían ese papel, es decir, no eran el instrumento para acabar con la explotación capitalista sino para defender a los trabajadores en sus reivindicaciones salariales y de condiciones de trabajo. Su función es tratar de que el precio de la compra del trabajo sea de acuerdo al mercado, no tratar con ello de abolir el mercado ni la explotación.

Incluso el papel de los sindicatos va a disminuir –exponía Luxemburgo-, porque habrá una mayor oferta de trabajo en relación a la demanda y "para resarcirse de las pérdidas sufridas en el mercado mundial (el capitalista) recurrirá insistentemente a la parte del producto que corresponde al trabajador. Porque la reducción de los salarios es uno de los principales medios para mantener los márgenes de beneficio descendentes". (R. Luxemburgo, 1969, I, *p.64)*

Como podemos comprobar esto es una realidad hoy día, no sólo el capital se queda con un porcentaje mayor de los beneficios respecto a la parte de los asalariados, sino que por efecto de las nuevas tecnologías aplicadas a la producción se crea un excedente relativo de fuerza de trabajo (manual e intelectual), lo que incide en una tendencia a disminuir los salarios.

Por otra parte, en lugares con menos nivel de desarrollo de las fuerzas productivas, los capitalistas acuden al aumento del ejército de reserva laboral a través de la inmigración, con el fin de disminuir no solo los salarios sino para quitarle a los sindicatos capacidad de negociación y de producir conflictos laborales. Es decir, para aumentar la tasa de explotación absoluta.

En definitiva, los capitalistas siempre buscarán aumentar su tasa de beneficio por todos los medios a su disposición y el que tiene más a mano es reducir los salarios, de manera directa o indirecta. La característica del capitalismo mundializado o globalizado desde 1980 a nuestros días es la reducción de la parte salarial, en el la porcentaje del Producto Interior Bruto correspondiente a los asalariados. "Tal tendencia equivale, en términos marxistas, a una elevación de la tasa de explotación". (M. Husson, 2009, p.7) Esta es la tendencia en el capitalismo y como afirmaba Luxemburgo: "la única respuesta que cabe a la misma es el desarrollo de la lucha de clases política y social". (R. Luxemburgo,1969, I, p.35)

Para Bernstein la lucha sindical y la política se encamina a la mejora de la situación material de los trabajadores, a la limitación de la explotación capitalista y a la ampliación del control social por los asalariados. Esto parece coincidir con la práctica que llevaba a cabo el Partido Socialdemócrata de Alemania.

Luxemburgo explica que la diferencia consiste en que para los socialistas la lucha sindical y política es un medio para educar y conducir gradualmente a la clase trabajadora hacía la toma del poder político para iniciar la construcción del socialismo. Ahora bien:"La concepción de Bernstein, en cambio, parte del supuesto de que es imposible conquistar el poder político, por lo que la implantación del socialismo sólo puede venir de la mano de la actividad sindical y política".

Y continúa señalando Luxemburgo:

"el socialismo no surge automáticamente y bajo cualquier circunstancia de la lucha cotidiana de la clase obrera, sino que sólo puede ser consecuencia de las cada vez más agudas contradicciones de la economía capitalista y del convencimiento, por parte de la clase obrera, de la necesidad de superar tales contradicciones a través de una revolución social. Si se niega lo primero y se rechaza lo segundo, como hace el revisionismo, el movimiento obrero se ve reducido a mero sindicalismo y reformismo, lo que, por su propia dinámica, acaba en última instancia llevando al abandono del punto de vista de clase". (R. Luxemburgo, 1969, I pp.46-48)

Cómo y por qué sostiene Luxemburgo que Bernstein abandona el marxismo

Luxemburgo tiene muy claro que la mayor realización de la lucha de clases de los trabajadores fue el descubrimiento de que la base objetiva para realizar el socialismo está en las relaciones económicas, no en ideas de bondad, justicia, derechos, solidaridad, fraternidad, amor a la humanidad, etc. Por ello afirma que el socialismo ha dejado de ser un ideal, como lo ha sido para los socialistas utópicos y anarquistas y se ha convertido en "una necesidad histórica".

Partiendo de lo anterior, los argumentos de Bernstein tratando de negar el hundimiento final del capitalismo, poniendo como ejemplo que la pequeña propiedad capitalista no desaparece sino incluso que aumenta, se convierte en una falacia.

El análisis marxista no establece ningún plazo, ningún ritmo, para la concentración industrial y empresarial, ni tampoco ha afirmado que en el capitalismo habría una "desaparición absoluta" de los pequeños capitales, de la pequeña burguesía. En nuestros días eso es algo indiscutible por evidente pero lo curioso es que ya en 1899, con gran lucidez, escribía Luxemburgo:

"una empresa capitalista ya no pertenece a un capitalista individual (...) sino a multitud de capitalistas (...) por lo tanto, el concepto económico de capitalista ya no se corresponde con un individuo aislado; que el actual capitalista industrial es una persona colectiva compuesta de cientos y hasta millones de personas físicas, que la propia categoría "capitalista" (...) se ha convertido en una categoría social, se ha socializado". (R. Luxemburgo, 1969, I, p.55)

En ese sentido las sociedades anónimas son una forma de concentración de capital, entenderlo como un fraccionamiento, como hace Bernstein, demuestra que el capital es visto por él como fortunas dinerarias, no como "un todo dentro de la producción". Es decir:

> "Bernstein transfiere la cuestión del socialismo de la esfera de la producción a la esfera de las relaciones patrimoniales, es decir, de las relaciones entre capital y trabajo a las relaciones entre ricos y pobres (…) ve la realización del socialismo en hacer ricos a los pobres, es decir, en la atenuación de los antagonismos de clase; se compromete en una vía pequeñoburguesa". (Ibid., p.56)

Crítica que se puede aplicar hoy a ciertas ideas de Piketty. Otro punto importante en el alejamiento de Bernstein de la teoría marxista es el abandono de la teoría del valor, ya que la considera una mera abstracción, una ilusión mental. Luxemburgo le rebate. No es una invención, es un descubrimiento de algo que no existe en la cabeza de Marx sino en la economía de mercado:

> "es tan real que se puede cortar, unir, pesar e imprimir. En su forma más desarrollada, el trabajo humano abstracto descubierto por Marx no es otra cosa que el dinero (…) mientras que para toda la economía burguesa, desde el primero de los mercantilistas hasta el último de los clásicos, la esencia mística del dinero sigue siendo un libro cerrado con siete sellos (…) la utilidad abstracta (de la teoría marginalista para los cuales la utilidad, la apreciación subjetiva del consumidor es la fuente del valor) (…) no llegarán a otra conclusión que la que ya sabe, y sin su ayuda, hasta el último tonto: que el dinero también es una cosa "útil". (Ibid., 1969, pp.58-59)

Sostiene Luxemburgo que sin la ley del valor, el marxismo se convierte en algo incomprensible, debido a que sin ella no se comprende la naturaleza de la mercancía y la del intercambio de mercancías, por lo cual todas las interrelaciones de la economía capitalista se convierten en un misterio. Gracias a la teoría del valor, del dinero, de su teoría del capital, de la tasa de beneficio, Marx descubre el carácter transitorio de la economía capitalista y que su colapso llevará al socialismo.

La conquista del poder político

Respecto a la cuestión clave de la conquista del poder político la posición de Bernstein es dubitativa y se dedica a argumentar sobre el lado bueno y el lado malo de las reformas y de la revolución, pero lo importante no es esa tarea de "contable", sopesando los pros y los contras, el lado inteligente de las reformas y el aspecto sentimental de los revolucionarios. Luxemburgo critica esta actitud y señala que hay que atender a la marcha real del proceso social y este no tiene en consideración las ventajas o los inconvenientes de una opción o de la otra.

Desde que existe la sociedad de clases la conquista del poder político es el objetivo de toda clase ascendente y ella lo argumenta de esta manera:

"La reforma legal y la revolución no son (…) distintos métodos de progreso histórico que pueden elegirse en el mostrador de la historia (…) son momentos distintos en el desarrollo de la sociedad de clases, que se condicionan y complementan entre sí (…) Todo ordenamiento jurídico no es más que un producto de la revolución (…) la legislación sólo expresa la pervivencia política de una sociedad. La reforma (…) se mueve en la dirección marcada por el empujón de la última revolución y mientras ese impulso dure. O dicho más concretamente: sólo se mueve en el contexto del orden social establecido por la última revolución". (Ibid., 1969, I, p.7)

La conclusión de la argumentación de Luxemburgo es que al pretender elegir las reformas como algo contrapuesto a la conquista del poder político y a la revolución, no se elige un camino más lento y menos peligroso sino un camino diferente. Modificar aspectos de la sociedad existente pero no crear una nueva sociedad, "no busca la realización del socialismo, sino la reforma del capitalismo, no trata de suprimir la explotación del trabajo asalariado sino disminuir la explotación, no trata de superar el capitalismo sino sus abusos".

Por todo ello Luxemburgo pedía que se expulsara a Bernstein del partido, lo que hizo la dirección fue permitirle que escribiera un libro para exponer sus ideas. El 31 de octubre de 1898 Luxemburgo envía una carta a Bebel donde escribe:

"Está claro que las manifestaciones que Bernstein ha realizado hasta el momento se apartan completamente de nuestro programa, pero resulta muy doloroso pensar que además hay que abandonar ya toda esperanza sobre él (...) Si Bernstein está de veras perdido, el partido debe acostumbrarse a ello –aunque resulte muy doloroso- y a partir de este momento debe considerarlo como un Schmoller o como otros reformadores sociales". (Boletín Núm. 1 del Instituto Internacional de Historia Social, Amsterdam 1952, cit. por P. Frölich,1976, p.121)

Sobre esta actitud de Luxemburgo hay que recordar a los que suelen citarla, reduciendo sus ideas a una especie de liberalismo abstracto por su frase de que: "la libertad es siempre para el que piensa de manera diferente", que ella sabía distinguir muy bien las libertades individuales de las públicas y también evaluar la necesaria utilización por el Estado y el partido de los medios coercitivos, en aquellos casos donde se requiera una acción disciplinaria. Los socialistas marxistas nunca fueron melifluos liberales de doble lenguaje y doble moral.

Respecto a la democracia, las ideas de Luxemburgo están fundamentadas en el materialismo crítico o histórico, para ella, de la misma manera que el capitalismo pone obstáculos al socialismo, también ofrece las posibilidades de realizar el programa socialista y esto mismo se puede aplicar a la democracia.

Argumenta Luxemburgo que si en determinados momentos la democracia es molesta e incluso innecesaria para la burguesía, al contrario, es imprescindible para la clase trabajadora por todo lo que expone a continuación:

"porque crea las formas políticas (autoadministración, derecho de voto, etc.) que pueden servirle de puntos de apoyo en su tarea de transformar la sociedad burguesa (...) porque sólo a través de la lucha por la democracia y del ejercicio de los derechos democráticos puede el proletariado llegar a ser consciente de sus intereses de clase y de sus tareas históricas (...) En una palabra, no es que la democracia sea imprescindible porque haga innecesaria la conquista del poder por el proletariado, sino porque convierte esa conquista del poder tanto en una necesidad como en una posibilidad". (R. Luxembourg, 1969, I, p.76)

Una vez que la clase trabajadora ha conquistado el poder político Marx señalaba que era posible –según las circunstancias existentes-, si no existiese un cerco o una guerra civil para derrocarla, que se tomaran medidas para indemnizar a los expropiados, se refiere específicamente que sería "más barato indemnizar a los terratenientes".

Para Luxemburgo lo que estaba considerando Marx era "el ejercicio pacífico de la dictadura del proletariado", no la sustitución de ésta por reformas sociales que mantuvieran el capitalismo. Tampoco Marx y Engels creyeron nunca que el órgano destinado "a realizar el cambio social más imponente de la historia: la transformación de la sociedad capitalista en sociedad socialista", sería el que denomina Luxemburgo "el gallinero del parlamentarismo burgués". (Ibid., p.77)

Eso era precisamente lo que propugnaba el reformismo y el revisionismo de Bernstein. Hay que aclarar que la "dictadura del proletariado" –termino hoy desechado incluso por los partidarios de la IV Internacional por su connotación negativa y arcaíca-, era para ella sinónimo de democracia de la clase trabajadora -que es lo que hay que subrayar y destacar-, democracia que es imprescindible sobre todo para la gran mayoría social para el conjunto de los trabajadores, como ya se ha expuesto más arriba.

La tentación parlamentaria y la blanquista

El Partido Socialdemócrata de Alemania (SPD), como se ha dicho, era el más fuerte de Europa y el mejor organizado. Debido a las leyes de excepción contra los socialistas, que habían existido desde 1878, leyes que no prohibían el partido pero perseguía su actividad, provocó que unos 900 militantes y dirigentes del partido sufrieran el destierro por su actividad política y sindical. Pese a ello los votos y afiliados del partido crecían, lo que junto a la existencia de unos poderosos sindicatos, ligados a la socialdemocracia, les daba una sensación de poder y confianza en el futuro.

Electoralmente la evolución fue la siguiente: en 1881, obtuvieron 312 mil votos; en 1884, 550 mil; en 1887, 763 mil votos y en 1890 se doblaron hasta alcanzar 1.427.000 votos.

Los sindicatos aumentaron sus afiliados de 90 mil en 1888 a 301.000 en 1890. En enero de 1890 el *Reichstag* (el parlamento) denegó la prolongación de la ley de excepción. Sin embargo, los planes represivos contra los socialistas nunca se dejaron de lado y en 1894 se presentó ante el parlamento un proyecto de ley de subversión y otro de presidios que buscaban impedir el desarrollo de las huelgas. Así pues:

"La permanente hostilidad del poder estatal demostraba para los marxistas la necesidad de transformar la sociedad por medio de la revolución, mientras que aquellos que se situaban en una perspectiva reformista deducían del mismo hecho la necesidad de la legalidad a todo precio. Ambas posiciones tenían en común (…) la convicción de que para los objetivos de la Socialdemocracia la legalidad era más adecuada que la ilegalidad". (B. Gustafsson, 1975, p.26)

Mientras, los votos continuaban subiendo para la socialdemocracia en 1893,1.787.000 votos; en 1898, 2.107.000, y en 1903, 3.011.000 votos. Hasta el mismo Engels le había escrito a Bebel que quizás para 1898 podrían llegar al poder y que "de momento tenemos que actuar tan pacífica y legalmente como sea posible". (Engels a Bebel, 23/07/1892,cit. por B.Gustafsson,1975,pp.20 y 43).

Sin embargo, tanto la cúpula del partido como muchos cuadros estaban fascinados por la vía parlamentaria y de hecho iban descartando la vía revolucionaria, aunque fue Bernstein quien tuvo la osadía o la ingenuidad de expresarlo por escrito en sus artículos y después en su libro.

El gran sociólogo alemán Max Weber analizando el desarrollo de la socialdemocracia llegó a la conclusión -se puede afirmar que profética-, que se estaba convirtiendo en una poderosa máquina burocrática, en un ejército que tiene su interés sobre todo en la ascensión social y económica de sus dirigentes, cuadros y afiliados. Weber se preguntaba:

"¿Quién tiene que temer más de todo esto a largo plazo, la social democracia o la sociedad burguesa? Yo personalmente pienso que la primera, es decir: aquellos elementos que en ella son portadores de ideologías revolucionarias".(M.Weber,1907,*Schriften des vereins für socialpolitik*,vol.125, Leipzig, p. 296 y ss., cit. por B.Gustafsson,1975, p. 32 y ss.)

Luxemburgo al igual que la dirección del SPD, no mostraba su desacuerdo con emplear el parlamentarismo, aunque para ella no era el medio único para la conquista del poder político sino un medio importante de educar a las masas y de obtener reformas sociales que elevaran su nivel de vida y de conciencia política.

Lo principal era la conquista del poder político por una amplia clase popular y no consideraba que se pudiera lograr de manera artificial, sino que era imprescindible "un cierto grado de madurez de las relaciones político-económicas", aunque podían darse excepciones como la de la Comuna de París en la que el poder fue abandonado por los otros y por ello cayó en manos de los trabajadores.

Luxemburgo deja muy claro que el marxismo no tiene nada que ver con la concepción del blanquismo, la concepción putschista, el golpe de Estado, el terrorismo y otras modalidades en la que una "minoría decidida" está dispuesta actuar en cualquier momento, aunque no existan condiciones subjetivas u objetivas para ello, pensando que su acción servirá de catalizador y de efecto detonante o acelerador de la rebelión contra el gobierno, el Estado o contra el sistema.

Esa concepción ha causado miles de muertos de cuadros y militantes valiosos, que confundieron el marxismo con el blanquismo. En muchas partes del mundo, especialmente en la periferia del capitalismo, es incluso la ideología subyacente en grupos que han aplicado el terrorismo en condiciones democráticas con el fin de realizar "guerras de Liberación Nacional", sin respaldo popular amplio o mayoritario, simplemente aplicando el voluntarismo y la indignación ética y romántica, actuando como conspiradores iluminados.

Las concepciones de Luxemburgo nada tienen que ver con ellas. Como afirma con gran claridad:

> "Es*ta es* la diferencia fundamental entre los golpes de estado blanquistas –realizados por una minoría decidida dispuesta a actuar en cualquier momento y, por tanto, siempre a destiempo- y la conquista del poder político por una gran masa popular consciente, conquista que solamente puede ser el resultado de la descomposición de la sociedad burguesa y que, por ello, lleva en sí misma la legitimación política y económica de su oportunidad".
> (R. Luxemburgo, 1969, I, p.78,)

Lo más importante del razonamiento rigurosamente marxista de Luxemburgo es su llamado de atención a quienes consideran que un cambio social tan importante como el paso de la sociedad capitalista a la socialista se puede producir por un golpe exitoso en nombre de la clase trabajadora. Quien cree en esto es blanquista en sus métodos.

Al contrario, la revolución socialista implica una lucha muy larga y tenaz donde habrá retrocesos, derrotas y algunas experiencias o intentos revolucionarios fallidos, que son vistos –a posteriori,- como pasos prematuros, pero que sin ellos no se crearían las condiciones políticas para la victoria definitiva. Hay una diferencia entre estos intentos fallidos de masas y el de unas minorías que se auto erigen en una especie de *deus et machina* de la revolución.

Participación socialista en los gobiernos burgueses

Posteriormente al debate con Bernstein, Luxemburgo tuvo la ocasión de ver en Francia la entrada en 1899 del socialista Alexandre Millerand, en el gobierno francés como ministro de Waldeck-Rousseau. Analizando esas experiencias "cruzó los hierros", es decir, debatió con Jean Jaurés, quien defendió esa política afirmando el mérito de tener uno de los suyos en la fortaleza del gobierno burgués. La Internacional estuvo de acuerdo con esa política de "entrismo" en los gobiernos burgueses ya que según ellos, en esa etapa del capitalismo, el poder político podía ser ejercido conjuntamente por la burguesía y la clase trabajadora.

Luxemburgo, por su parte, afirmaba que se podía participar en gobiernos burgueses pero en puestos donde se pudiera contribuir a la lucha de clases contra el Estado burgués, no para difuminar o atenuar los antagonismos sociales o servir como "agentes técnicos" para corregir defectos del funcionamiento del sistema, mejorarlo y hacerlo más atractivo para el pueblo.

Lo que ocurrió en realidad es que esos gobiernos otorgaron concesiones materiales importantes a la clase capitalista e hicieron concesiones ilusorias a la clase trabajadora. De manera que ese pragmatismo resultó ser lo menos pragmático del mundo. Esa fue su conclusión del experimento ministerial francés y la lección que nos dejó para reflexionar.

Posteriormente el mismo Jaurés tuvo que desdecirse y dijo que Millerand y otros dos ministros socialistas habían sido unos traidores utilizados a favor del capitalismo. Es decir, le dio la razón a Luxemburgo *a posteriori*. Pero esas críticas no impidieron que esa práctica se convirtiera en una manera típica de actuar de los socialdemócratas en Europa, en su procedimiento habitual.

La partera de la historia

Si la vía parlamentaria y la participación en los gobiernos burgueses no eran el camino para la conquista del poder político por las amplias clases populares, parece que lo único que restaba era la vía de la violencia. Ahora bien, ni Bernstein, ni Jaurés ni el mismo Wilhem Liebknecht, consideraban la violencia como un medio adecuado. Toda la socialdemocracia reformista se inclinaba por las acciones legales. Por ello Luxemburgo explicó lo que significaba la teoría legalista, deconstruyéndola, como diríamos hoy con Derrida y mostrando que detrás de todo el discurso legal persiste la violencia, que ella es su fundamento y lo que la protege.

La tarea marxista para Luxemburgo era poner a la luz ese componente de violencia institucionalizada. Eso no significaba que rindiera ningún tipo de culto a la violencia. Lo que es ideológico, en sentido de falsa conciencia, es tratar de esconder la violencia subyacente en las leyes y en todo el entramado jurídico-legal.

Lo realista y verdaderamente práctico, es saber que cuando por la evolución de los hechos ya no es posible contener a las masas populares con el discurso legal, las clases dominantes apelarán a la violencia más descarnada, de manera que hay que saber que eso ocurrirá y estar preparado para poder dar la respuesta más adecuada para intentar no sucumbir ante la violencia reaccionaria. Luxemburgo lo expone de este modo:

> "lo que se nos presenta como legalidad ciudadana no es sino la violencia de la clase dominante elevada previamente al rango de ley. Una vez que los diferentes actos de violencia han quedado establecidos como normas obligatorias se reflejan en la mente del jurista y, cómo no, en la del socialista oportunista como: 'el ordenamiento legal', trasunto autónomo de la `Justicia' y la fuerza coercitiva del Estado como una simple consecuencia, como la `sanción de las leyes'.

En realidad, la legalidad burguesa (y el parlamentarismo es la legalidad en potencia) es, por el contrario, una determinada manifestación social de la violencia política de la burguesía surgida de una base económica (…) La violencia es y sigue siendo la última ratio de la clase trabajadora, la ley suprema de la lucha de clases que aparece, ya en estado activo, ya en estado latente. Y si introducimos ideas revolucionarias en las mentes a través de la actividad parlamentaria o a través de cualquier otra actividad, es solamente para que, en caso de necesidad, la revolución pase de las mentes a los puños (…)

Si la socialdemocracia renunciase de entrada y de una vez por todas a la utilización de la violencia como preconizan los oportunistas y comprometiese a las masas trabajadoras en la legalidad burguesa, toda su lucha parlamentaria y política terminaría sucumbiendo tarde o temprano para dejar paso al dominio absoluto de la violencia de la reacción". (R. Luxemburgo, Obras completas, IV, Berlín, cit. por P. Frölich,1976, pp.116-117)

Ello se confirmaría con el ascenso de Hitler al poder en 1933 y la persecución sin tregua no sólo a los comunistas sino también a los socialdemócratas y después a los centristas y liberales. Por cuestiones tácticas de la Rusia soviética bajo Stalin, comunistas y socialistas no pudieron unirse políticamente para hacer frente al infierno de sangre, odio y asesinatos que se desencadenaría primero en Alemania y luego en toda Europa. Llevando al paroxismo la ecuación: nazismo= capitalismo + guerra + asesinatos masivos, y que llevó la barbarie a Europa. Y esta es la paradoja, desde el país más civilizado de ese continente (si ello se entiende en el sentido de avance tecnológico).

De ahí la importancia de estar alerta cuando fanáticos irracionales toman el poder o llegan al poder –aunque sea por medios electorales-en países con alto nivel tecnológico, científico y con una industria de armamento potente, porque pueden llevar al mundo al borde del desastre e incluso a su destrucción.

El fascismo y el nazismo, no han desaparecido y siguen actuando con formas transformistas, no son una anormalidad o una aberración sino un aspecto normal y recurrente en la política, como con acierto señala en su último libro Madeleine Albright, aunque no aceptemos todas sus argumentaciones, ya que hemos conocido sus políticas en materia internacional cuando se desempeñaba como Secretaria de Estado.

El hundimiento inevitable del capitalismo

Para concluir sobre la lucha contra el revisionismo y el reformismo de Luxemburgo, hay que referirse a lo que para ella era esencial, la crítica a las ideas de Bernstein sobre el hundimiento final del capitalismo. Bernstein entiende que el capitalismo puede sobrevivir adaptándose, con lo cual abandonaba del todo la teoría económica de Marx, la teoría de la plusvalía y la ley del valor y con ello también la lucha de clases. Argumenta Luxemburgo:

> "en una sociedad de clases, la lucha de clases es un fenómeno natural e inevitable, Bernstein niega a fin de cuentas la existencia misma de las clases en nuestra sociedad: la clase trabajadora no es para él más que una masa aislada y dispersa de individuos, no solo política e intelectualmente, sino también económicamente. La burguesía no está tampoco unida políticamente por intereses económicos internos, su cohesión es mantenida gracias a la presión exterior venida de arriba o de abajo". (R.Luxemburg, 1969, I,pp.80-81)

Si no hay un fundamento económico para la lucha de clases y se niega la existencia misma de las clases, la lucha entre la burguesía y la clase trabajadora se vuelve imposible:

> "Una vez que se ha renegado de toda la crítica socialista a la sociedad burguesa, lo único que queda es considerar en líneas generales, que lo existente es satisfactorio". (R.Luxemburg, 1969, I,p.81)

Si como pretende Bernstein –y después de él una pléyade de autores- el capitalismo ha venido para quedarse, transformándose en detalles, pero conservando su característica principal, el socialismo no tendría ningún futuro, sería una quimera inalcanzable. Nos referimos al socialismo, no al comunismo, que sería una etapa superior, que desde nuestros parámetros actuales es incluso difícil de imaginar.

Así pues, lo que se entiende por socialismo para Bernstein sería algo absolutamente diferente al socialismo de Marx y se reduciría a reformas sociales, políticas de igualdad, ampliación de derechos, pero siempre dentro del marco de una economía dirigida al beneficio, al lucro, y que se basa en la explotación del trabajo.

El socialismo marxista –del cual Luxemburgo es una de sus exponentes más ilustres-, parte del carácter perecedero del capitalismo, que el mismo será sustituido inevitablemente en un momento dado de la historia por un nuevo sistema económico y social y que eso ocurrirá por un hundimiento del capitalismo a nivel global y que el socialismo tendrá también un carácter mundial.

Esto significa que una revolución producirá un cambio de época, un cambio de la organización de la economía, donde la meta esencial no será el lucro, el beneficio, obtenido a través de la explotación del trabajo colectivo sino un reparto más igualitario de la riqueza social, basada en el principio socialista de orientar la producción en función de las necesidades colectivas, dentro de la más amplia libertad personal posible y con un sistema político democrático y participativo.

El revisionismo y el declive temporal del marxismo

Después de la revolución abortada de 1918-1919 en Alemania, y sobre todo después de la Segunda Guerra Mundial, el marxismo fue reducido allí y en buena parte de Europa, a una teoría de reformas sociales o de contención del capitalismo, tratando de obtener recursos destinados a políticas sociales a través de la lucha y negociación sindical. Luchas políticas y sindicales para mejorar los salarios y condiciones de vida de la clase trabajadora y de toda la población.

La criticidad típica del marxismo en cuanto al capitalismo y la lucha por la conquista del poder político, se fue perdiendo y hubo una adaptación a la sociedad y economía burguesa-capitalista, lo que implicó que la lucha de clases fuese perdiendo fuelle y la dialéctica de la revolución fuese descartada del horizonte inmediato.

Como analiza Ernst Bloch, todo ello fue haciendo que el marxismo perdiera su capacidad de generar entusiasmo y atracción en amplios sectores de la sociedad y entre la juventud. El nuevo Partido

Comunista Alemán (KPD), creado a fines de 1918 e inicios de 1919, donde se refugiaron los espartaquistas, la izquierda del Partido Socialdemócrata Independiente, y los grupos de la extrema izquierda de Bremen y en general buena parte de la extrema izquierda de Alemania, se fue convirtiendo "en el hogar del genuino marxista", pero esta política se abandonó bajo Stalin, con el resultado que el antiguo partido de Luxemburgo, también en términos de teoría marxista, le fue difícil existir o ejercer atracción alguna.

El interés en Marx entre los que no eran comunistas se fue debilitando y disminuyendo. "La completa falta de interés por el marxismo tan fuertemente deseada por la clase dominante se llevó a cabo por la acción o las concepciones que se fueron imponiendo durante el estalinismo". (Ernst Bloch,2018, pp.160-161)

Ahora bien, como afirma este filósofo marxista alemán todos los que en Occidente de una manera u otra permitieron el ascenso y el expansionismo de Hitler, la bestialidades de la llamada "raza de los amos", las grandes desigualdades sociales e inclusive aquellos que fueron "los jueces en Nuremberg y luego hicieron posible el infierno desatado en Vietnam" (y posteriormente en Irak y otros países). "no tienen derecho alguno a criticar el estalinismo, o por lo menos a calificar a Stalin como un tirano sangriento". Dicho lo cual hay que admitir que el marxismo se ha visto inconmensurablemente desacreditado por el terror de Stalin. "El marxismo no sólo ha sufrido y se ha resentido y debilitado en la credibilidad popular por los ataques de sus enemigos sino también y mucho, por las acciones de sus allegados y amigos". (Ibid., pp.161-162)

La tarea pendiente es volver al socialismo que en su formulación más actual y rigurosa es el socialismo marxista enriquecido por todo el acervo de la ciencia social y económica y, difundir su análisis sobre el capitalismo y su superación por otro modo de producción, a través de una revolución social, que no significa sangre, fuego, muerte y destrucción, sino una reorganización desde otras bases y criterios de la economía y sus principios de producción y distribución.

Por tanto, la revolución actual no tiene como modelo las del siglo XIX y XX, no pretende imitar o reproducir el modelo jacobino o bolchevique, es una revolución esencialmente constructiva, para lograr una sociedad basada en los intereses de la colectividad, respetuosa del medio ambiente y de la diversidad humana y natural. Para llegar a ese tipo de sociedad tenemos que promover reformas de todo tipo siempre que sean progresivas: políticas, sociales, económicas, ecológicas, de género, educativas, de investigación, desarrollo, innovación, etc.

El socialista marxista es revolucionario porque lucha por el fin del capitalismo a sabiendas que eso no es una quimera sino algo que será inevitable –ya que como todos los demás sistemas de producción que han existido en la historia, el capitalismo es perecedero. Pero también sabe, porque es una enseñanza de la historia de la humanidad, que el desarrollo social es gradual y por lo tanto es también reformista y busca siempre mejorar la vida de las personas de la sociedad y de la humanidad, teniendo como meta el advenimiento del poscapitalismo y el socialismo, y va organizando, participando en las luchas sociales, educando y concientizando en las ideas del socialismo.

En este sentido se rescataría lo que fue "un rasgo característico de los partidos de la Segunda Internacional: la combinación, más que la articulación, por lo menos en la mayoría de ellos, de una lucha por reformas y mejoras con una perspectiva revolucionaria, lo que se reflejaba en lo que se llamaba el programa mínimo y el programa máximo". (J.Trías y M.Monereo, 2001, p.19)

5. La obra económica de Rosa Luxemburgo

El liberalismo económico es zorra libre en un gallinero libre.

Rosa Luxemburgo

El desarrollo industrial de Polonia

La tesis de doctorado de Luxemburgo fue una investigación realizada con rigor y con un acopio de documentación obtenido en las bibliotecas de Zúrich y de París, sobre el desarrollo de la industria en Polonia. Este trabajo además de servir para la obtención de su grado universitario de doctor en Ciencias Políticas, le iba a permitir demostrar de manera científica las bases económicas que sustentaban su rechazo al nacionalismo polaco.

Como marxista para ella no bastaba argumentar contra el nacionalismo basado en cuestiones sentimentales e identitarias abstractas, tenía imperiosa necesidad de mostrar que el desarrollo de la base material y los intereses de clase no iban en dirección del nacionalismo y la independencia de Polonia de Rusia, sino todo lo contrario, el desarrollo histórico material mostraba una tendencia a una mayor integración de intereses respectivos tanto entre los burgueses, como entre los trabajadores de Rusia y Polonia.

Su posición antinacionalista la llevó a mantener una lucha ideológica con Lenin e incluso evitó la fusión de su partido el SDKPiL, es decir, el Partido Socialdemócrata del Reino de Polonia y Lutania, con el partido ruso en 1903, debido a esas diferencias con Lenin. Para Luxemburgo el partido oponente el PPS, el Partido Socialista de Polonia, tenía una orientación más nacionalista que socialista y el suyo era sobre todo socialista e internacionalista.

Sin embargo, el Congreso de la Internacional Socialista celebrado en Londres en 1896 aprobó una declaración reconociendo "el derecho a la autodeterminación de todas las naciones sometidas a la opresión de un ejército, de una nación o de un despotismo de cualquier otra naturaleza". Luxemburgo nunca asimiló esa decisión y la reinterpretó como que no se trataba de la autodeterminación dentro del capitalismo sino que la misma se llevaría a cabo después de la victoria de la revolución social mundial. Ella siguió la polémica en diarios alemanes y tanto Kautsky como Wilhem Liebknecht escribieron contra sus posiciones. En su propio partido Jogiches y otros, estaban en contra de su obsesión contra la autodeterminación, que la conducía a una especie de extremismo anti nacionalista.

El Desarrollo Industrial de Polonia analiza el proceso de transición desde una economía agrícola basada en la servidumbre a la producción manufacturera y a la industria de amplia escala en los años 1850-1870 y como se crea un mercado para esos productos. La segunda parte de su trabajo está enfocado en la política económica rusa en Polonia. Expone la lucha entre las ciudades de Moscú y de Lodz por la predominancia industrial y como se van fortaleciendo los lazos productivos y de mercado entre Polonia y Rusia y como ésta última quiere extender su influencia económica hacia Asia.

La autora consultó fuentes estadísticas e informes gubernamentales sobre Polonia y Rusia pero no perdió de vista que con esta investigación pretendía demostrar su tesis de que la autodeterminación de Polonia y el nacionalismo no tienen sentido en función del creciente desarrollo de la economía y los lazos que se creaban entre ambas naciones. Creemos que lo más pertinente es tratar de exponer de manera muy resumida cuales son las principales conclusiones del mismo.

Polonia en términos económicos no tiene ninguna separación de Rusia y la tendencia es que la producción industrial de amplia escala acentúe esa relación económica. Rusia proporciona un mercado mayor que el polaco y a los capitalistas lo que les interesa es poder realizar la plusvalía, es decir, vender su producción y obtener sus ganancias. Esa es una ley inherente al capitalismo. No importan las distancias, paso a paso se van creando lazos de dependencia recíprocas entre las naciones que irán abarcando el mundo entero en un firme mecanismo productivo.

Cuando Rusia y Polonia eran predominantemente agrícolas y con economías naturales, eran económicamente extraños entre ellos y representaban un todo cerrado con sus intereses económicos particulares. En el momento en que las fábricas de manufacturas artesanales en ambos lugares se ampliaron, la economía pasó a ser monetaria y se fueron creando industrias de importancia. La vida social, la división del trabajo y el intercambio entre Rusia y Polonia se intensificaban y las economías de ambas se iban constituyendo en un único mecanismo complejo. (R.Luxemburg, 2013, pp.157-158)

El proceso es visto de diferente manera entre los diferentes actores de la vida pública. Para el gobierno ruso, Polonia es un instrumento para sus planes de dominio y considera que se le ha rendido de manera incondicional. La burguesía polaca ve la relación con Rusia como un medio para esta clase social de aumentar su dominación y mantener su poder en el país, además de encontrar en esta relación una fuente inagotable de riqueza e incluso sueña en las posibilidades de mercado y ganancias que se le abrirá en el futuro con una expansión de Rusia hacia Asia.

Sin embargo, los varios elementos nacionalistas de la sociedad polaca, perciben todo este proceso social como una desgracia nacional que está impidiendo hacer realidad sus esperanzas de un Estado independiente polaco. Se dan cuenta que el poder económico que el capitalismo ha creado y que une a Rusia y Polonia le va a hacer difícil darle marcha atrás. Esperan, por tanto, que sea el gobierno ruso el que anule Polonia y su desarrollo capitalista y les abra las vías para recrear el nacionalismo polaco.

Luxemburgo evalúa que todos están errados y que el proceso de fusión entre Rusia y Polonia tiene un componente dialéctico que ellos ignoran. El proceso económico en un momento dado conducirá a un choque cuando el desarrollo del capitalismo en Rusia entre en contradicción con la forma absolutista del zarismo y éste colapse. También llegará la hora cuando la burguesía polaca y rusa quieran librarse del control absolutista y le den jaque mate al rey.

Mientras tanto, el proceso capitalista continuaría moviéndose impetuoso hasta el momento en que el desarrollo de las fuerzas productivas en el Imperio Ruso se vuelva irreconciliable con el dominio del capital y en lugar de la economía privada de bienes se crearía un nuevo orden social, basado en la planificación y la producción cooperativa. Las burguesías rusa y polaca serían incapaces de frenar ese proceso y de impedir también el avance de la clase trabajadora.

La fusión capitalista de Rusia y Polonia estaba engendrando un final que no era percibido en la misma medida por el gobierno ruso, la burguesía polaca y los nacionalistas polacos: la unión del proletariado ruso y polaco, que lograría en el futuro llevar a la bancarrota, del dominio del zarismo en Rusia y, luego, del dominio burgués del capital ruso-polaco. (Ibid., p.159)

Por todo lo anteriormente expuesto, no tenía sentido reivindicar la independencia de Polonia sino la fuerte unión o alianza entre la clase trabajadora polaca y rusa. El mismo desarrollo industrial creciente en Polonia estaba propiciando esa situación. La burguesía polaca estaría cada vez más interesada en el desarrollo de un vasto mercado que en dedicarse a alimentar sueños nacionales, cuestiones que son propias de la nobleza y de la pequeña burguesía, que eran los agentes sociales del que se nutría el nacionalismo polaco.

La escuela del partido

El preámbulo necesario para llegar a la exposición de las teorías económicas de Luxemburgo es su papel como profesora en la escuela central del partido. Esta escuela fue fundada el 15 de noviembre de1906. Ella inició su trabajo como profesora de economía política en 1907 y continuó hasta 1913. La escuela organizaba cursos en invierno y las organizaciones políticas y sindicales del SPD enviaban a unos 50 miembros seleccionados. El alumnado era muy diverso, desde obreros y trabajadores de diferentes ramas hasta funcionarios sindicales y dirigentes del partido. Señalemos que uno de los alumnos de esa escuela fue el primer presidente de la república alemana Friederich Ebert.

Ebert ha pasado a los libros de historia no sólo por haber desempeñado ese relevante puesto sino también por haber sido de los que dieron la orden para reprimir la revolución alemana de 1918-1919, que además de causar la muerte de centenares de trabajadores, soldados y marinos revolucionarios, asesinaron a Karl Liebknecht y Rosa Luxemburgo. La principal fundación de la socialdemocracia alemana, que realiza tareas de difusión de los principios socialdemócratas y de fomento de la democracia y tiene delegaciones en varios continentes, lleva su nombre: *Friederich Ebert Seitung.*

Es lícito preguntarse si no sería menos embarazoso para el SPD que su principal fundación hubiera tomado el nombre de alguien menos polémico y políticamente más ejemplar para las ideas social-demócratas como August Bebel, fundador del partido, Karl Kautsky, uno de los grandes teóricos de la socialdemocracia mundial, o incluso de alguien más cercano a la línea política y orientación del SPD actual y que en plena guerra fría los llevó al poder: Willy Brandt.

Entre los profesores de la escuela del SPD se encontraban importantes cabezas teóricas del partido como Franz Mehring, Rudolf Hilferding, Anton Pannekoek, Hermann Duncker, entre otros. Señala Frölich que "parece ser" que Luxemburgo fue propuesta como profesora desde el inicio de dicha escuela pero no participó en el primer curso, bien porque ella no aceptó la encomienda, o bien, porque los dirigentes sindicales vetaron su nombre. Éstos estaban en guerra contra ella por las críticas que vertiera sobre la burocracia sindical en su obra *Huelga de masas, partido y sindicatos.*

Ocurrió que la policía prusiana amenazó con expulsar a Hilferding de Alemania si continuaba impartiendo clases en la escuela del partido, ya que era de nacionalidad austríaca y Kautsky la propuso en sustitución de él como profesora de Economía política, es decir, de introducción a la teoría económica de Marx e inició su tarea el 1 de octubre de 1907. En 1911 además impartió un curso sobre historia del socialismo en sustitución de Franz Mehring. (Vid. Paul Frolich, 1976, y J.P. Nettl, 1972,T.I)

Sus clases se caracterizaban por una metodología participativa y mayéutica, más que hacer largas exposiciones planteaba preguntas y hacía que los alumnos dieran su opinión o punto de vista, que pusieran ejemplos, y ella a la vez los sometía a un constante interrogatorio tratando de que fueran desarrollando sus ideas y llegando a una conclusión por sí mismos, aunque naturalmente a ello llegaban gracias a la labor crítica que la doctora Luxemburgo les iba orquestando con gran precisión lógica y arte pedagógico. Todos sus alumnos, admiradores o adversarios, reconocían que era una gran profesora.

Introducción a la economía política

De esa actividad docente, de las notas y apuntes que hacía para sus clases y de las dudas que se le fueron planteando, surgieron dos obras importantes: *Introducción a la economía política* y *La acumulación de capital*. La primera se redactó con las notas que se encontraron entre los papeles no desaparecidos o destruidos por la soldadesca cuando fue detenida y posteriormente asesinada. Desgraciadamente no llega a ser una especie de manual "completo" de economía marxista debido a esas partes irremediablemente perdidas.

Paul Levi, que fue su ejecutor testamentario, fue el que se encargó de publicar la Introducción a sabiendas de que no era una obra acabada. En el prefacio redactado por él de la edición alemana de 1925 escribe lo siguiente:

"Estas páginas de Luxemburgo son debidas a las conferencias que ella dictó en la escuela del partido socialdemócrata. Son páginas manuscritas, pero el estilo traiciona a menudo el hecho de que se trata de un discurso escrito. La obra no está completa. Falta notablemente las partes teóricas sobre el valor, la plusvalía, el beneficio, etc., es decir, lo que está expuesto en *El Capital* de Karl Marx sobre el funcionamiento del sistema capitalista. El estado del manuscrito póstumo no permite saber las razones de esas lagunas. ¿Es el fin abrupto de su vida lo que ha impedido a Luxemburgo acabar lo que había emprendido? ¿O es debido al hecho de que los bandidos, guardianes del "orden", que habían penetrado en su casa, han robado entre otras cosas las partes que faltan al manuscrito? El manuscrito póstumo ofrece en todo caso indicios de que el texto, tal como se presenta hoy no puede ser considerado como acabado". (Paul Levi,*Vorwort, Einführun in die nationaloekonomie*, Berlin, 1925, cit. por E. Mandel, 1971, p.6)

Sabemos por una carta enviada desde la prisión al editor Dietz por Rosa Luxemburgo, el 28 de julio de 1916, que el esquema del libro era el siguiente:

1. "¿Qué es la economía política?

2. El trabajo comunitario.

3. Historia de la economía. La sociedad comunista primitiva.

4. Historia de la economía. El sistema económico feudal.

5. Historia de la economía. La ciudad medieval y los gremios artesanales.

6. La producción de mercancías.

7. El trabajo asalariado.

8. El beneficio del capital.

9. La crisis.

10. "Las tendencias de la evolución capitalista". (P. Frölich, 1976,p.220)

El libro publicado por Levi tenía seis capítulos el 1,3,4,6,7 y 10 del esquema. El resto no logró terminarlos, se perdieron entre los cambios de domicilio o fueron destruidos por los soldados y cuerpos francos. Lo cierto es que hasta hoy no se han podido encontrar.

Las obras económicas de Marx no estaban aún muy difundida ni había sido muy leída por aquellos que se llamaban sus seguidores. Hasta 1914 las ediciones del primer tomo de El Capital se habían difundido en unos cuantos miles de ejemplares y no digamos los tomos II y III publicados poco antes de la muerte de Engels. Las *Teorías sobre la plusvalía* y los *Borradore*s o *Grundrisse* se publicaron muy tardíamente, sobre todo el último, de manera que Luxemburgo y Lenin, nunca los leyeron.

El economista marxista y líder de uno de los sectores más críticos del estalinismo, desde una óptica marxista, Ernest Mandel, ha afirmado que no era del todo cierto, como dijo Engels antes de su muerte, que el marxismo se había arraigado en las filas del movimiento obrero, si por ello se entiende que hubiera un conocimiento sólido de sus teorías económicas que es el fundamento para hacer una política marxista consecuente. El marxismo fue difundido, no tanto por la lectura y el estudio de la obra económica y política de Marx, sino a través de diferentes vulgarizadores de su pensamiento, algo que en buena medida sigue ocurriendo hoy en día.

No hay nada que objetar, el papel de los intelectuales además de crear conocimiento sistemático e investigar en diferentes campos del saber, es difundir conocimientos a un público más amplio que el académico o de los lectores de las muy minoritarias revistas científicas de las diferentes ramas del saber. Ahora bien, hay que, al menos, difundir las teorías económicas que sirven de fundamento a las políticas que se adjetivan como marxistas, ya que el marxismo no es un sentimiento, no es una moral, ni un mero impulso vital de "generosidad o solidaridad" que nos mueve a cambiar la sociedad, es otra cosa, es una certitud sistemáticamente demostrada de que el capitalismo no se perpetuará eternamente y el por qué de esto.

Hasta el triunfo de la revolución en Rusia, la obra económica de Marx se conoció a través del libro de Kautsky, *La doctrina económica de Karl Marx* que en 1921 había alcanzado la friolera de veinte ediciones en lengua alemana, además de haber sido traducida a varios idiomas. Su defecto principal era el esquematismo y una concepción en exceso determinista que conduce a un cierto fatalismo económico.

Esa falta de conocimiento de los militantes y cuadros, de la "doctrina"económica", es lo que quizás explica las desviaciones revisionistas, reformistas, voluntaristas, sindicalistas, reformistas, blanquistas, foquistas, terroristas, de exaltación de capitalismos de Estado, de regímenes despóticos y de dictaduras personales, que se han celebrado y se celebran como "marxistas".

El hecho es que se puede ser un militante puro y duro, coherentemente "revolucionario", desde cualquier otra concepción o teoría, desde la anarquista, *queer,* de teoría poscolonial, etc., pero ello no quiere decir que se apliquen las teorías de Marx, sino otras, a sabiendas o no, aunque se tome a éste como consigna o emblema de un supuesto "marxismo" sin fundamentos marxistas.

Por ende, así como no todo el que se coloque en cuatro patas y se ponga una peluca de melena es por ello un León, no todos los que invoquen ser marxistas lo son por declararse como tales. Ser un revolucionario marxista es una cosa y ser revolucionario de la ideología que sea es otra cosa. Ser seguidor de las ideas de Marx no consiste en conocer las ideas de Marx, se trata de fundamentar la necesidad del socialismo en el desarrollo del capitalismo, el socialismo como consecuencia del desarrollo de las fuerzas productivas y el cambio de las relaciones sociales de producción basadas en la explotación, por una organización de la vida económica basada en la satisfacción de las necesidades de las personas y no en el beneficio basado en la apropiación privada de la plusvalía.

Para llevar a cabo esto se necesita una revolución social. La modalidad de la misma no está formulada en detalle, ni tampoco como sería la sociedad de transición hacia el socialismo, ni siquiera cómo se organizaría. Diseñarlo en el siglo XIX hubiera sido una construcción ideológica, una fantasía digna de socialistas utópicos, no del socialismo de Marx y Engels.

Lo que está muy claro es que el socialismo basado en las ideas de Marx aún no ha existido, aunque se hubiera intentado en Rusia por Lenin, Trotsky y los bolcheviques. Allí como en otros lugares donde se han producido revoluciones que se han inspirado en sus ideas, lo que se ha tratado es hacer de la necesidad virtud. No hay socialismo marxista en países con bajo desarrollo de las fuerzas productivas. Lo que si puede haber es gobiernos que aceleren tanto las tareas de la revolución democrático burguesa, como del desarrollo económico y cultural-educacional, que minimicen las secuelas de la explotación y preparen el empoderamiento de los trabajadores político, social y económico, para avanzar hacia el socialismo.

Ahora bien, para que pueda haber socialismo, según las ideas de Marx y Engels, esto se debe lograr en los países de más alto desarrollo de las fuerzas productivas, los cuales tienen la base material, tecnológica y científica que asegura el triunfo del socialismo a escala global. En pocas palabras: capitalismo de Estado, por más social y redistributivo que éste sea, no es socialismo marxista. Si bien la meta, si no se descarrila en el camino, puede ser llegar al socialismo.

Hoy China no es un país socialista marxista pero en el futuro puede constituirse en tal, tanto por el creciente desarrollo de sus fuerzas productivas como porque hay un sector político que controla el Estado y que expone que el socialismo es su meta. Alemania y EE.UU, son potencias capitalistas que tienen la base material objetiva para poder configurar una sociedad socialista. Hay otros países que aunque se proclamen socialistas no lo son porque no tienen la base material para ello. ¿Quién se acuerda de los llamados socialismos africanos de la posdescolonización?

La *Introducción a la economía política* de Luxemburgo es una obra de un marxismo vivo, que sobre todo trata de aplicar el método de Marx entrelazando lo histórico y lo teórico, lo concreto y lo abstracto. Hay que lamentar que debido a la represión esos papeles con las notas de Luxemburgo se hayan perdido y la posteridad no tenga la oportunidad de tener el libro completo tal como lo había planeado la gran revolucionaria y pensadora marxista.

Luxemburgo explica en el libro que después de la disolución gradual de la sociedad comunista primitiva, de la economía esclavista, de la economía servil medieval, surgió la producción mercantil simple. La economía capitalista fue desarrollándose a partir de la economía mercantil simple (producción artesanal urbana a fines de la Edad Media).

Se pregunta ¿cómo es posible la economía capitalista? La misma puede existir mediante: a) el intercambio de mercancías y la economía monetaria, b) la libre competencia que asegura el progreso técnico, c) la ley capitalista del salario que hace posible la acumulación creciente de trabajo no retribuido, que al invertirse como capital hacer expandirse los medios de producción, d) el ejército industrial de reserva; e) la nivelación de la tasa de ganancia, que hace que el capital se mueva de una rama a otra de la producción, f) las oscilaciones de los precios y las crisis que logra un ajuste de la caótica producción a las necesidades de la sociedad.

Todo ello hace que la economía capitalista pueda existir y permite que, mal o bien, se satisfagan las necesidades de la sociedad y "mientras una forma de economía históricamente surgida satisface estas condiciones, puede subsistir, constituye una necesidad histórica" (Rosa Luxemburgo, 1974, p.217).

Ahora bien, las relaciones sociales se van transformando con el tiempo, el modo de producción capitalista como los anteriores modos de producción no son eternos, son una simple fase de transición, un escalón más en el desarrollo de la sociedad. Si antes se expuso lo que hace posible la existencia del capitalismo, es necesario señalar lo que convierte el capitalismo en algo imposible. Es decir, imposible de durar eternamente.

El capitalismo–al contrario que los anteriores sistemas de producción-, tiene la tendencia a expandirse a nivel mundial o global, a desplazar de manera evolutiva a las formas precapitalistas de economía, sea en el ámbito nacional como mundial y se expande a todos los países. Esto supone lo que hoy se denomina como si fuera un fenómeno novedoso y no un momento de una gradual evolución del capitalismo, como la mundialización o globalización. He aquí como lo explica Luxemburgo:

> "esto entraña (…) una enorme ampliación del ámbito de dominación del capital, un desarrollo del mercado mundial y de la economía mundial en la que todos los países habitados de la Tierra son recíprocamente productores y compradores de productos, trabajan unos para otros, son participantes de una y la misma economía que abarca todo el globo". (Ibid., 1974,p.220)

La consecuencia de esta economía mundial capitalista es que, a diferencia de las formas anteriores de producción en las que el consumo humano era un fin, es aquí un medio para el verdadero fin: la acumulación de ganancia capitalista, el crecimiento del capital. Y este crecimiento implica la expansión y dominación del capitalismo, el desplazamiento de todas las formas de producción atrasadas. Esta es la tendencia del capitalismo, su evolución lo lleva a la contradicción fundamental que lo conducirá a su imposibilidad de existencia. Concluye Luxemburgo:

> "Cuanto más remplaza la producción capitalista producciones más atrasadas, tanto más estrechos se hacen los límites de mercado, engendrado por el interés, por la ganancia, para las necesidades de expansión de las empresas capitalistas ya existentes. La cosa se aclara completamente, si nos imaginamos por un momento, que el desarrollo del capitalismo ha avanzado tanto que, en toda la tierra, todo lo que producen los hombres se produce a la manera capitalista, es decir sólo por empresarios privados capitalistas en grandes empresas con obreros asalariados modernos. La imposibilidad del capitalismo se manifiesta entonces nítidamente". (Ibid., p.224)

La acumulación de capital

La acumulación de capital, la obra más importante de Luxemburgo junto a la *Anticrítica*, que escribió para defenderse de los ataques recibidos por ese libro, fue producto de un largo trabajo iniciado en 1908 y que fue publicado en 1913, seis años después, aunque como ella mismo escribió, una vez hecho el largo trabajo de preparación del mismo: ingentes lecturas, notas, reflexiones, apuntes, la redactó de un tirón en sólo cuatro meses de trabajo febril e inspirado, trabajando noche y día.

Una vez publicada esta obra se puso a la tarea de redactar la *Introducción a la economía política*, trabajo que realizaba en el escaso tiempo libre que le dejaba la preparación de sus clases, sus artículos y su labor política. Trabajo constantemente interrumpido por el estallido de la guerra y el activismo desplegado por Luxemburgo. Su subsiguiente encarcelamiento en la prisión de Wronkle, en Posnanie, en 1916-1917, sirvió para que prosiguiera con su trabajo de redacción.

Luxemburgo explicó que *La acumulación de capital* le fue inspirado por la *Introducción a la economía política*, que era una obra de vulgarización de la economía política de Marx y que en un momento dado se encontró con una dificultad:

> "No conseguía exponer con suficiente claridad el proceso global de la producción capitalista en su aspecto concreto, ni sus límites históricos objetivos. Ahondando en el asunto, llegué a la conclusión de que no se trataba simplemente de una dificultad de exposición, sino que ésta envolvía un problema teóricamente relacionado con la doctrina del volumen II de *El Capital* de Marx, y que, además, trascendía a la práctica de la política imperialista actual y a sus raíces económicas." (R.Luxemburgo,1967, p.9)

Luxemburgo pretende subsanar la laguna dejada por Marx en sus esquemas matemáticos sobre la reproducción ampliada, el problema de la acumulación del capital global, al que, según ella, no le da una solución. Marx, a fines de exposición, parte de un modelo abstracto de capitalismo puro, donde sólo existen capitalistas (y los que se benefician de la parte de la plusvalía apropiada por éstos para contribuir a la realización de la misma desde los aparatos del Estado y otras posiciones de la sociedad) y, trabajadores, que producen más valor (plusvalía) que el que se les entrega en forma de sus salarios.

Cuando Marx intentaba interpretar sus esquemas matemáticos en un sentido más apegado a sus posibilidades prácticas, aquejado de las dolencias de su enfermedad y posteriormente por su muerte, dejó esta tarea inconclusa.

Luxemburgo intenta seguir la teoría de Marx sin apartarse de sus tesis básicas, es decir, parte de que el capitalismo en el momento en que hace su estudio es un capitalismo concurrencial, y no como era ya realmente, un capitalismo monopolista, lo que Hilferding ya había demostrado con los datos contenidos en su libro *El capital financiero* (1910). Libro que parece que ella no había leído cuando redactó *La acumulación de capital* (1913) pero que sí lo había hecho cuando escribió la *Anticrítica en 1916)* (J.G.Beramendi y E. Fioravanti, 1974, p.165)

Sin embargo, Luxemburgo no le da a los monopolios la atención debida ni prevé la importancia que van a tener a partir de la primera década del siglo XX y, como se ha visto de manera creciente, a partir de la primera guerra mundial y años sucesivos. Y ello pese a que su trabajo trata del imperialismo y del capitalismo concreto, es decir, cómo este actúa para realizar el proceso de acumulación capitalista. Ya que, como afirma en su *Anticrítica:*" el imperialismo no es, en términos generales, según demuestra cualquier apreciación empírica vulgar, más que un método específico de acumulación". (R.Luxemburgo, 1967, p.381).

Su estudio de la acumulación tiene como elemento fundamental una crítica al esquema de la reproducción ampliada de Marx que se apoya en la existencia de un capitalismo puro donde predomina la libre competencia. Y es esta idea la que ella acepta a pie juntillas y fundamenta su trabajo en la existencia de una libre competencia, sin darle la importancia que era menester a la presencia de los monopolios y los carteles en la economía de los países adelantados. Pese a ello, su obra sigue siendo valiosa inclusive a pesar de sus fallos en esta materia.

Luxemburgo considera que el capitalismo sólo se expande hacia el exterior, hacia países no capitalistas o formas de producción no capitalistas, y no tiene en consideración que se pueda invertir el excedente de plusvalía en nuevas ramas de producción en las sociedades capitalistas avanzadas.

Su tesis es que el capitalismo al expandirse mundialmente y al convertir a todo el mundo en capitalistas o trabajadores asalariados, limita su posibilidad de continuar la acumulación capital al no tener ya nuevos mercados donde invertir. Esto llevaría a la imposibilidad de su supervivencia y por ende al colapso o derrumbe del capitalismo. Este es en una apretada síntesis, el núcleo esencial de su pensamiento económico sobre la acumulación de capital.

Independientemente de la apreciación que se pueda tener de su libro sobre la acumulación de capital, es cierto que contribuyó a poner el foco de atención en el papel que juegan las formas de producción no capitalistas o precapitalistas en la estabilidad del capitalismo. Por ello los países capitalistas avanzados han sido los más interesados en proteger sus industrias y mercado nacional mientras estaban en la etapa del despegue económico. Una vez consolidada su industria se convirtieron en los auspiciadores del libre cambio e impusieron, a cañonazos si fue necesario, la apertura de mercados para vender sus productos manufacturados y obtener las materias primas y metales que les hacía falta para continuar su expansión industrial y tecnológica.

Actualmente la globalización juega un papel similar, los beneficiarios principales de la misma son las grandes potencias que exigen incluso suprimir las tarifas aduaneras para sus productos, para así invadir el mercado mundial con sus bienes y servicios arruinando o imposibilitando una cierta producción de manufacturas en países atrasados para sus mercados internos.

Los perdedores de la globalización son los países más atrasados y sus poblaciones que no tienen capacidad productiva, tecnología, ni medios para competir en un mercado globalizado o regionalizado, donde son unos pigmeos luchando contra gigantes, aunque este sería un mercado supuestamente libre e igualitario, siendo así que no puede haber igualdad de mercado entre entes económicos tan desiguales.

Eso deja a los empresarios y productores locales sin ni siquiera la posibilidad de disponer de sus estrechos y limitados mercados internos, aunque teóricamente tienen todo el mercado mundial a su disposición. La globalización es de hecho, entre otras cosas, un instrumento para la acumulación capitalista a favor de las grandes potencias económicas, de los que tienen mejores tecnologías, mayor productividad e investigación + desarrollo + innovación.

El capital no tiene patria pero si tiene Estados nacionales -que son potencias económicas y militares- que defienden sus intereses y cuyos fondos financieros están depositados predominante en ellos. Si un estado cualquiera no sigue sus lineamientos políticos y sobre todo, los económicos, les congelan los fondos, paralizan inversiones en ese país, producen desabastecimiento interno y siembran el descontento en la población, desestabilizándolos y empobreciéndolos. El mercado es libre pero los Estados no. Deben seguir las reglas que les impone la ortodoxia económica, eso o resistir numantinamente.

Joan Robinson sobre Luxemburgo

La economista Joan Robinson, profesora de Cambridge, en su introducción a la edición inglesa de *La acumulación de capital* señala que Luxemburgo ha sido menospreciada tanto por los marxistas como por los economistas académicos, a pesar de que ofrece una teoría del desarrollo dinámico del capitalismo que es de gran interés.

Expone también que *La Acumulación de capital* es un libro de gran dificultad inclusive para aquellos acostumbrados al análisis económico académico, ya que requiere un excelente conocimiento de la terminología y de los conceptos marxistas. Robinson escribió al respecto lo siguiente:

> "Serán pocos quienes nieguen que la extensión del capitalismo en nuevos territorios fue el motivo principal de lo que un economista académico ha llamado "vasto boom secular" y muchos economistas académicos explican en gran medida la difícil condición del capitalismo en el siglo veinte por "el cierre de fronteras en todo el mundo". (Joan Robinson, 1951, pp. 17-36)

Elogia Robinson a Luxemburgo por haber destacado en su análisis del capitalismo el factor del mercado mundial, aunque criticaba que no hubiera tenido en consideración que el aumento real de los salarios en el mundo capitalista ampliaba el mercado y contribuía a la realización de la acumulación capitalista. También expone que Luxemburgo no presenta el problema de la inducción a invertir en una terminología moderna y que las ambigüedades y contradicciones que hay en su trabajo dejan un amplio espacio a sus críticos.

A lo cual replica el marxista Cliff lo que sigue: "Sin embargo, aunque Luxemburgo no incluyera este factor en su análisis – y el mismo es extraño a la línea principal de su argumento acerca de la posibilidad o imposibilidad de la reproducción ampliada en el capitalismo puro- no se puede explicar el aumento de los salarios reales independientemente del aspecto más distintivo que Luxemburgo señaló: la expansión del capitalismo en las esferas no capitalistas". (T.Cliff, 2009, pp.112-113)

Para Luxemburgo el crecimiento de los salarios reales de los trabajadores puede ser un argumento utilizado en contra de la tesis de la depauperación. Tampoco considera adecuado explicar el crecimiento de la demanda efectiva por el aumento de la demanda de bienes de capital como consecuencia del progreso técnico, ya que esto da pie a que se pretenda explicar que el capitalismo puede continuar reproduciéndose y no colapsar. Por tanto, busca la solución fuera del ámbito de la economía capitalista en las formas de producción no-capitalistas para que su tesis se pueda sustentar.

Critica a la reproducción ampliada de Marx

La acumulación de capital de Luxemburgo- como se dicho- es una crítica desde el marxismo de la reproducción ampliada que aparece en el tomo II de *El Capital* (K. Marx, 1974, pp.70-89 y 308-313 El Capital II, FCE, México). Su análisis es la exposición más clara del problema de la demanda efectiva hasta que Keynes escribió su *Teoría general del empleo, el interés y el dinero.* Los esquemas matemáticos que Marx presenta explican cómo se realiza la plusvalía en una sociedad capitalista pura, en un mundo o mercado mundial enteramente capitalista. Dicho en otros términos, es un análisis al nivel del modo de producción no de la formación social concreta del capitalismo en una etapa específica.

Siguiendo la explicación que da Luxemburgo, el propósito de Marx era doble, por un lado quería criticar a Adam Smith por haber omitido el capital constante de la producción total, refiriéndose a salarios, ganancias y renta. Mientras Marx exponía que la relación era entre el capital constante, c, el capital variable, v, y la plusvalía, pv. En segundo lugar, deseaba dar una respuesta a quienes consideraban que no era posible que hubiera una continua acumulación de capital ya que no se podía "realizar" siempre la plusvalía, debido a que la venta de las mercancías no está de antemano asegurada.

Luxemburgo trata de demostrar que el modelo de Marx de la reproducción ampliada expuesto en el tomo II de *El Capital* contradice su propia teoría (Marx contra Marx) sobre el curso del capitalismo y lo justifica en que esa parte es un fragmento inacabado, como lo reconoce el propio Engels. Tal como dejó Marx el manuscrito entra en contradicción con lo expuesto en el tomo III. Es decir, la reproducción ampliada tal como se expone en el T.II no puede dilucidar el proceso histórico real de la acumulación, debido a que supone que los únicos consumidores de la producción son los capitalistas y los trabajadores.

¿Cómo se puede resolver ese círculo vicioso? Para ella la solución se encuentra en el mercado externo a las formas de producción capitalistas: en las zonas o formas de producción no-capitalistas que consumen la producción capitalista y le suministra las materias primas y la mano de obra que será empleada en dicha producción capitalista. Si el capitalismo no ha colapsado es debido a que ha invadido las sociedades no capitalistas.

El capitalismo necesita de las economías precapitalistas

Por lo tanto, el capitalismo necesita a los estamentos no-capitalistas pero no a todos. Las formas de economía natural no son de utilidad para el capitalismo y las va sustituyendo por una economía de intercambio de productos, el objetivo es imponer el sistema capitalista mundialmente.

Es la lógica del capital que no tiene más meta que el beneficio y que en su búsqueda no le importa poner en peligro el medio ambiente y el equilibrio ecológico. Como dicen los ecosocialistas, a este paso, el capitalismo puede destruir nuestro planeta. Pero eso no les importa, para eso están los programas espaciales, cuando hagamos invivible la tierra, migraremos a otros planetas para seguir con la política del lucro por encima de todo.

Ahora bien, si el modo de producción capitalista se establece o se impone de manera universal haciendo desaparecer las formas no-capitalistas, la acumulación de capital no podría continuar. El desarrollo de las fuerzas productivas sufriría un receso y el capitalismo tendría un colapso, un hundimiento.

Por tanto, el corolario de la argumentación de Luxemburgo es que la acumulación de capital requiere algo más que las relaciones internas entre las ramas de una economía capitalista. Le es imprescindible una relación entre el capitalismo y un entorno no-capitalista. Sin ese entorno es evidente para ella que el capitalismo se derrumbaría. Si no existe la capacidad ilimitada de la acumulación, queda probado que tampoco existe la eterna duración del capitalismo. Luxemburgo *dixit*.

Críticas a la teoría económica de Luxemburgo

La conclusión de Luxemburgo no fue bien acogida ni por los economistas contemporáneos ni tampoco por los posteriores. Ni por los socialistas y comunistas, ni por los burgueses:

"Cuando (…) se publicó la teoría de la acumulación de Rosa Luxemburgo, pensada como contribución a una explicación económica del imperialismo, se encontró con una casi total desaprobación de los "expertos" de la ortodoxia marxista, a la cabeza de los cuales estaban los austromarxistas y Kautsky. Rosa Luxemburgo quedó anonadada por la masiva y unánime resistencia…"(Oskar Negt, 1980,p.281 en E.J.Hobsbawn et alt., *Historia del marxismo)*

Otto Bauer

En cabeza de los críticos estuvo el austromarxista Otto Bauer y curiosamente se agregó a la misma el ultra izquierdista holandés A. Pannekoek, quien estaba más próximo a las líneas políticas de Luxemburgo. Así pues, la polémica se llevó con altura, como un debate científico no de política práctica, aunque obviamente las tesis discutidas conllevan una incidencia teórica y política sobre el capitalismo, su desarrollo y su final.

Según Bauer el desarrollo del imperialismo y del militarismo presagia el fin del capitalismo, debido a la militarización permanente, el gasto armamentístico y los enormes ejércitos parasitarios que fortalecen el poder de la burguesía y del aparato represivo del Estado. El capital en su lucha por los mercados y las zonas de influencia pone en pie esos mega ejércitos y una vez en la cima de su potencia podrá caer en el abismo. "El hundimiento mundial del imperialismo arrastrará a la revolución socialista".

Empero hay que destacar que Bauer señala que el proletariado, es decir, los trabajadores asalariados de los países capitalistas avanzados, se benefician de la existencia del imperialismo por lo que hay un beneficio indirecto de éstos de la explotación y dominación de la periferia, lo que conduce a una pauperización relativa. Ya que hay una mejora de sus salarios y condiciones de vida.

Aunque también esto hace más complicada e incluso empeora su lucha contra el capital en los países capitalistas más avanzados: el imperialismo implica para la clase trabajadora "una lucha de clases más difícil, una lucha sindical ambigua por las intervenciones crecientes del Estado, y la militarización de la economía", lo que hace en cierto modo que éstos se dejen sobornar, lo que pone trabas a la revolución mundial.

Bauer desarrolla una teoría del imperialismo basada en el intercambio desigual y la dependencia, los capitalistas no solo explotan a sus propios obreros sino que se apropian de una parte de la plusvalía producida en los países menos desarrollados. (Vid. O. Bauer,*La question des nationalités et la socialdemocratie*,1907, p.247, cit. por Ch. Pallaoix, 1971, *L'èconomie mondiale capitaliste*,pp.42-43 T.II, Paris, Maspero)

Centrándonos en la crítica a las tesis de Luxemburgo sobre la acumulación, lo que nos interesa destacar es que Bauer considera que la acumulación capitalista puede seguir manteniéndose sin ningún límite y que en Marx no se encuentra la idea de un final por un colapso o hundimiento debido a una crisis.

En ese sentido un historiador del marxismo ha expuesto que Bauer no logra explicar que si el capitalismo puede seguir acumulando y reproduciéndose sin límite, no se ve cómo podría "engendrar un proletariado consciente dispuesto y capaz de instaurar un sistema socialista. Pero en tal caso lo mismo podría decirse respecto a la idea de Luxemburgo de que la crisis económica supondría aquellas consecuencias". (G. Lichtheim, 1964, p. 368)

Lenin

Lenin leyó el libro de Luxemburgo en 1913 y fue muy crítico con el mismo. El error fundamental desde su punto de vista estaba en la tesis de que la reproducción ampliada era imposible en una economía cerrada y también en la idea de que para funcionar el capitalismo tenía que someter los sistemas económicos pre-capitalistas.

El análisis del colonialismo de Luxemburgo irritaba a Lenin que consideraba que su posición era "no marxista" sino más bien moralista. Para Lenin ella quería "desembarazarse del problema del imperialismo en las metrópolis transfiriéndolo a las colonias", en vez de analizarlo en el interior de los países capitalistas, lo que consistía para Lenin un acto inútil de autoflagelación, una actitud populista. (Lenin, Obras,vol.XXII,p.346, cit. por Nettl,1972,p.827)

La argumentación de Lenin era que "la necesidad de buscar un mercado exterior no demuestra en absoluto que el capitalismo sea insostenible, como aducen los economistas populistas (…) muy por el contrario, esta tendencia muestra claramente la progresiva actuación histórica del capitalismo, que embiste contra el antiguo aislamiento e independencia del sistema económico -en consecuencia también contra la estrechez de la vida intelectual y política- y unifica todos los países del mundo en un todo económico". (cit. por Iring Fetscher,1974, pp.184-185)

Luxemburgo no previó el papel revolucionario del campesinado ruso, ni la independencia futura de las colonias en el seno del mundo capitalista. Fue Lenin quien integró "la lucha nacionalista de los países coloniales-así como la de los pequeños campesinos ávidos de tierra- al marxismo revolucionario. Pero uno no lo repetirá bastante: *La acumulación de capital* se proponía exponer un teorema económico y no imponer una línea táctica a la revolución política. Es imposible por tanto y sobre todo absurdo querer confrontar esa obra con el libro de Lenin sobre el imperialismo, que apareció tres años más tarde, una vez la guerra se había desencadenado". (J.P.Nettl,1972,II,p.829-830)

A partir de los señalamientos de Lenin otros bolcheviques hicieron unas críticas más detalladas. Así se fue forjando el punto de vista de que había una "herejía" luxemburguista alrededor de su concepción del hundimiento objetivo del capitalismo, lo cual supuestamente conllevaba una actitud de fatalismo que minusvaloraba el papel subjetivo de la conciencia, de la voluntad, del partido y de los dirigentes.

Cuando Ruth Fischer fue puesta a la cabeza del *KPD* en 1924, hizo una cruzada contra las ideas de Luxemburgo y de sus seguidores. Escribió que el Partido Comunista de Alemania (KPD) basaba su teoría y práctica sobre la teoría de la acumulación de capital de Luxemburgo y que allí estaba el origen de todos los errores políticos cometidos tanto en cuestiones de organización, como en la adopción de las ideas sobre el papel de la espontaneidad.(Nettl,1972,-pp.515-516 y Fetscher,1975,pp.112-116)

Las interpretaciones de Geras y Nettl

Ahora bien, se puede interpretar que la teoría del imperialismo y de la crisis de Luxemburgo, si se aplicaba a la práctica política podría conducir a un fomento de la "inacción política", a una cierta pasividad. Esto así porque su teoría del imperialismo y la crisis de la acumulación se relaciona con el colapso del capitalismo y esto era para ella "la piedra angular del socialismo científico".(Norman Geras, 1980,p.15).

Empero Nettl, el investigador más acucioso y erudito de la vida y obra de Luxemburgo, rechazaba las acusaciones de populismo y pasividad de su teoría y daba una explicación más pragmática. Luxemburgo se planteó su trabajo sobre la acumulación como un análisis teórico de los fundamentos económicos del imperialismo y no creyó necesario poner en su libro los objetivos políticos, lo que hacía en los periódicos y revistas de la socialdemocracia.

Ella no deseaba que su teoría del colapso del capitalismo ayudase a fomentar la tendencia cada vez más prevaleciente en la dirección del Partido Socialdemócrata de Alemania (SPD), de confiar en el parlamentarismo y el aumento de los votos al partido, en vez de dedicarse a fomentar las huelgas y movimientos de masas, como había ocurrido en Rusia en 1905,con el fin de acelerar la toma del poder político.

El colapso del capitalismo

Luxemburgo sostiene que la adaptación del capitalismo a la democracia, el papel de los carteles, el crédito y de los monopolios, por más que sirvan para mitigar las crisis periódicas, no es cierto que vayan a hacer imposible el colapso del capitalismo y la revolución.

El capitalismo se derrumbará pero no basta esperar a que ocurra por efecto de la evolución económica, sería imprescindible que los trabajadores tomen el poder político. Pero también es una idea fuerza de Luxemburgo que como quiera que sea, el capitalismo se derrumbará y que esto es inevitable, debido a leyes inexorables del funcionamiento del sistema económico.

Este economicismo o "fatalismo", obviamente auspiciaba una cierta tendencia a no privilegiar el papel de la organización, de la acción consciente y sí a confiar en que los movimientos de masas, más o menos espontáneos serán esenciales. Por ello, resulta curiosa por lo menos, la interpretación que hace Nettl,: "Rosa Luxemburgo separaba de manera intencionada la investigación económica y el trabajo político para evitar justamente la teoría de la espontaneidad del cual fue acusada más tarde" (Nettl,1972, p.518).

En sus escritos, dependiendo dónde se ponga el énfasis, se pueden encontrar esas "dos almas", una interpretación "determinista-fatalista" del derrumbe o colapso del capitalismo debido a sus propias "leyes de funcionamiento", junto a otras argumentaciones en que señala el papel que juega la auto emancipación de la clase trabajadora y la adquisición de su conciencia de clase a través de sus propias luchas reivindicativas y sobre todo, de las luchas políticas por objetivos generales, no particulares. Que suele surgir muchas veces de manera espontánea.

Esto último hay que verlo como un intento por buscar un equilibrio frente a las concepciones burocráticas imperantes en el SPD. El acento de Luxemburgo en el socialismo desde abajo es para contrarrestar la agudización de la tendencia política a poner todo el peso en la búsqueda del socialismo desde arriba, como emanación de las decisiones de la dirección. Esto lo solía hacer Lenin exagerando un aspecto con el fin de buscar contrarrestar un punto de vista contrario como él decía, doblar la barra del lado opuesto para buscar un equilibrio.

Así pues, la supuesta fatalidad y el determinismo se ven conciliados en su discurso en la convención de fundación del KPD, con el papel que le atribuye a la clase trabajadora y es que en la tradición teórica de Marx existe esa convivencia de teoría sistemática científica con leyes objetivas y la voluntad política expresada en acción social, es la unión de teoría y práctica:

> "El socialismo es una necesidad histórica. El socialismo es inevitable, no sólo porque los proletarios ya no quieren seguir viviendo bajo las condiciones impuestas por la clase capitalista, sino aún más porque, si el proletariado fracasa en el cumplimiento de sus deberes como clase, si fracasa en realizar el socialismo, todos nos hundiremos juntos en una ruina común". (Rosa Luxemburgo, Discurso en la convención de fundación del Partido Comunista de Alemania,cit., N. Geras,1980,p.35)

Los errores de Luxemburgo sobre la acumulación de capital

N.Bujarin hizo una crítica de la teoría de la acumulación de Luxemburgo señalando que había hecho una interpretación incorrecta del concepto de Marx según la cual la premisa de la reproducción simple y de la ampliada era la misma: una sociedad compuesta íntegramente por capitalistas y trabajadores. Sin embargo Marx había sido muy claro y lo que trató fue de simplificar la cuestión de la reproducción ampliada, excluyendo el comercio exterior y analizándolo como si fuera una nación aislada, pero si bien hace esto, la coloca en medio del mercado mundial.

Recordemos que en su "modelo" explicativo Marx distingue la reproducción simple, en la que toda la plusvalía es consumida por los capitalistas, de la reproducción ampliada, donde parte de la plusvalía es acumulada e invertida. En la primera toda la mercancía producida encuentra un mercado o comprador, y por tanto no hay problema con la realización de la plusvalía. En la reproducción ampliada, se requiere para la realización de la misma, a los sectores no capitalistas.

Así pues, se afirma que Luxemburgo "no vio que lo que estaba describiendo como la realidad no era sino una manifestación fenomenológica del capital al invadir las tierras subdesarrolladas, mientras que Marx había profundizado en la acumulación de capital como surgía de la transformación –en expansión continúa- del capital variable (el trabajo vivo) en capital constante (trabajo muerto).

Por ello, había llamado "increíble aberración" a la subestimación, por Adam Smith, de esta forma de capital constante, mientras que Luxemburgo simplemente consideraba el capital constante como la "forma capitalista" de expresar algo característico de todas las sociedades". Sostiene al respecto Dunayevskaya que:

> "En su crítica de los diagramas de Marx, Luxemburgo consideró que las categorías económicas marxistas solo son económicas y no símbolos de la propia lucha de clases (…) no pudo ver: 1) que la opresión de los países no capitalistas también podrían dar poderosos aliados al proletariado y, 2) que, en todo caso, eso no tenía nada que ver con el problema planteado en el tomo II de *El Capital* que está consagrado a elucidar cómo se realiza la plusvalía en un mundo capitalista ideal.

Tampoco tiene nada que ver con el proceso "real" de acumulación, que Marx analiza en el tomo III, pues el proceso real de acumulación es un proceso capitalista, o un proceso de producción de valor, de un plumazo Rosa Luxemburgo está privando la cuidadosamente aislada relación c/v de su carácter de clase.

La producción de valor pierde la especificidad de una etapa histórica definida en el desarrollo de la humanidad. Así Luxemburgo se ve llevada a identificar lo que el marxismo ha considerado como la específica ley característica de la producción c/v con todas las formas precapitalistas de producción. (Raya Dunayevskaya,1985 ,Kindle,posición 1204).

Le critica también que haya transformado la acumulación de capital de ser un derivado del trabajo en algo basado en una fuerza exterior, el medio no capitalista, y que tuviera que abandonar la esfera de la producción por una explicación por el intercambio y el consumo.

Otro de los errores que se le atribuyen a la teoría de la acumulación de capital de Luxemburgo, es que le lleva a sostener "que la tendencia decreciente de la tasa de ganancia si no anulada por completo queda poderosamente contra equilibrada por el aumento de la masa de ganancia y concluye su argumentación: "igualmente podríamos aguardar la extinción del sol que esperar que el capitalismo se desplome por un decrecimiento de la tasa de ganancia". (Ibid. Kindle,posiciones 1254 a 1394)

Algunos críticos actuales, reprochan a Luxemburgo su visión lineal de la acumulación de capital, sobre todo porque ya en la época de Luxemburgo el capitalismo se estaba transformando de concurrencial en un capitalismo monopolista y ella no lo tuvo en consideración, y además sería también un enfoque unilateral porque sólo se centra en la expansión exterior del capitalismo minusvalorando la expansión interior, la creación de nuevas ramas de producción y las posibilidades de acumulación abiertas por el progreso técnico.

Otro aspecto que se le critica es que la expansión del capitalismo que teoriza Luxemburgo conduce a un mundo de un capitalismo homogéneo y a que su concepción del imperialismo sea deficiente, ya que señala que "la esencia del imperialismo consiste (…) en extender el capitalismo de los viejos capitalistas a nuevas zonas de influencia y en la competencia económica y política entablada entre aquellos países por la conquista de estas zonas nuevas".

Si esto hubiera sido así desde hace tiempo el capitalismo sería universal y, aplicando su teoría, se habría producido el colapso del mismo, por lo cual entonces: "El mundo viviría (hoy día) en la era feliz de un auténtico socialismo".(J.G. Beramendi y E.Fioravanti,1974,p.183).

Hay que destacar que la crítica y descripción de Luxemburgo de la disolución por el colonialismo europeo de las sociedades primitivas americanas, asiáticas y africanas, el haber destacado el papel del militarismo y el auge de la marina de guerra en la época anterior a la Primera Guerra Mundial y su rol económico ha sido de gran importancia.

En todo caso, los errores cometidos por Luxemburgo no le restan nada a su gran capacidad analítica y a su rigor en el trabajo teórico, ya que todo ello para ella tenía un solo objetivo: tratar de explicar el hundimiento ineluctable del capitalismo y el avance del proceso hacia la revolución social mundial.

En su *Anticrítica* –escrita durante la Primera Guerra Mundial-, respondió a sus críticos. Estaba convencida de la calidad de su escrito y de su repercusión futura, tanto es así que escribió a Diefenbach que ese texto le sobreviviría y que era un texto mucho más maduro que *La acumulación de capital*.

También lo consideraba un texto claro, que explicaba de manera sencilla la cuestión de la acumulación de capital, no como Marx, quien en su primer libro de *El capital*, tiene un estilo excesivamente rebuscado, sobrecargado de elementos, demasiado influido por el estilo propio de Hegel, lo cual para ella era algo que se debía descartar.

En su *Anticrítica* Luxemburgo reitera sus argumentos económicos sobre la acumulación y responde a los que denomina epígonos de Marx, sus críticos, con un ejercicio de libertad de expresión y pensamiento frente a los que no se atreven a dar ningún paso que no sea fiel a los textos, al marxismo entendido como un dogma:

> "que se les reserva a los epígonos el convertir en un dogma cerrado las fecundas hipótesis del maestro, acariciando una satisfacción cumplida y harta allí donde un espíritu genial solo experimentaba la duda creadora" (R. Luxemburgo, 1967, p.392)

Concluye Luxemburgo la defensa de sus tesis sobre la acumulación con un ataque en toda regla a esos líderes que llevaron a la socialdemocracia a un camino de frustración y de impotencia, entregando la dirección al imperialismo y considera que se requiere una clara visión de todo esto para "restablecer una política proletaria que esté a la altura de su misión histórica" en el período del imperialismo.

Tacha de espíritus sensibles a los que se lamentan de las disputas entre marxistas y dice que no se debe confundir el marxismo con un grupito de personas que se auto presentan y se conceden a sí mismos el derecho de hablar y actuar como los "expertos", colocando a los demás y especialmente a las masas, en el papel de creyentes que deben seguirles con ciega confianza. Y termina con esta frase:

> "El marxismo es una concepción revolucionaria que pugna constantemente por alcanzar nuevos conocimientos, que odia, sobre todas las cosas, el estancamiento de las fórmulas fijas, que

conserva su fuerza viva y creadora, en el chocar espiritual de armas de la propia crítica y en los rayos y truenos históricos. Por eso estoy de acuerdo con Lessing, que escribía a Reimarus: ¡Pero qué se ha de hacer! Que cada cual diga lo que se le antoje verdad y, que la verdad misma sea recomendada a Dios". (Ibid. p.454)

6. Crítica de los métodos de la Revolución bolchevique

Rusia confirma una vez más esa vieja experiencia histórica: no hay nada más increíble, más imposible, que parezca más una fantasía, que una revolución una hora antes que ella ocurra.

El socialismo no puede ser ni será creado por decreto; no lo puede crear gobierno alguno, por socialista que sea. El socialismo lo deben crear las masas.

Rosa Luxemburgo

Luxemburgo y las revoluciones rusas de 1905 y 1917

Luxemburgo fue de las primeras políticas y teóricas socialistas que trató de sacar las consecuencias positivas de la revolución rusa de 1905 y lo hizo viendo en ella un estímulo para la revolución en Occidente a través de la utilización de las huelgas de masas.

De manera que cuando se produce el movimiento revolucionario de 1917 lo recibió como un aire fresco desde la prisión en que estaba encerrada. En una carta de abril dirigida a la militante del movimiento de mujeres socialistas Marta Rosenbaum, desde la prisión de Wronke, expresa las sensaciones que le producen:

"las cosas maravillosas de Rusia surten en mí el efecto del elixir de la larga vida. Para todos nosotros llega desde allí un mensaje de salvación y tengo miedo de que todos vosotros no lo valoréis lo suficiente, (que) no sintáis lo bastante que lo que vence allí es nuestra propia causa". (Cit por.D. Renzi y A. Bisceglie. 2000, p.88).

Critica a quienes, como Kautsky, cuestionan que se pretenda establecer una "dictadura del proletariado" en Rusia, debido a que allí no están dadas las condiciones materiales para establecer el socialismo debido a un real atraso de las fuerzas productivas. Desde la prisión de Breslau le escribe a Louise Kautsky el 24 de noviembre de 1917:

"¿Te alegras por los rusos? Claro que no podrán sostenerse en medio de este desbarajuste infernal –y no precisamente porque las estadísticas atestigüen el atraso económico de Rusia, según los cálculos de tu juicioso marido, sino porque la socialdemocracia de estos países occidentales tan progresivos y adelantados está integrada por abyectos comodones que contemplarán apaciblemente el espectáculo y dejarán que los rusos se desangren". (R. Luxemburgo, 2007, p.244)

Luxemburgo era una buena conocedora de la economía rusa, ya que la había estudiado a fondo para la redacción de sus tesis de doctorado. Tenía presente el atraso de Rusia pero también conocía del desarrollo del capitalismo en Rusia desde mediados del siglo XIX. Por tanto, sabía que había atraso en Rusia pero también que había zonas con desarrollo industrial y no sólo en Moscú y en Lodz (en ese entonces parte de Rusia). A veces se exagera el atraso del desarrollo de las fuerzas productivas en ese país, ya que en Rusia había zonas de grandes empresas industriales y se estaba produciendo una intensificación del desarrollo capitalista e intentos de reformas económico-sociales.

Entre 1882 y 1906 se había hecho un intento de modernización e industrialización más o menos acelerada. Se extendieron las líneas férreas hasta alcanzar los 30 mil kilómetros, se completó el ferrocarril transiberiano. Se potenciaron regiones industriales en Varsovia, Lodz (integradas como se ha dicho al imperio Ruso), San Petersburgo, Moscú, en Ucrania, en la región de Donbas, pero también en Tomsk, en Siberia.

El Estado participaba en la economía junto a los inversionistas extranjeros y compraba más del 60% de la producción metalúrgica y poseía minas, explotaciones petrolíferas y tierras de cultivo. Se compraron fábricas completas que se instalaban en su territorio y se importaba tecnología, a la vez que se pusieron aranceles proteccionistas para promover la producción de mercancías en el imperio. Esa transformación económica, es cierto, se encontraba con un sistema político rígido y despótico. (J.M. Faraldo, 2017, pp.47-49)

De 1906 a 1911 Arkadevich Stolypin, primer ministro, puso en marcha reformas que buscaban mantener el reinado del zar, pero creando una ciudadanía más amplia de propietarios agrícolas para lo cual quería deshacerse del sistema comunal imperante, que había constatado que era menos productivo que un sistema de medianos y pequeños propietarios agrícolas, que era el vigente en las provincias occidentales del imperio ruso. Los nobles, el *entourage* del zar, incluida la zarina y la burocracia, fueron reacios a estas reformas graduales y Stolypin fue asesinado por un joven revolucionario que se había convertido en informante de la Policía.

Al año siguiente de su muerte hubo gran número de huelgas industriales y en 1914 se produjo una huelga general en San Petersburgo. Los trabajadores de todas las principales ciudades dieron la espalda a los partidos democráticos y a los mencheviques y se fueron acercando a los bolcheviques que propugnaban la acción directa de los trabajadores y la violencia contra el régimen. "A pesar de todos los esfuerzos de reforma política (y económica), la Rusia urbana en vísperas de la primera guerra mundial se encontraba al borde de una nueva y potencialmente más violenta revolución que el "ensayo general" de 1905". (Orlando Figes, 2010, p.277).

Luxemburgo no podía tener elementos para evaluar lo que sucedería posteriormente y la deriva que tomaría la revolución soviética, entre otros motivos, debido a ese atraso no sólo económico sino también político, con relación a los países más adelantados de Occidente. La larga tradición de despotismo y la manera de reinar sobre su gente formaba parte del *habitus*-en la acepción de Bourdieu- de *la* burocracia rusa.

Esa burocracia, con sus tradiciones de mando despótico, a pesar de los cambios en su personal que produjo la revolución, cuando estos pasaron a desempeñar posiciones en el aparato burocrático del Estado y del partido, adoptaron esas maneras tradicionales de proceder y como es harto sabido, fue la burocracia la que tomó la riendas cotidianas del poder durante el largo reinado de Stalin hasta la disolución de la URSS.

Luxemburgo, Kautsky y la revolución bolchevique

Así pues, aunque en este momento inicial de la revolución Luxemburgo tenía razón contra Kautsky, visto desde nuestra perspectiva actual, con toda la documentación existente sobre los avatares de la revolución y su degeneración como Estado obrero o de los trabajadores, ha sido él en definitiva quien supo ver más lejos y con más acierto. En todo caso, el pensamiento de Luxemburgo en noviembre de 1917 sobre la revolución rusa y su dura crítica al gran pensador socialista Kautsky, era del tenor siguiente:

"Desde hace cerca de una semana, mis pensamientos están en San Petersburgo (…) la sola tentativa de apoderarse del poder en Rusia es un puñetazo en la cara de nuestros socialdemócratas y de toda la Internacional somnolienta. Kautsky no encuentra nada mejor que demostrar, apoyado en estadísticas, que las condiciones sociales en Rusia no están aún maduras para la dictadura del proletariado (…) ha olvidado que "estadísticamente" Francia en 1789 e igualmente en 1793 estaba aún menos madura para la dominación de la burguesía…Por ventura hace mucho tiempo que la historia no sigue las fórmulas teóricas de Kautsky, esperemos pues que todo vaya bien". (R. Luxemburg, 1969, p.272)

Las diferencias de Luxemburgo con Kautsky eran profundas. Tuvieron diferencias tanto en el debate contra el reformismo de Bernstein como con las posiciones excesivamente favorables a la burocracia o a la burocratización del SPD, así como, con sus reservas para publicarle en *Die Neu Zeit* algunos artículos muy críticos con las posiciones de la dirección del partido.

Esas críticas a Kautsky por parte de Luxemburgo fueron anteriores a las que en el momento de la guerra y sobre todo durante la revolución de 1917 le hiciera Lenin a Kautsky, caricaturizándolo como un "renegado". Aunque renegar del marxismo nunca lo hizo, al menos de lo que él entendía como el marxismo "ortodoxo" de Marx y Engels.

Divergencias con Lenin

Luxemburgo tuvo también grandes diferencias con Lenin, aunque militaran en el mismo bando defendiendo posiciones de izquierda, por ejemplo, contra el apoyo de los socialistas a los gobiernos de sus países durante la guerra de 1914-1918.

Los puntos de divergencia entre Lenin y Luxemburgo fueron en temas cruciales: sobre la cuestión nacional, sobre la concepción del partido, sobre los temas de organización, de la acumulación del capital y el imperialismo y sobre los métodos de los bolcheviques. Luxemburgo vio en los métodos empleados por los bolcheviques algunas tendencias que luego se instalarían y cristalizarían durante el llamado estalinismo.

Las diferencias de sensibilidad política y estilos de mando entre Stalin y Lenin eran abismales. Stalin era un paranoico compulsivo de mentalidad que se podría incluso denominar criminal. Le fue indiferente la vida de sus compañeros de lucha y más aún los que le hubieran mostrado desacato político en algún momento, a quienes mandó a eliminar físicamente sin contemplaciones.

Lenin, por el contrario, asumía la polémica y la discrepancia con juego limpio y veía en esto un signo de normalidad política, aunque tratara de convencer y que ganaran sus posiciones, y cuando no lo lograba con la persuasión, trataba de obtener la prevalencia de sus posiciones con triquiñuelas de todo tipo y adjetivando a sus adversarios como renegados, liquidacionistas, oportunistas y etc., aún a sabiendas de que estaba empleando un reduccionismo donde sobraba cualquier tipo de matiz o sutileza.

Pese a su agresividad política era un hombre de razón, en febrero de 1922 escribe un artículo donde pide que se publique una biografía y las obras completas de Rosa Luxemburgo (V.I. Lenin,O.C.,T.33, p.212). Por tanto, estimamos que es inadecuado comparar a Lenin con Stalin, tratando de igualarlos y mucho menos ver en ellos una línea de continuidad.

Lenin era un revolucionario culto y duro, Stalin, un paranoico sin escrúpulos, aunque con las dotes de mando propias de un zar o de un déspota oriental y con muchos rasgos notables, que no se pueden minusvalorar, de estadista, en la mejor tradición rusa zarista. Lo cual se pudo ver con toda claridad en su papel durante la guerra contra la Alemania nazi que ningún historiador de la guerra puede desdeñar.

Es inútil especular cuál hubiera sido la deriva de la revolución si Lenin no hubiera enfermado y fallecido en 1923 a consecuencia de los tres balazos del atentado de 1918 en Moscú, perpetrado por la anarquista Fani Kaplan, de si se hubiera establecido o no una democracia socialista en Rusia, pero lo que está confirmado por los hechos es la degeneración del Estado y el establecimiento de una dictadura del secretario general del Partido Comunista sobre todo el pueblo, apoyado en la capa burocrática y la policía política. Yugulando así los ideales y metas marxistas, que son contrarios y totalmente opuestos a todo despotismo y al establecimiento de una dictadura de una casta burocrático-militar-seguritaria.

Revolución democrática o socialista

Luxemburgo crítica las posiciones de los socialdemócratas alemanes que justificaron la guerra imperialista afirmando que las bayonetas alemanas harían una labor civilizadora al derrotar militarmente al zarismo. Esto no fue así, la revolución rusa de 1917 fue consecuencia de cuestiones internas de la propia sociedad rusa. Su crítica se centra en las ideas de algunos –como Kautsky-, que teorizan que el atraso de Rusia y el ser un país esencialmente agrícola, le incapacitaba para ir más allá de una revolución democrático-burguesa, lo que deriva en la táctica de que debían aliarse con los liberales burgueses.

Esta posición era la de los mencheviques Kerensky, Dan y Axelrod y de todos los partidos socialistas contrarios a las tesis de Lenin. Hay que decir que también era la posición de muchos dirigentes bolcheviques, entre ellos de Stalin y Kamenev, aunque luego cambiaran de posición y adoptaran la posición de Lenin.

La idea era que la revolución debía limitarse al primer estadio y no proponerse establecer la "dictadura" de la clase trabajadora, ya que establecer esa dictadura sería un error que llevaría a todos los infortunios que se vieron posteriormente. Con lo cual se exime a la clase trabajadora internacional y, especialmente a la de los países capitalistas avanzados, de toda responsabilidad.

Sobre esto, Luxemburgo insiste en el papel que juega la clase trabajadora internacional en el destino de la revolución rusa, pues al no sumarse a la lucha revolucionaria en sus propios países, al no derrotar a sus burguesías y tomar el poder, dejaron el campo y las manos libres para que la reacción tratara de ahogar la revolución en Rusia. Expone Luxemburgo que:

"El curso de la guerra y de la revolución rusa han probado no la inmadurez de Rusia sino la del proletariado alemán frente a sus propias tareas históricas, y mostrarlo con claridad representa el deber primero y elemental de un examen crítico de la revolución rusa. Su suerte dependía plenamente de los acontecimientos internacionales. El hecho de que los bolcheviques basaran por completo su política en la revolución mundial del proletariado, constituye verdaderamente la prueba más espléndida de su clarividencia política y de la firmeza de sus principios, del ardiente sesgo de su política". (R. Luxemburgo, 1975, p. 31),

Insiste Luxemburgo que la revolución rusa se produjo en las condiciones más difíciles de concebir en medio del caos de una guerra imperialista, atenazada por la potencia militar europea más poderosa y con una apatía de la clase trabajadora internacional. De manera que al experimento de su "dictadura obrera" no se le puede exigir que fuera "el máximo de la perfección", más bien no fue posible realizar la democracia y el socialismo sino apenas unos rudimentos de ambos.

Esto mostraría, según ella, la importancia de la acción internacional para la revolución de la clase trabajadora, pues sin la misma, todos los esfuerzos que haga el proletariado de un país, y más aún, si éste es un país atrasado, se perdería "en un mar de contradicciones y errores". Aún no existía el concepto de "socialismo en un solo país", pero algo así sería para Luxemburgo una fuente de equivocaciones y de deformaciones del proyecto socialista.

Justifica ciertas decisiones de Lenin y Trotsky y considera, a la vez, que algunas de ellas las tomaron con "repugnancia". Estima que está muy lejos de sus pensamientos que la revolución rusa sirva de "modelo eminente de política socialista que sólo puede dar lugar a una admiración acrítica y a una ferviente imitación".

Cierra su argumentación con esta conclusión que me parece una joya de aplicación del análisis marxista:

"Un examen crítico de la revolución rusa en todas sus conexiones históricas no puede menos de ser la mejor escuela para las masas trabajadoras, tanto alemana como internacional, para las tareas que le plantea la situación presente". (Ibid., p.33)

Defensa de las instituciones democráticas de representación popular

Luxemburgo analiza con su brillantez habitual la disolución de la Asamblea Constituyente en noviembre de 1917, que para ella significó un punto de viraje de la táctica de los bolcheviques. Lenin y los bolcheviques habían reivindicado la convocatoria de dicha Asamblea y, precisamente la tardanza de Kerensky en convocarla, fue uno de los blancos empleados por ellos para atacarle violentamente.

Trotsky justificó el golpe de Estado de octubre de 1917 como "la salvación de la Asamblea Constituyente, así como de la revolución en general". Sin embargo, lo primero que hace Lenin, posteriormente a la revolución de octubre, es ordenar la disolución de esa Asamblea Constituyente.

El argumento de Trotsky para defender el acto político de disolución de la Asamblea Constituyente es que en los meses anteriores a la revolución de octubre, las masas habían girado a la izquierda y masivamente se incorporaban a los bolcheviques y que este fenómeno se producía también en las filas de los socialistas revolucionarios de izquierdas. Sin embargo, fuera de Moscú y San Petersburgo no siempre la gente estaba informada de los acontecimientos y eso ocurría incluso después de la revolución de octubre. Por ello votaban por Kerensky, por los Narodniki y por gente que estaba en contra de los intereses de esos votantes. Concluye Trotsky su argumentación:

> "Los hechos referidos demuestran que esa Asamblea Constituyente era un producto tardío extraño a la realidad de los conflictos de partido y a sus diferenciaciones". (L. Trotsky, De la revolución de octubre al tratado de paz de Brest, 1918, cit. por R.Luxemburgo, 1975, p.63)

Aplicando su método de análisis dialéctico implacablemente lógico, que siempre lleva sus argumentos a sus últimas consecuencias, Luxemburgo desmonta la justificación bolchevique de la disolución de la Asamblea Constituyente.

Comienza afirmando que es sorprendente que personas de la perspicacia de Lenin y Trotsky no hayan llegado a la conclusión obvia, que se deriva de los hechos antes señalados. Es decir, si la Asamblea

Constituyente reflejaba una elección anterior al momento del viraje y, representaba a un pasado ya superado y no la nueva situación política, al haber nacido muerta, si se la disuelve, ¡lo que corresponde es la inmediata convocatoria de otras elecciones!

En lugar de eso lo que se deduce e incluso se llega a generalizar es este sofisma: "la inadecuación de cualquier representación popular surgida de elecciones populares generales durante la revolución". Afirma Trotsky al respecto:

"Gracias a la lucha abierta y directa por el poder, las masas obreras acumulan en un tiempo muy breve una gran experiencia política y ascienden rápidamente un escalón tras otro. El pesado mecanismo de las instituciones democráticas es tanto menos fiel a esta evolución cuanto más grande es el país y más imperfecto su aparato técnico" (L.Trotsky, 1918, Ibid.p.93 cit. por R.Luxemburgo, 1975,p.65)

Luxemburgo considera que esta concepción contradice toda la experiencia histórica de las revoluciones anteriores e incluso de las instituciones representativas en tiempos no revolucionarios. Según lo que afirma Trotsky toda asamblea electa reflejaría de una vez y para siempre la madurez política y el estado de ánimo del electorado del momento en que este va a las urnas, sin que exista ninguna comunicación o vínculo entre el electorado y los electos y una influencia recíproca entre ellos.

En lenguaje moderno de teoría de sistemas, Trotsky no reconoce que hay una retroalimentación entre el electorado, la sociedad y sus representantes. Por eso afirma Luxemburgo que lo que señala Trotsky no es correcto, ya que "las oscilaciones de la opinión pública, el pulso de la vida del pueblo influencian instantáneamente de la manera más sorprendente los cuerpos representativos".

Trae en su apoyo los ejemplos clásicos de la revolución inglesa, donde el llamado Parlamento Largo inglés elegido y reunido en 1642 permaneció en el cargo siete años y en él se reflejaron las diferentes oscilaciones políticas y las discordias de clase, que se dieron en el proceso hasta la ejecución del rey Carlos I y la proclamación de la república.

Algo semejante ocurrió en los Estados Generales franceses y en el Parlamento elegido por voto censitario durante el gobierno de Luis Felipe e incluso en la cuarta Duma rusa elegida en 1912, que fue sufriendo cambios hasta que en 1917 se convirtió en "punto de partida de la revolución".

De ahí que Luxemburgo haga una defensa de las instituciones democráticas cuyo papel debe ser potenciado y no reducido o aniquilado durante una revolución:

"Y cuanto más democráticas son las instituciones, cuanto más vitales y potentes se presentan las pulsaciones de la vida política de las masas, tanto más directa y total resulta su eficacia (…) Es cierto que toda institución democrática tiene sus límites y sus ausencias, hecho que la mancomuna a la totalidad de las instituciones humanas. Pero el remedio inventado por Trotsky y Lenin, la supresión de la democracia en general, es aún peor que el mal que se quiere evitar: sofoca, en efecto, la fuente viva de la que únicamente pueden surgir las correcciones de las insuficiencias congénitas a las instituciones sociales, una vida política activa, libre y enérgica de las más amplias masas". (R. Luxemburgo, Ibid., 1975,pp.68-69)

Defensa del derecho al voto y de las garantías democráticas

En la Constitución soviética del 12 de julio de 1918 elaborada por el Congreso Panruso de los soviets, se concedía el derecho al voto sólo a quienes realizaban un trabajo productivo y útil, de manera que excluía a los comerciantes privados, a los rentistas, a todos los que hacían actividades que perseguían el lucro y a quienes no tenían un trabajo.

Luxemburgo hace una crítica a este derecho electoral restringido basado en que el mismo no es aplicable en una sociedad donde no se dan las condiciones económicas para que cualquiera que quiera trabajar pueda encontrar un trabajo que le permita vivir dignamente.

Ese era precisamente el caso de Rusia, ya que, aislada del mercado mundial, con una gran desorganización económica, como consecuencia de los grandes cambios habidos en las relaciones de producción tanto en la industria como en la agricultura, así como en el comercio, era imposible objetivamente que un gran número de personas pudieran encontrar trabajo, con lo cual estaban excluidos del voto. Eran trabajadores en busca de empleo, por tanto, parte de la clase obrera y muchos sectores de la llamada "clase media", y no sólo los capitalistas, eran los que se veían excluidos del derecho político de votar. Con lo cual, concluye Luxemburgo que la medida:

> "despoja de todo derecho a una parte numerosa y creciente de la pequeña burguesía y del proletariado, para la cual el organismo económico no prevé ninguna medida que le permita el ejercicio de la obligación de trabajar. Se trata de un absurdo que califica a esta organización del derecho al voto como un parto utópico de la fantasía sin ninguna vinculación con la realidad social. Y precisamente por esto no puede ser un instrumento serio de la dictadura proletaria. Es un anacronismo, una anticipación de una situación jurídica conveniente sobre una base económica socialista ya realizada, y no para el período de transición de la dictadura proletaria". (R. Luxemburgo, 1975, Ibid. pp.71-72)

Luxemburgo considera que lo pertinente es que aunque la espina dorsal del sistema político sigan siendo los soviets, es decir, los consejos de obreros y soldados, también debe mantenerse la Asamblea Constituyente y el sufragio universal.

Su criticidad va aún más lejos y pone en guardia contra la deriva autoritaria que al cercenar la libre expresión de las ideas, cierra el paso a la corrección de los errores y permite la impunidad de los que cometen fallos, faltas e incluso delitos, amparados por el desempeño de puestos en el aparato estatal. Y lo más importante, si cabe, impide el dominio de las grandes masas y permite que se ejerza una dictadura sobre ella por parte de una minoría. Esto lo expresa muy claramente:

> "la abolición de las garantías democráticas más importantes para una vida pública sana y para la actividad política de las masas trabajadoras: libertad de prensa, de asociación y de reunión, que han sido denegadas para todos los adversarios del gobierno soviético (…) sin una vida libre de asociación y de reunión, es totalmente imposible concebir el dominio de las grandes masas populares. (R.Luxemburgo, 1975, p.73)

Se ha podido comprobar en la historia política desde 1917 hasta nuestros días, que esas supresiones de la libertades y del derecho al voto no han favorecido la auto-emancipación de la clase trabajadora y aunque Lenin decía que el Estado burgués era un instrumento para la opresión de la clase obrera y que el Estado socialista sería un instrumento de la opresión de la burguesía, esto es una simplificación retórica y, además, no sería otra cosa que "el Estado capitalista invertido y puesto de cabeza". Con ello no se tiene en cuenta que el dominio de la burguesía no tiene necesidad de una educación política de las masas populares, mientras que la misma es esencial para el dominio de la clase trabajadora.

De ahí que "el sofocamiento de la vida pública bloquea la fuente de experiencia política y la prosecución del desarrollo". Luxemburgo sigue exponiendo que la educación política y la acumulación de experiencias "nunca es posible sin libertad política". Insiste en la necesidad de la participación de la masa del pueblo para evitar el socialismo decretado por una docena de intelectuales. Y resume todo su ideario de socialismo revolucionario pero democrático y libertario en esta frase redonda:

"La libertad reservada sólo a los partidarios del gobierno, sólo a los miembros del partido-por numerosos que sean- no es libertad. La libertad es siempre únicamente libertad para quien piensa de modo distinto". (R.Luxemburgo, 1975, p.74)

Sin embargo, cuando se estaban poniendo las primeras piedras de ese edificio, cuando Lenin y Trotsky junto a otros revolucionarios asesinados posteriormente por Stalin, trataban de erigir un Estado de Trabajadores, Luxemburgo fue la mente previsora que como un águila del pensamiento marxista vio antes que nadie que de aquellos polvos surgirían todos esos lodos que se convertirían en el pantano fangoso en que terminaría hundiéndose ese proyecto.

Ahora bien, leer a Luxemburgo no es fuente de desilusión o excusa para el ensimismamiento, ni mucho menos para pasarse burda o sutilmente al campo del adversario e incluso al del enemigo puro y duro, sino que nos permite renovar la esperanza y la certeza de que el socialismo es el camino que conduce a la auto emancipación de la humanidad, siempre que no se utilicen atajos que conducen a falsos caminos e incluso a ese camino áspero, sangriento, que lleva a la restauración del capitalismo de libre mercado y que, de paso, siembra la desilusión y la desmovilización por doquier.

Por ello, desde una perspectiva socialista, hay que rechazar también esa concepción que se nos ha vendido como socialismo y que no pasa de ser un capitalismo de Estado burocrático y despótico, donde se promueve una mayor igualdad social, sin duda, pero sin la participación activa de la clase trabajadora y del pueblo en general, en el destino político y en el rumbo del Estado: en pocas palabras, un sistema donde el papel del pueblo trabajador se reduce a: ¡obedecer y callar!

Que el pueblo elija el camino

Luxemburgo tiene una concepción del socialismo profundamente democrática y el fundamento social del mismo está en la auto emancipación de la clase trabajadora, de las masas populares. La práctica socialista exige una transformación espiritual de las masas que han sido degradadas por siglos de dominación burguesa. Ello implica ir sustituyendo gradualmente por instintos sociales los prevalecientes instintos egoístas, sustituir la inercia por la iniciativa, insuflarles la búsqueda de un ideal que les permita sobreponerse a todos los obstáculos que se encuentran en la vida y en la lucha.

Dice Luxemburgo que esto lo comprende perfectamente Lenin pero que se equivoca completamente sobre los medios para lograrlo:

> "decretos, poderes dictatoriales de los inspectores de fábricas, penas draconianas, reinado del terror, son todos paliativos. El único camino que conduce al renacimiento es la escuela misma de la vida pública, de la más ilimitada y amplia democracia, de la opinión pública. Es justamente el terror lo que desmoraliza". (R.Luxemburgo, 1975, p.77).

Hace Luxemburgo una defensa –como ya hemos visto- de las elecciones y de las instituciones representativas porque considera que es lo más idóneo para dinamizar la vida política y para controlar el poder, además de para mantener el interés político y el idealismo de las masas:

"Sin elecciones generales, la libertad de prensa y de reunión ilimitada, lucha libre de opinión en toda institución pública, la vida se extingue, se torna aparente y lo único activo que queda es la burocracia. La vida pública se adormece poco a poco, algunas docenas de jefes del partido de inagotables energías y animados por un idealismo ilimitado dirigen y gobiernan; entre éstos la guía efectiva está en manos de una docena de inteligencia superiores, y una élite de obreros es convocada de tiempo en tiempo para aplaudir los discursos de los jefes, votar unánimemente resoluciones prefabricadas: es, en el fondo, el predominio de una pandilla. Una dictadura, es cierto, pero no la dictadura del proletariado, sino la dictadura de un puñado de políticos, vale decir, la dictadura en sentido burgués, en el sentido del dominio jacobino (…) Y más aún: en tal situación es fatal que madure un proceso de barbarie de la vida pública: atentados, fusilamientos de rehenes, etc." (R.Luxemburgo, Ibid.p.78)

Dictadura y democracia

Para Luxemburgo el error en que caen tanto Lenin, Trotsky, como Kautsky, es contraponer dictadura y democracia. Los primeros optan por la dictadura oponiéndola a la democracia y conciben de hecho a la dictadura como la de un reducido número de personas, la dirección del partido, lo cual no deja de quedarse dentro de la perspectiva del modelo burgués de dictadura. Según Luxemburgo, Kautsky opta por la democracia pero dentro del modelo burgués de democracia. ¿Cuál sería entonces la posición adecuada?

La idea de Luxemburgo es que una vez tomado el poder, el proletariado, es decir, la clase trabajadora tiene que tomar medidas socialistas y ello tendrá que hacerlo de la manera más enérgica, incluso brutal. Esa manera de proceder se puede considerar dictatorial, pero la misma se ejerce como una "dictadura de clase, no de un partido o de una pandilla, dictadura de clase, es decir, con la mayor publicidad, con la más activa y libre participación de las masas populares, en un régimen de democracia ilimitada".

Esto plantea un dilema lógico, ya que esa democracia ilimitada, con libre participación de las masas populares, es a la vez una dictadura, y no se niega ni rechaza por Luxemburgo la necesidad, para continuar la revolución y las medidas socialistas, de aplicar medidas severas que pueden llegar a ser brutales, en otras palabras, emplear la represión, ya que, como decía Trotsky los marxistas nunca han sido fanáticos de la democracia formal.

Para completar la comprensión de esta supuesta dualidad hay que hacerlo con esta argumentación de Luxemburgo que por su importancia citamos en toda su extensión, ya que nos ofrece su concepción y nos resuelve el que sería un falso dilema, la supuesta oposición dictadura y democracia:

"Nosotros no fuimos nunca fanáticos de la democracia formal, significa sólo lo siguiente: siempre hemos distinguido el contenido social de la forma política de la democracia *burguesa*, siempre supimos develar la semilla amarga de la desigualdad y de la sujeción social que se oculta dentro de la dulce cáscara de la igualdad y de la libertad formales, no para rechazarlas, sino para incitar a la clase obrera a no limitarse a la envoltura, a conquistar antes el poder político para llenarlo con un nuevo contenido social."

La misión histórica del proletariado [es decir, de la clase trabajadora], una vez llegado al poder, es crear en lugar de una democracia burguesa una democracia socialista y no abolir toda democracia.

Pero la democracia socialista no comienza solamente en la tierra prometida, una vez construidas las infraestructuras económicas socialistas, como regalo de navidad para el heroico pueblo que en ese tiempo sostuvo fielmente a un puñado de dictadores socialistas.

La democracia socialista comienza junto con la demolición del dominio de clase y la construcción del socialismo. Comienza en el momento mismo de la toma del poder por el partido socialista; no es otra cosa que la dictadura del proletariado (…) pero esta dictadura consiste en el sistema de aplicación de la democracia, no en su abolición.

Consiste en intervenciones enérgicas y decisivas sobre los derechos adquiridos y sobre las relaciones económicas de la sociedad burguesa, sin las cuales la transformación socialista no es realizable". (R.Luxemburgo, Ibid., pp.82-83). Se han separado en varios párrafos los argumentos anteriores para facilitar su lectura.

Obviamente, los adversarios de la revolución y del socialismo no tienen que ser silenciados, apresados, muertos y sepultados, pueden expresarse, pero hay que tomar medidas para que su poder no sea tan desproporcionado que financiado y estimulado por la burguesía y su aparato económico-financiero-propagandístico, derroten por medios no democráticos el poder de la clase trabajadora.

Ahora bien, ha pasado un siglo, incluso algo más de los escritos y de las acciones de Luxemburgo y sería una irresponsabilidad o una ceguera política, tratar todo este asunto de la dictadura de clase y la democracia como si no tuviéramos a disposición los hechos y los datos de todo este tiempo. El marxismo consideraba la democracia como un cascarón político vacío "en las que cada época histórica y las relaciones de clase de cada país vuelcan su particular contenido material". (R. Luxemburgo, Ibid., p.92) De manera que puede ser llenado de contenidos diversos.

Empero, la llamada "democracia liberal" se ha consolidado como aquella donde se respeta formalmente la seguridad jurídica, donde hay un Estado de Derecho y donde se asegura el ejercicio de las libertades individuales. Fiel a lo esencial del marxismo y teniendo en cuenta la historia contemporánea, hay que colegir que hay cuestiones que se pueden considerar adquisiciones de la humanidad en su marcha ascendente hacia etapas más progresivas, más justas, más igualitarias y de mayor libertad.

Una democracia socialista se debe distinguir de la democracia liberal burguesa, por un reordenamiento diferente de la economía y de la distribución del excedente económico–del reparto de la plusvalía social-, pero no debe significar un retroceso en cuanto a la coerción individual, la restricción de las libertades públicas e individuales, salvo en algo que para un socialista no es negociable, ya que resulta intolerable: la libertad de explotar sin ninguna regulación a la fuerza de trabajo por los capitalistas y el control del poder de decisión del Estado para eximirles del pago de los impuestos que les corresponde pagar de la cuota *de* beneficio o para eludir su pago mediante leyes hechas *ad hoc* para el exclusivo beneficio de esa minoría.

Así pues, en el siglo XXI, una democracia socialista implica las más amplias libertades de expresión, de culto, de palabra y política, e incluso que las minorías capitalistas puedan acceder al gobierno desplazando del mismo a los representantes de la clase trabajadora, siempre y cuando lo hagan de acuerdo a las reglas jurídicas igualitarias establecidas, dentro del sistema constitucional socialista vigente.

Es decir, que no exista una financiación a los partidos burgueses por parte de las empresas en manos de los capitalistas, de los monopolios financieros, de fundaciones o de Estados extranjeros que estén apostando por derrocar a un gobierno democrático, lo cual significa un uso privilegiado del dinero para comprar votos, medios de propaganda, publicidad, etc. Por ende, una de las principales medidas democráticas es regular la prohibición de la financiación privada de los partidos y de las campañas electorales.

Una vez establecida una libertad real –no sólo jurídico-formal y trampeada por el poder del dinero-, de todos los partidos legales para acudir a las elecciones en igualdad de condiciones (financiación, tiempo en los medios públicos y privados, etc.), según su peso electoral previo, todos tendrán la oportunidad de ganar el apoyo de los ciudadanos realizando su campaña y en función de sus votos, acceder a las instituciones representativas.

Creo que ningún socialista democrático, y más si es marxista en este siglo XXI, considera como algo presentable una dictadura de partido único, de una minoría de dirigentes que afirman actuar en nombre de una clase, pero que ejercen el poder como supuestamente lo hacían los monarcas de la Ilustración: "todo para el pueblo pero sin el pueblo".

De la necesidad, hacer virtud

Retornando a la Revolución rusa, Rosa Luxemburgo considera que los bolcheviques hicieron lo que podían hacer en la situación extremadamente complicada y compleja que les tocó actuar. Siempre con un gran sentido de perspectiva histórica exponía que:

> "El peligro comienza en el momento en que, haciendo de la necesidad una virtud, cristalizan en teoría la táctica a la que se vieron arrastrados por estas fatales circunstancias y pretenden recomendarla como modelo a imitar por el proletariado internacio-

nal, como el modelo de la táctica socialista". (R.Luxemburgo, Ibid., p.84)

La culpa, si hubiera tal, de que en Rusia se estableciese una "caricatura de la dictadura del proletariado", la tiene según Luxemburgo la clase trabajadora alemana y la de los países más desarrollados, que dejaron sola a la revolución rusa abandonada a su suerte. Tanto Lenin como Trotsky y la mayoría de los bolcheviques, siempre tuvieron presente que el socialismo sólo era realizable internacionalmente. Al fallar el resto de la clase trabajadora, especialmente europea, los rusos no podían hacer milagros, hicieron lo que pudieron para lograr el poder y mantenerlo.

Desde esa perspectiva "los Lenin y los Trotsky con sus amigos fueron los primeros en dar el ejemplo al proletariado mundial", pueden exclamar. "¡Yo he osado!" Y concluye Luxemburgo: "En Rusia el problema sólo pudo ser planteado. No podía ser resuelto allí. Y en este sentido el porvenir pertenece en todas partes al socialismo". (R.Luxemburgo, 1975, Ibid., p. 85)

Que se haya torcido el camino del socialismo en Rusia-para algunos desde 1923-,no significa que se haya invalidado por ello que en las sociedades más desarrolladas, con sus inmensos medios científicos y tecnológicos, no se pueda iniciar la marcha hacia sociedades poscapitalistas, que de manera gradual vayan instaurando ese socialismo democrático integral, a escala mundial, que significa la única y real alternativa a la barbarie de la concentración de la riqueza, la desigualdad social, el declive de las libertades reales y la destrucción del medio ambiente.

7. Sobre la revolución alemana de 1918-1919

...de qué modo han ocurrido estos sucesos. Así conoceréis de actos impúdicos, sangrientos y monstruosos; de muertes producidas por la astucia y la violencia, y, como remate, de maquinaciones fallidas, cayendo por descuido sobre la cabeza de sus inventores: he aquí lo que fielmente he de contaros. (*Hamlet,* acto V, escena 2)

William Shakespeare

La revolución de 1848 y la unidad nacional alemana

El derrocamiento en febrero de 1848 del rey Luis Felipe de Orleans en Francia desencadenó en casi toda Europa movimientos reivindicando mayores libertades públicas, parlamentos representativos, libertad comercial y terminar con las formas de servidumbre en el campo. En Alemania hubo levantamientos en numerosos estados liderados por la burguesía liberal, en la que participaron los artesanos y trabajadores y, en el campo, se unieron a las protestas los campesinos, peones agrícolas y arrendatarios. En Berlín las tropas ocasionaron unos 230 muertos. El rey Federico Guillermo IV, formó un gobierno más liberal y prometió una Constitución.

En mayo de 1848, 585 representantes elegidos, la mayoría burgueses, se reunieron en Frankfurt y constituyeron una Asamblea Nacional Alemana, su tarea era aprobar una Constitución y formar un gobierno para toda Alemania. Hubo una división entre los que querían una gran Alemania, que incluyera Austria, y los de la pequeña Alemania sin Austria y bajo la hegemonía de Prusia.

La revolución de 1848 fue una revolución burguesa-democrática que fracasó, aunque unos años después en Alemania se habían obtenido buena parte de las reivindicaciones de los revolucionarios moderados, no así las de los más radicales de la Liga de los Justos de Marx y Engels. La cuestión del poder es esencial en toda revolución y como los miembros de la asamblea democrática carecían de él, al surgir un radicalismo democrático que amenazaba pasar de las reivindicaciones políticas a las sociales, la burguesía liberal consideró que eso rebasaba sus límites y llegó a un compromiso con los sectores contrarrevolucionarios. (Schulze, H., 2019, pp.125-127)

En noviembre de 1848 se concedió a Prusia una Constitución, se puso fin a la revolución con la ayuda del ejército, pero no se logró un Estado nacional que integrase a todos los territorios alemanes en una "Gran Alemania" y se optó por la "Pequeña Alemania". Un objetivo más realista ya que contaba con una Unión Aduanera (*Deutsche Zollverein*), de la que formaban parte 28 de los 39 estados alemanes en el momento de inicio de la revolución de 1848.

El desarrollo del ferrocarril iba a contribuir al fortalecimiento de las relaciones comerciales entre los estados alemanes y a crear un espacio económico unificado, además de ayudar al crecimiento de la industria siderúrgica. Entre 1850 y 1857 se triplicaron los depósitos bancarios y la circulación de billetes.

La emigración masiva del campo a las ciudades proporcionaba mano de obra barata y se creaban nuevas fábricas. Aunque estaban sometidos a una gran explotación, en relación con la pobreza preindustrial del campo, los trabajadores se sentían mejor. La miseria fue disminuyendo en la segunda mitad del siglo. Los propietarios de industrias y de comercios se establecieron en las ciudades y se crearon las primeras organizaciones alemanas de trabajadores. (Schulze, H., 2019., pp.134-135 y Neré,J.,1982, pp.161 y 163 y ss)

Federico Guillermo IV de Prusia aquejado de una enfermedad mental abdicó en su hermano Gullermo I que, aunque tenía un lado liberal, reforzó el peso del Ejército produciéndose una fuerte alianza de la Corona, los nobles terratenientes y el ejército cuyos altos mandos eran en buena parte de la nobleza. El 24 de septiembre de 1862 Guillermo I nombró Canciller a Otto Bismarck que era embajador en París, un anti liberal y anti nacionalista que tenía como meta acrecentar el poder y hegemonía de Prusia en Alemania y en Europa.

Los años del Imperio Alemán comprenden tres periodos: el del gobierno de Bismarck hasta 1890, el periodo Guillermino de 1890 a 1914 y los años de la Primera Guerra Mundial de 1914 a 1918.

Bismarck, con el apoyo de los *junkers* y el ejército prusiano, consiguió consolidar la unidad nacional alemana, ellos eran el principal sostén y la "clase reinante" de la llamada "Pequeña Alemania" (no incluía la parte alemana de Austria y los territorios alemanes de Dinamarca). Pero también hubo un apoyo desde abajo a la unificación alemana y así se pudo crear esa "nación tardía" que otros europeos poseían desde hacía años.

La burguesía, por su parte, se dedicaba a potenciar el impresionante desarrollo industrial de Alemania y fomentaba las aventuras exteriores en busca de ampliar mercados y obtener materias primas y minerales. La ascendente clase trabajadora era percibida por el poder como "los enemigos del Imperio". Se les vigilaba y perseguía, como proscritos, por ello se dictaron las leyes contra los socialistas que estuvieron vigentes de 1878 a 1890, pese a lo cual los socialdemócratas tenían su organización funcionando, una red de periódicos y organizaciones sindicales y cooperativas. (Haffner, 2005, p.14)

El Partido Socialdemócrata de Alemania

Ferdinand Lasalle, creó en 1863 la Asociación General de Trabajadores de Alemania y August Bebel y Wilhem Liebknecht, la confederación de Uniones de Trabajadores Alemanes. De aquí surgiría lo que luego sería el Partido Socialdemócrata de Alemania (SPD). Este partido estuvo fuera del gobierno desde su fundación en Leipzig el 23 de mayo de 1863 hasta 1918, o sea, se mantuvo 55 años fuera del gobierno, aun siendo el partido más importante del Reich (Imperio) en cuanto a votos durante muchos años.

El SPD fue considerado en el periodo de 1870 a 1890, como un partido revolucionario. De 1890 a 1914 mantuvo un discurso revolucionario pero su práctica era reformista y se sentían como parte del sistema político. Tanto el llamado "centro" como los revisionistas en el seno del partido estaban cada vez más de acuerdo y el ala de izquierda revolucionaria era una minoría.

El éxito que obtenía el SPD tras cada elección favorecía la línea mayoritaria. Obtuvo el 20 % de los votos en 1898. Desde 1912 era el partido más poderoso en el parlamento (*Reichstag*). En 1914 le votaban 4,5 millones de ciudadanos y tenían 110 diputados en el parlamento.

El SPD de Alemania era el mayor partido de los trabajadores de Occidente y del mundo, con decenas de miles de militantes y afiliados, sus sindicatos estaban por todo el país y agrupaban a millones de trabajadores. Esa maquinaria difícilmente podía arriesgarse a jugárselo a un todo o nada, y ello permite comprender su actitud más conservadora y, también explica las diferencias que llevaron a la ruptura y salida del partido de Luxemburgo para crear la Liga Espartaquista.

A partir de 1914 se pudo constatar que la meta del partido Socialdemócrata de Alemania (SPD) era la integración en el sistema, ser un partido parlamentario no revolucionario. Y eso lo demostró con creces siendo un elemento esencial en la represión del movimiento revolucionario en 1918- 1920.

Según pensaban los generales del ejército, los partidos políticos burgueses y la cúpula del SPD, el fin de los revolucionarios era reproducir una revolución bolchevique en Alemania. Algunos autores avalan esa interpretación pero se puede considerar, ateniéndonos a los hechos históricos, que las bases del SPD querían una revolución democrática, un gobierno popular, republicano, poner fin al militarismo, y que los trabajadores y los sectores populares tuvieran mayor control político a través de las organizaciones de los consejos y, obviamente, que hubiera una política social redistributiva que mejorara la vida de los trabajadores y los sectores populares.

La mejor prueba de ello es que en los momentos cruciales las masas siempre optaron por darle poder o confiar en los líderes del SPD. Eran ellos, con Ebert como estratega político y Noske como ejecutor de la represión, quienes con su rechazo frontal a la revolución, prefirieron optar por el ejército, los paramilitares y los compromisos con los partidos del Centro y Demócratas liberales, para aniquilar en Berlín, Múnich, Bremen y otros lugares de Alemania a los trabajadores, marineros y soldados que habían creído en las ideas revolucionarias difundidas por los socialdemócratas durante años.

Las interpretaciones de algunos socialdemócratas, liberales y conservadores se inclinan por reducir los movimientos de los consejos a la bolchevización alentada por la Liga Espartaquista de Karl Liebknecht y Rosa Luxemburgo. Lo cierto es que la influencia de éstos fue más teórica y "moral" que efectiva, ya que eran un grupo muy reducido numéricamente y no tenían una dirección tan práctica y audaz como la que tuvieron Lenin y Trotsky en 1917, con una meta decidida de tomar el poder.

Los espartaquistas difundieron sus ideas, alentaron la revolución entre las masas, ciertamente aumentaron su número en esos tiempos revueltos, de unos cientos a unos miles de seguidores, pero no se organizaron ni se dispusieron para una conquista del poder del Estado. Entre otras cosas, al menos en el caso de Luxemburgo, porque pensaban que eran las masas las que por sí mismas debían hacer la revolución.

La influencia parcial o dicho claramente, muy minoritaria del espartaquismo, se demuestra en que los consejos, reunidos en asamblea, no siguieron sus consignas sino que eligieron a Ebert como presidente de los Comisarios del Pueblo. Posteriormente, en las elecciones del 19 de enero de 1919 a la Asamblea Nacional Constituyente, fueron los votos populares los que dieron la victoria y el poder legítimo a Ebert y al SPD, y en segundo lugar, a un número de diputados muy reducido para la escisión de centro-izquierda del SPD, los llamados Independientes (USPD).

Así pues, forma parte de una interpretación interesada o distorsionada, presentar a Libknecht y Luxemburgo como los *deus et machina* de los consejos y del llamado a una revolución a la rusa. Actuación que no existió por parte de Luxemburgo y que tampoco, si ese hubiera sido el caso, fue seguido por las masas, ya que éstas siempre siguieron las consignas del SPD en momentos decisivos del proceso de 1918-1919, e incluso en movimientos posteriores de huelgas y sublevaciones, que también fueron reprimidos por los socialdemócratas mientras fueron gobierno, utilizando a los *Freikorps* y tropas del ejército.

El ala izquierda anti guerra y revolucionaria del SPD

Por sus posiciones teóricas Luxemburgo se convirtió en la líder intelectual del ala izquierda del SPD. Lo que marcó su destino fue el estallido de la guerra de 1914 y su radical oposición a la misma y al militarismo. El SPD, como la mayoría de los partidos socialistas europeos, apoyó la participación en dicha guerra y la concesión de créditos extraordinarios para la misma. En Alemania a esa decisión sólo se opuso Karl Liebknecht ningún otro diputado socialdemócrata en el parlamento votó en contra.

Luxemburgo fue la líder intelectual de la oposición socialista a la guerra. Acusó severamente a los socialistas de haber traicionado sus ideales:

"El 4 de agosto de 1914 la Social-Democracia Alemana, y con ella la Internacional, se derrumbaron miserablemente. Todo lo que hemos predicado al pueblo durante cincuenta años (…) se ha convertido de la noche a la mañana en palabras vacías. El partido de la lucha de clases del proletariado internacional se ha transformado, como por un maligno hechizo, en un partido liberal nacional, nuestras fuertes organizaciones, de las que estábamos tan orgullosos, han demostrado no tener ningún poder, y, en vez de ser los temidos y honrados enemigos mortales de la sociedad burguesa, somos ahora los instrumentos justamente despreciados, de nuestro mortal enemigo, la burguesía imperialista, sin que tengamos ya voluntad propia (…) Nunca en la historia del mundo se ha derrumbado tan miserablemente, nunca se ha traicionado tan vergonzosamente un orgulloso ideal". (Folleto clandestino de la Liga Espartaco, publicado en abril de 1916)

La oposición a la guerra, que llevaba a cabo Luxemburgo y su grupo, conocidos como el Grupo Internacional y luego como la Liga Espartaco (*Spartakus Bund*), condujo a que los encarcelaran y Luxemburgo pasó por varias prisiones desde febrero de 1915 hasta su liberación el 9 de noviembre de 1918. Desde la cárcel se dedicó a escribir incansablemente y fruto de ese trabajo fue el denominado "folleto de Junius", que fue el pseudónimo que utilizo para firmar *La crisis de la Socialdemocracia,* brillante trabajo de condena a la guerra, al militarismo y a la política que hacía el SPD.

Lo importante de este escrito es que no se trata de una condena moral de la guerra, en tanto que pacifista, sino de una explicación de sus causas, en tanto que marxista. La guerra estalla, afirma, aunque existan actos que sirvan como símbolos o pretextos para declararla, debido a la naturaleza del sistema capitalista, a la competencia entre los capitalistas, a la concentración de los capitales, a la expansión colonialista e imperialista y a la lucha por la redistribución de áreas de influencia y de control entre las diversas potencias europeas.

La guerra era para Luxemburgo un retorno a la barbarie. Como lo predijo Engels no habría elección, el triunfo del imperialismo llevaría al declinar de toda civilización, como en la antigua Roma, o bien, se produciría la victoria del socialismo, que es la lucha consciente de los trabajadores contra el imperialismo y su método, que es la guerra.

Lo terrible de que los parlamentarios socialistas votaran los créditos de guerra radicaba en que su voto no era imprescindible, ya que los diputados burgueses constituían las dos terceras partes del Reichstag y lo hubieran podido aprobar sin la anuencia del SPD. La idea de los socialdemócratas de que no podían abandonar a la patria en ese momento era un error, ya que votando esos créditos estaban abandonando a su patria y dejándola en manos del militarismo y del capital.

Luxemburgo señala que lo que tenían que haber hecho los socialdemócratas era enarbolar una bandera verdaderamente nacional, liberadora, democrática, el programa de Marx, Engels y Lasalle de 1848; oponiéndose al estado de sitio y al recorte de las libertades democráticas, pidiendo que el parlamento se mantuviera activo, para que hubiera un control de las decisiones del gobierno y oponerse al programa imperialista de la guerra.

La Liga Espartacus y los socialdemócratas independientes

Los espartaquistas eran un grupo reducido. Un puñado de militantes en Berlín y unos cientos en el resto de Alemania. Era un grupúsculo pero con dirigentes de gran valía: Rosa Luxemburgo, Karl Liebknecht, Franz Mehring, Clara Zetkin, Ernest Meyer, Paul Levi etc. Si consideramos los millones de votos del SPD, los espartaquistas nunca crecieron tanto como para convertirse en una amenaza política.

En los últimos años de la Primera Guerra Mundial Rosa Luxemburgo y Karl Liebknecht, en prisión, pero siempre actuantes contra la guerra, habían ganado popularidad entre los soldados en las trincheras. Pero quien tuvo un mayor crecimiento fue la escisión del

SPD que se denominó Partido Socialdemócrata Independiente de Alemania (*USPD,* en sus siglas alemanas), compuesto de dirigentes del ala izquierda y centrista que se decantaron por la paz. Entre ellos estaban Kautsky y Bernstein.

Parte de los militantes espartaquistas entraron a ese partido, aunque manteniéndose como un grupo definido conocido al principio, como Grupo Internacional y luego ya adoptaron el nombre de *Spartakus Bund (Liga Espartaco).* El USPD llegó a convertirse en el principal partido de masas de la izquierda (si excluimos al SPD), hasta la posterior creación del Partido Comunista de Alemania (KPD), el 1 de enero 1919, que reagrupó a los espartaquistas, los comunistas de izquierda de Bremen y a parte del ala izquierda del USPD.

El surgimiento espontáneo de la revolución

Desde 1916 el gobierno efectivo de Alemania estaba en manos del Alto Mando del Ejército. Quien decidía era el general Hindenburg junto al general Ludendorff y el *Kaiser*

Durante los cuatro años que duró la guerra murieron más de 10 millones de combatientes y hubo 20 millones de heridos y cerca de 6 millones de mutilados de todos los bandos. Entre 5 y 10 millones de civiles muertos, incluidos entre ellos los 1,2 o 1,5 millones de armenios del imperio Otomano. Al final de la guerra hubo una pandemia mundial de gripe, la mal llamada "gripe española", que causo decenas de millones de víctimas en Europa. (france24.com, 28/09/ 2018, La Primera Guerra Mundial en cifras)

Trece millones de alemanes fueron llamados a filas, el 19,7% de la población masculina de 1914. Más de dos millones perdieron la vida y cuatro millones doscientos mil resultaron heridos. En Alemania, y lo mismo ocurría en los otros países: "Lo normal era ver por las calles heridos de guerra que escondían sus rostros desfigurados con máscaras, que disimulaban la ceguera con gafas oscuras…aparte de los afectados por neurosis de guerra, el autismo y los temores debidos a la guerra". (E.D. Weitz,2009, p.18).

Ante la falta de hombres en las fábricas a causa de la guerra se incorporaron masivamente las mujeres a la producción. Por ejemplo, en la factoría Krupp de armamento de una plantilla de 41.764 trabajadores en agosto de 1914, sólo 963 eran mujeres. A finales de 1917 las mujeres eran 28.664 y la plantilla de trabajadores se había triplicado. Cuando comenzaron a regresar los soldados a la gran mayoría de las mujeres las despidieron. (Ibid, p.19)

En abril de 1917 se produjo una ola de huelgas masivas. Había un gran descontento social que se veía agravado por el desabastecimiento generalizado para la población civil. Cuando el gobierno redujo la cuota de pan semanal de 1 kilo 350 gramos a sólo 450 gramos, las mujeres se rebelaron contra este recorte que aumentaba la hambruna.

En algunos sitios de Alemania, como en Essen, el racionamiento sólo permitía que a los niños de 5 a 7 años se les diera un vaso de leche tres veces por semana. El pan era adulterado con otras sustancias ante la escasez de trigo y centeno. A veces el único alimento eran los nabos que se comían en las tres comidas del día. Obviamente, el hambre se soportó mientras había la esperanza de ganar la guerra, pero cuando esta se estancó y más aún cuando EE.UU. decidió sumarse a la guerra en abril de 1917 se hizo evidente que todo estaba perdido, ya no tenía sentido el sacrificio.

Se desencadenaron una serie de demandas contenidas. Los obreros aprobaron en las fábricas una resolución con sus reivindicaciones: una paz sin anexiones, supresión de la censura, levantar el estado de sitio, liberación de los presos políticos, sufragio universal en todas las elecciones. También se lanzó la consigna de formar consejos de los trabajadores. Una comisión fue recibida por miembros del gobierno y por las autoridades militares. (J.I.Ramos, 2014, pp.168-171)

El 21 de de marzo de 1918 el ejército alemán inició la denominada *Gran ofensiva final* en el frente occidental, pero el avance de las tropas fue muy reducido. La razón era que las tropas estaban exhaustas, hambrientas y no tenían motivación para combatir. Su obsesión era controlar los depósitos de alimentos.

La hambruna de los soldados fue una de las causas del desastre bélico. A los soldados se le recortó a la mitad su ración diaria. En julio y agosto los aliados lanzaron a su vez una ofensiva que hizo retroceder a las tropas alemanas y el 8 de agosto, en Cambrai, los soldados alemanes huyeron de manera desordenada del ataque aliado.

A fines de septiembre los generales Hindenburg y Ludendorff fueron a reunirse con el rey Guillermo II para pedirle que buscara un armisticio y que se pusiera en contacto con el gobierno de EE.UU. y se hiciera una oferta de paz. También estaba en sus planes crear un gobierno parlamentario con dos fines, consolidar la monarquía y pacificar, reprimiendo a los trabajadores.

El parlamento debía negociar la derrota de Alemania. Lo que querían los generales era descargar la culpa del fracaso del Ejército en un gobierno civil, al que se le podía acusar tanto de ser el causante de la derrota como de firmar la paz. Aún no sabían que la paz no sería, como imaginaban, sin anexiones ni compensaciones, sino todo lo contrario.

Los generales Ludendorff y Heindenburg decidieron que se estableciera una monarquía constitucional con un gobierno que rindiera cuentas ante el parlamento. El canciller, el príncipe Max von Baden, mantuvo contactos con el gobierno de EE.UU. y pidió el cese de hostilidades pero los norteamericanos le hicieron saber que creían que el poder real y efectivo lo seguía teniendo el *Kaiser* y los generales y pidieron la abdicación del rey Guillermo II y la desmovilización del ejército.

Entretanto los jefes de la Marina de Guerra, por cuestión más de honor que por pragmatismo, consideraron que aún podían lanzar una ofensiva naval victoriosa contra la flota británica del Mar del Norte. los marinos desobedecieron las órdenes de sus jefes. El 29 de octubre se amotinaron en Kiel, hicieron reuniones a las que se unieron trabajadores y pidieron, entre otras cosas, el fin de la guerra y la abdicación del *Kaiser*. Constituyeron consejos de marinos y trabajadores. Era una forma de democracia directa y popular y nombraban delegados que se podían revocar para implementar sus decisiones y negociar en su nombre.

La revolución alemana se propagó al resto del país gracias a los trenes. Delegados de los consejos iban de ciudad en ciudad, de pueblo en pueblo a lo largo y ancho de las líneas ferroviarias, pidiendo a las masas de trabajadores y en las guarniciones, la abdicación del rey y un gobierno democrático.

El gobierno tratando de apaciguar los ánimos jugó la carta reformista y proclamó una amnistía. Gracias a ella Karl Liebknecht fue puesto en libertad y semanas después, el 8 de noviembre de 1918, salió de prisión Rosa Luxemburgo. En Berlín el clima que se vivía entre los trabajadores más radicales era insurreccional, estaban dispuestos a tomar el poder pero carecían de una dirección política que los guiara en lograr ese objetivo.

El 9 de noviembre de 1918

El 9 de noviembre los obreros abandonaron masivamente las fábricas y se lanzaron a las calles. Ante este movimiento social que se extendía por las principales ciudades, el príncipe Max von Baden decidió por su cuenta renunciar y aunque él no tenía la competencia para ello, nombró como Canciller al jefe del SPD, Friederich Ebert.

Ese mismo día el rey Guillermo II abdicó, al ser informado que ya no contaba con el apoyo del Ejército. Uno de los jefes socialdemócratas, Philipp Scheidemann, desde un balcón del *Reichstag* y de forma espontánea e improvisada, proclamó la República, lo que le costó una dura reprimenda de Ebert. A solo unos pocos metros de allí, dos horas más tarde, desde el Palacio Real y también ante una multitud, Karl Liebknecht proclamó a su vez la República Socialista.

Se estaba produciendo en Alemania lo que Luxemburgo había analizado sobre la existencia de lo que denominaba una "ley vital" de toda revolución:

"debe avanzar rápida y resueltamente hacia adelante, derribando con mano férrea todos los obstáculos y poniendo sus miras en metas cada vez más elevadas, si no quiere ser inmediatamente devuelta a su frágil punto de partida y aplastada por la contrarrevolución".(R. Luxemburgo, 1975,p.40)

Así como puede haber una "ley vital de las revoluciones", se puede afirmar, en contraposición a la misma, que también las clases dominantes y sus dirigentes realizan un aprendizaje rápido en función de las enseñanzas que tenía para ellos la Revolución en Rusia. A esto puede denominarse –parodiando a Luxemburgo-, una "ley vital de supervivencia como clase dominante". La clase capitalista alemana era más poderosa y con una conciencia de clase más acusada y no estaba dispuesta a seguir los pasos de sus colegas de clase en Rusia. Por eso planteó reformas para tratar de aplacar a los trabajadores, a la vez que reforzaba sus lazos con sus satélites de los sectores pequeñoburgueses y con los terratenientes.

Los jefes de la socialdemocracia Ebert, Noske, Scheidemann, por otra parte, eran absolutamente contrarios a una revolución social. Hicieron un acuerdo con el Estado Mayor del Ejército para derrotar con las armas a los trabajadores de la denominada Comuna de Berlín. Si la decisión se planteaba a nivel militar, el poder efectivo de los consejos en el mismo Berlín y aún más en el resto de Alemania, no era decisivo ante la potencia de fuego del Ejército. A lo que hay que sumar que el SPD seguía contando con fuerza política y apoyo entre muchos trabajadores y militantes socialdemócratas que estimaban que tenían una república y detentaban el gobierno y con eso les bastaba.

Los dirigentes del Partido Socialdemócrata Independiente (USPD), Hilferding, Hasse, Kautsky, Bernstein, aunque eran teóricamente marxistas, no aprobaban el método de apoderarse del poder por la fuerza. Eso era denominado el método ruso y ellos creían en un método alemán, la vía democrático parlamentaria. De manera que como apoyo político, hasta las últimas consecuencias, los revolucionarios de los consejos de trabajadores y soldados sólo contaban con la Liga Espartaquista y algunos grupúsculos de extrema izquierda de menor entidad, comunistas y anarquistas.

Los espartaquistas habían requisado un periódico de masas, nacionalista y monárquico y lo convirtieron en su órgano con el nombre de *Bandera Roja* (*Die Rote Fahne*). Luxemburgo era la directora y en su primer artículo expone el punto básico de un programa revolucionario: "El derrocamiento de la hegemonía capitalista y la realización del orden socialista, esto y nada menos que esto, constituye el tema histórico de la actual revolución".

Señala Luxemburgo que esto no se puede conseguir a través de varios decretos proclamados desde arriba, que sólo será posible, a pesar de todos los obstáculos: "convocando a la vida política y a la acción consciente a las masas trabajadoras urbanas y rurales, solamente a través de la más alta madurez intelectual y a través del inagotable idealismo de las masas populares".

Pedía Luxemburgo que todo el poder estuviera en manos de la masa trabajadora, de los consejos de soldados y trabajadores e indicaba que las decisiones prioritarias que tenía que tomar el Gobierno eran: ampliación y reelección de los consejos, convocar un parlamento de trabajadores y soldados, organización de los propietarios rurales y de los pequeños campesinos, formación de una guardia roja para proteger la revolución y de una milicia de trabajadores, confiscación de los bienes de la Corona y de los latifundistas y asegurar el sustento del pueblo, porque: "el hambre es el aliado más peligroso de la contrarrevolución".

Lo más importante era su llamado a la convocatoria de un Congreso Internacional de los Trabajadores para destacar el carácter socialista e internacional de la revolución, ya que sólo en la revolución mundial residía el futuro de la revolución alemana.

Como se puede ver, se adoptaba lo que habían hecho los bolcheviques en Rusia y en ese sentido podría parecer que Luxemburgo se había retractado de sus críticas a la revolución soviética. Empero ella mantenía parte de sus críticas aunque consideraba que esa coyuntura reclamaba la acción revolucionaria y, por tanto, no era el momento adecuado para subrayar matices, discrepancias o sutilezas sino para impulsar la acción: "En este momento lo que importa verdaderamente es la explicación por los actos". (vid. G. Badia, 1971, II, p.104)

Por este motivo lo que acentúa Luxemburgo es la crítica al Gobierno de los socialdemócratas que conserva todo el aparato estatal intacto, sacraliza la propiedad y las relaciones capitalistas y prepara el camino para la contrarrevolución. En *Bandera Roja* del 14 de diciembre de 1918, bajo el título de *¿Qué quiere la Liga Espartaco?*, Luxemburgo condena la convocatoria de una Asamblea Nacional Constituyente en ese momento, ya que con ello considera que se está "creando un contrapeso burgués frente a los consejos de soldados y trabajadores, (que) encauza la revolución por los carriles de la revolución burguesa y escamotea sus metas socialistas".

Para Luxemburgo y los espartaquistas la guerra mundial había dejado a la sociedad ante una alternativa: O continuaba él capitalismo, y habría nuevas guerras y caos, o se suprimía la explotación capitalista. Pero ese socialismo sólo se podía realizar a través de la acción de las masas trabajadoras. No hay ninguna otra vía en la concepción de Luxemburgo.

En el momento en que escribía eso el Gobierno se había fortalecido y los consejos de soldados y trabajadores estaban más debilitados. Incapaces de ser silenciados en sus denuncias, se desató una campaña propagandística contra los líderes de los espartaquistas presentándolos como sanguinarios, violentos, despiadados, criminales. Se colocaban carteles en los que se pedía matar a los jefes espartaquistas, literalmente, crucificarlos.

Luxemburgo había explicado claramente la diferencia entre los métodos de obtención del poder *in extremis* de la burguesía y los de la clase trabajadora. En el manifiesto ya citado *¿Qué quiere la Liga Espartaco?*, se expone lo siguiente:

"En las revoluciones burguesas el derramamiento de sangre, el terror, el crimen político eran las armas indispensables en manos de las clases ascendentes. La revolución de los trabajadores no necesita del terror para sus fines, odia y repugna todo atentado a la vida humana. No necesita de este medio de lucha porque no combate a los individuos, sino a las instituciones…no es el desesperado intento de una minoría de modelar el mundo a base de violencia de acuerdo con su ideal, sino la acción de las masas populares que están llamadas a desempeñar una misión histórica y a convertir la necesidad histórica en realidad". (vid. G. Badia,II, 1971, p.111 y ss.)

El 16 de diciembre se inició el primer Congreso de Trabajadores y Soldados que duró cinco días. La composición del mismo reflejaba el predominio del SPD y de los socialdemócratas Independientes. El SPD tenía 228 delegados y el USPD 80. Los espartaquistas apenas obtuvieron 10 de un total de 498 delegados.

Frölich (1975, p.390 y ss) señala que los delegados de los consejos presentes en la reunión representaban más el pasado que el presente, porque fueron elegidos en los primeros días de la revolución y, si se hubieran realizado unas elecciones previas al Congreso, la composición hubiese sido distinta. Ahora bien, especular sobre eso es hacer historia contra factual, algo sin interés. Los espartaquistas hicieron un llamado a que las masas de Berlín apoyasen este Congreso y los trabajadores y ciudadanos de Berlín respondieron con una de las manifestaciones de masas más grande de la época.

Sin embargo, el fruto del mismo no fue el esperado por los espartaquistas. El Congreso de Trabajadores y Soldados decidió democráticamente entregar el poder ejecutivo y legislativo al Gobierno que seguiría presidido por Friederich Ebert, ahora con la nueva denominación de "Comité de los Comisarios del Pueblo". También se fijaron elecciones a la Asamblea Nacional Constituyente para el 19 de enero de 1919. La ocasión de tomar el poder se diluyó. Ebert y Noske retenían el poder y lo iban a usar de manera eficiente para aplastar a los consejos.

Los delegados al congreso desoyeron lo que propuso la Liga Espartaco: supresión del gabinete gubernamental de Ebert, Scheidemann y Hasse, desarme de las tropas que no reconociesen la autoridad de los consejos de soldados y trabajadores, desarme de la llamada guardia blanca derechista (*Freikorps*) y crear una Guardia Roja. Luxemburgo explicó el fracaso de sus propuestas con este análisis publicado el 21 de diciembre en *Bandera Roja:*

"En todas las revoluciones anteriores los contendientes luchaban abiertamente, clase contra clase, programa contra programa, escudo contra escudo. Pero en la revolución actual los paladines del antiguo orden no se presentan bajo el escudo y el estandarte de las clases dominantes, sino bajo la bandera de un "partido socialdemócrata" ".

Ese partido en Alemania era el SPD, que había sido históricamente el partido de la mayoría activa políticamente de la clase trabajadora, su defensor, su portavoz, su organizador. Tenía influencia real en las masas de trabajadores. Tanto es así que Ebert desde el primer momento dejó claro que una vez que el Congreso había tomado esa decisión debía disolverse junto a los consejos de marinos, soldados y trabajadores y dejar al gobierno trabajar. También se ratificó la fecha del 19 de enero 1919 para celebrar las elecciones para la Asamblea Nacional Constituyente.

Ebert consideró que ya era hora de restablecer el orden. Para él los principales objetivos de los socialdemócratas se habían logrado políticamente y el resto debía esperar a hacerlo posteriormente. Había llegado a un acuerdo con el Alto Mando del Ejército para disolver a los consejos y reprimir las huelgas. Noske se estaba encargando de organizar el aparato de la represión contra los consejos de obreros y soldados.

Había que conseguir que el orden reinase en Berlín y en toda Alemania. El 25 de diciembre las tropas gubernamentales atacaron el cuartel de la llamada Marina Popular, que resistió el ataque. Se entablaron negociaciones y el gobierno de Ebert de manera inteligente les concedió algunas de sus reivindicaciones, como hacerle efectiva la paga que se les debía y así apaciguaron sus ímpetus.

La consecuencia inmediata política de dicho ataque a los "marinos del pueblo" fue que los tres miembros Independientes (USDP) dimitieron del Gobierno. Hubo ataques al periódico *Bandera Roja* e incluso detuvieron a Karl Liebknecht pero fue puesto en libertad. Luxemburgo tenía que dormir cada noche en un hotel diferente para no ser agredida por las tropas gubernamentales o los paramilitares que la buscaban. En el asalto de las tropas al local de *Bandera Roja* una secretaria a la que confundieron con Luxemburgo estuvo a punto de ser liquidada.

Los Independientes del USPD estaban divididos, había un sector que consideraba que se debía actuar siguiendo las directrices de los espartaquistas y otro que era necesario volver al gobierno y tomar distancias de la izquierda revolucionaria. Se discutía mucho en ese partido sobre la necesidad de alejarse de lo que consideraban un método revolucionario ruso al que oponían otro alemán. El partido USPD se dividió, unos retornaron a su viejo partido, el SPD, y los más radicales se aliaron con los Espartaquistas o mantenían posiciones próximas a éstos.

Parte de los miembros y de la dirección de la Liga Espartaco estaban convencidos que no debían seguir formando parte de los Independientes, sino que debían crear un partido autónomo, para que los trabajadores tuvieran en ellos su portavoz y que se debía crear el Partido Comunista de Alemania (KPD en sus siglas en alemán).

La creación del Partido Comunista de Alemania, KPD

Luxemburgo consideraba fundamental la vinculación con las masas, rechazaba optar por la pureza aislados de las masas, ya que eso no conducía a nada. El 29 de diciembre de 1918 cuando se reunió la Conferencia Nacional de la Liga Espartaquista y se decidió crear un nuevo partido el KPD, Luxemburgo que había expresado sus reticencias por considerar que no tenían elementos suficientes para fundar un partido político, termina inclinándose ante la voluntad de la mayoría y vota a favor. El único dirigente que se opone a la creación del KPD es Leo Jogiches, que tenía fama de ser un buen organizador, seguido por la delegación de Braunschweig. El KPD adoptaría el programa del espartaquismo que se debía a la brillante pluma de Luxemburgo.

El delegado ruso ante la conferencia de la Liga espartaquista era Karl Radek, que había entrado ilegalmente en Alemania. Este narró que en una reunión que mantuvieron Luxemburgo le dijo que habían tratado de persuadir a Jogiches de la necesidad de crear un partido autónomo, para que así los trabajadores de vanguardia dispusieran de su propia bandera, pero que Jogiches consideraba que no se debía crear un partido con unas bases organizativas tan débiles e incluso comunicó sus ideas a algunos dirigentes, pero al final él también se echó a un lado y se sumó a los que querían crear el KPD.

Radek les preguntó a los espartaquistas si no habían adoptado un tono demasiado violento teniendo en cuenta la más que evidente debilidad de sus fuerzas y Luxemburgo le replicó:

"cuando un niño bien nacido viene al mundo grita, no murmura". Ese empleo de un lenguaje extremo, formaba parte de un hábito enraizado en la cultura política de los revolucionarios polacos y rusos. El extremismo verbal". (J.P.Nettl, 1972, II, p.737)

No obstante, la impresión de Radek experto conocedor de ese ambiente de pasión extrema, es que no estaba delante de un verdadero partido. Sin embargo, para cumplir con su misión como enviado del partido bolchevique a Alemania, presionó y hasta amenazó a uno de los dirigentes del grupo pro bolchevique de Bremen con enfrentarse a él públicamente y escribir contra sus posiciones si no se unía con los espartaquistas para fundar el Partido Comunista de Alemania. Ello hizo posible el que esos grupos se fusionaran con los espartaquistas y votaran a favor de crear el KPD pese a su resistencia inicial a hacerlo. (G. Badia, 1971, II, p.123 y ss.)

Es también lo que la misma Luxemburgo hace cuando la dirección política espartaquista pierde su propuesta ante la mayoría de la conferencia nacional del grupo, de participar en las elecciones de 19 de enero de 1919 a la Asamblea Nacional Constituyente. Siendo ella consciente del craso error que se cometía con ello. Sobre esto escribió una explicación que es una muestra de resignación ante lo que Lenin llamaría en su momento la nefasta enfermedad infantil del izquierdismo. Expone Luxemburgo:

> "Nuestra derrota ha sido la victoria de un extremismo un poco pueril, en plena fermentación, sin matices (…) los espartaquistas son, en una buena parte, una generación nueva sobre la que no pesan las tradiciones (…) hay que aceptar el hecho con sus luces y sombras". (G. Badia, 1971, I, p.238).

Estas palabras pueden interpretarse como que Luxemburgo tenía una corazonada de su próximo destino, quizás expresaba una actitud de adiós, de quien tenía la conciencia interior o el presentimiento de que le quedaba poco tiempo de vida o también podía ser una muestra del cansancio y del agotamiento vital después de casi cuatro años de cárcel y una vez libre, del trabajo político sin descanso y la tensión de estar perseguida por las fuerzas represivas. Una manera de expresar: he dicho lo que pensaba, si vosotros con menos experiencia y formación teórica, queréis seguir un camino errado, hacedlo, no seré un obstáculo.

Luxemburgo era políticamente dura como el diamante en la defensa de sus ideas sobre el socialismo, pero era a la vez un espíritu dulce, amable, cariñoso, tierno. Conectado con la naturaleza y todos los seres vivos. En una carta dirigida a Sonia Liebknecht desde la cárcel de Wronke en mayo de 1917 se puede percibir lo que muy pronto se haría realidad:

> "A veces, ¿sabe usted?, tengo también la sensación de no ser un verdadero ser humano, sino un pájaro, un animalillo cualquiera que hubiese tomado forma humana: Interiormente, me siento mucho más en mi medio en un pedacito de jardín, como ahora, o en un campo, tendida sobre la hierba, rodeada de zumbidos, que en un Congreso del partido. A usted puedo decírselo, pues sé que detrás de esto no verá una traición a la causa. Bien sabe usted que

yo, a pesar de todo, moriré, como lo espero, en mi puesto: en una lucha callejera o en el presidio. Pero, en mi fuero interno, la verdad es que me siento más cerca de los petirrojos que de los compañeros". (R. Luxemburgo, 1976, p.205)

El nuevo partido KPD decidió el 4 de enero llamar a una huelga general y que los trabajadores se manifestaran en las calles para echarle un pulso al gobierno y ver cuál sería la reacción de Ebert. Las masas salieron a las calles y tomaron edificios sin interés táctico. Además, no había ninguna consigna ni intención real para tomar el poder y tampoco tenían los medios para ello. Mientras, Ebert y Noske preparaban a las tropas leales al Gobierno para pacificar a sangre y fuego a los revolucionarios de Berlín.

La "semana espartaquista"

Entre el 5 y el 12 de enero de 1919 se decidió si el gobierno mantendría el poder o si los consejos de trabajadores y soldados más aguerridos podrían imponerse. Con el inicio de la huelga y la manifestación de masas se dio comienzo a los acontecimientos que se conocen como la "semana espartaquista". El historiador alemán Haffner (2005, p. 141 y ss) que ha estudiado este período, considera que no es objetivo llamarle así dado que los espartaquistas aunque lo convocaron no controlaban a las masas. Se trató de un movimiento espontáneo, que de manera muy sumaria explicamos a continuación.

El jefe superior de Policía de Berlín y miembro del USPD, Emil Eichhorn fue destituido por el gobierno el 4 de enero por considerar que no era suficientemente represivo y éste se negó a dejar su puesto. Junto a Liebknecht decidieron convocar una manifestación para el domingo 6 de enero.

Los trabajadores de los suburbios acudieron al centro de Berlín parte de ellos armados. Se ocuparon los locales de diarios, como *Vörwarts* del SPD, y las principales estaciones de trenes. Dirigentes del USPD, como Georg Ledebour, Eichhorn, Liebknecht y algunos soldados y marineros aprobaron la moción de luchar contra el gobierno hasta hacerlo caer e hicieron una proclama llamando a la lucha por la revolución y la caída del gobierno.

Se constituyó un comité revolucionario provisional teniendo como líderes a Georg Ledebour, Karl Liebknecht. Wilhelm Pieck y Paul Scholze y declararon que se hacían cargo del gobierno provisionalmente. Esto se hizo sin haber consultado con la dirección del KPD. Por ello cuando Liebknecht fue a las oficinas del partido Luxemburgo al enterarse de la decisión que había tomado le dijo: "Karl, ¿qué ha pasado entonces con nuestro programa?".

Luxemburgo consideraba que no se debía tomar el poder por un golpe de fuerza sino con el apoyo mayoritario de la clase trabajadora, de la mayoría del pueblo, pero no se opuso a la posición tomada por Liebknecht sino que escribió en *Bandera Roja* el 7 de enero a favor de desarmar a la contrarrevolución, armar a las masas y ocupar todas las posiciones de poder y hacerlo de la manera más rápida posible.

El 8 de enero escribió: "las lecciones de los últimos tres días recomiendan que los líderes de los trabajadores. No mantengan conversaciones, no tengan discusiones interminables y no negocien, que actúen" (H. Kramer, 2008, p.160)

Sin embargo, el lunes 7 de enero, aunque las masas volvieron al centro de Berlín los jefes del auto proclamado "gobierno provisional" no aparecieron para fijarle objetivos. Las masas desfilaron, lanzaron consignas y por la tarde se marcharon a sus casas. Hay que destacar que ya los soldados de las guarniciones y los marinos del pueblo no acompañaron a los manifestantes. Era manifiesto que Ebert y Scheidemann habían logrado neutralizarlos.

Se trató de mediar pero el comité revolucionario provisional afirmó que ellos no controlaban a las masas y se aplazaron las negociaciones. Lo cual era favorable a Ebert. Noske que había sido nombrado comandante en jefe de las tropas y los cuerpos francos de voluntarios (Freikorps), era el encargado de dirigir la operación represiva y se preparaba desde su base en Dahlem, cerca de Berlín, para lanzar a sus tropas contra los trabajadores revolucionarios, consiguiendo movilizar a las guarniciones de Berlín. Del 9 al 12 de enero aplastó a sangre y fuego, a los trabajadores y ciudadanos que se les opusieron en Berlín.

La actitud del gobierno se puede calibrar con el siguiente hecho. Cuando los soldados bombardearon el 11 de enero la sede del

Vörwarts –ocupada por los revolucionarios-, seis de ellos salieron con bandera blanca a negociar. Uno fue enviado con la orden de que se rindieran y el resto fueron maltratados y fusilados.

Los soldados tomaron el local y 300 personas fueron apresadas. El encargado de las tropas, el mayor Von Stephani, llamó a la Cancillería (sede del gobierno) para informar y pedir instrucciones. Le ordenaron fusilarlos a todos. Ese día, 12 de enero, la revolución había sido aplastada por Noske, Ebert y los demás jefes de la socialdemocracia alemana. En total los muertos en la semana del levantamiento de enero sobrepasaron el millar (Haffner, 2005, p.148)

El orden reina en Berlín

En el último escrito de Luxemburgo del 14 de enero titulado *El orden reina en Berlín* señala:

> "¡El orden reina en Berlín!, proclama triunfalmente la prensa burguesa(…) así como los ministros Ebert y Noske y los oficiales de las "tropas victoriosas", para quienes la chusma pequeño- burguesa de Berlín agita sus pañuelos y emite sus hurras…los que se batieron miserablemente en Flandes y en la Argonne pueden ahora restablecer su nombre mediante la brillante victoria obtenida sobre trescientos espartaquistas que se les han resistido en el edifico del *Vorwaerts"(...)* ("Adelante", periódico del USPD)

> Los delegados de los sitiados (…) enviados como parlamentarios para tratar de su rendición, fueron destrozados a golpes de garrote por la soldadesca gubernamental, y esto ocurrió hasta tal punto que no fue posible reconocer sus cadáveres. En cuanto a los prisioneros fueron colgados de los muros y asesinados de tal forma que muchos de ellos tenían el cerebro fuera de su cráneo (...) *Spartakus* es el enemigo y Berlín el campo de batalla en el que solamente saben vencer nuestros oficiales. Noske, el "obrero", es el general que sabe organizar la victoria allí donde Ludendorff fracasa". (R. Luxemburgo y C. Liebknecht, 1971, pp.69-70)

El orden reina en Berlín, es un texto que destila ironía, se burla de que los generales que perdieron tantas batallas en la guerra se inflaban de orgullo cuando aplastaban a unos cuantos cientos de militantes y trabajadores mal armados o desarmados y que Noske, ex obrero y dirigente socialdemócrata, fuera quien organizara y diera la orden de realizar ese baño de sangre contra sus compañeros de clase.

La amargura y a la vez el realismo político, se muestra cuando se pregunta si aún era posible una victoria contra el gobierno de los socialdemócratas y sus aliados de la derecha y responde que no. Estimaba Luxemburgo que el punto vulnerable de la causa revolucionaria era en ese momento:"la no madurez política de la gran masa de soldados que todavía permiten a sus oficiales que les manden contra sus propios hermanos de clase".

Eso era un síntoma de la falta de condiciones, de la inmadurez, en que se encontraba una parte importante de la clase trabajadora y, por ende, la revolución alemana. Ocurría que parte de la tropa eran de los Cuerpos Libres (*Freikorps)*, soldados voluntarios muy derechizados y muchos de los cuales habían combatido contra los rusos en el frente oriental

Sigue exponiendo Luxemburgo, en lo que sería su testamento político, que la revolución es la única forma de "guerra" en la que la victoria final sólo se logra alcanzar a través de una serie de derrotas. Todo el camino del socialismo está asfaltado de derrotas que se constituyen en la garantía de la victoria, pero ello implica saber la circunstancia de cada derrota:

> "si ésta ha sido el resultado de unas masas inmaduras que se lanzan a la lucha, o el de una acción revolucionaria paralizada en su fuero interno por la indecisión, la tibieza y la falta de radicalismo". (De los dirigentes).

Porque si no se analizan cuáles han sido los errores cometidos, qué se hizo o se dejó hacer, qué fallos humanos se pueden detectar, cuál ha sido el papel de la dirección, en fin, sin una evaluación con todo rigor de las acciones del adversario o del enemigo y de las actuaciones propias, nunca se podrán sacar las lecciones que deben servir para aprender y así aplicarlas en otra situación. Si no se hace de ese modo, el corolario será no haber entendido nada de lo sucedido y volver a repetir los errores cometidos.

El asesinato de Rosa Luxemburgo y Karl Liebknecht

El aplastamiento militar de la revolución se produjo del 9 al 12 de enero, pero la fecha que simboliza el fin de la misma fue el asesinato de Rosa Luxemburgo y Karl Liebknecht, el 15 de enero de 1919. Una acción del todo innecesaria que sólo se explica por el odio de Ebert, Noske y el Alto Mando del Ejército a los espartaquistas.

Liebknecht siempre había mantenido una postura firme contra el armamentismo y el militarismo. Por plasmar esas posiciones en un libro fue condenado a un año y medio de prisión. Fue diputado en el parlamento de Prusia (*Landstag*) desde 1908 y a partir de 1912 fue diputado nacional en el *Reichstag*. Era un gran activista, incansable en el trabajo y buen orador. Durante la guerra se convirtió en una figura muy conocida, dentro y fuera de Alemania, por haber votado contra los créditos de guerra y por personificar la política contra la guerra.

Luxemburgo, célebre por sus escritos, se encontraba entre las figuras del SPD, aunque no fuera miembro de la dirección. Su pensamiento revolucionario sembraba el miedo no sólo entre la burguesía sino entre los mismos socialdemócratas de derechas. Ahora bien, era admirada por su talento intelectual, su estilo polémico y apasionado y por su oratoria. Era, sin duda, una política muy completa. El historiador Haffner dice de ella que tenía humor, era rigurosa, tenía pasión y bondad, era tan "querida como temida y odiada (…) era una mujer calurosa y fascinante, una mujer que saltaba a la vista, una gran mujer, la más grande del siglo" (Haffner, 2005, pp.155-156)

Políticamente no representaba una amenaza ni para la socialdemocracia ni para el Ejército, ya que pese a sus escritos y sus intervenciones, a la hora de votar, en los consejos de marinos, soldados y trabajadores, Ebert y los suyos obtenían la mayoría. Una vez derrotada militarmente la revolución el asesinato de Liebknecht y Luxemburgo fue una simple venganza, un exceso, una crueldad innecesaria.

Su muerte fue programada, por eso fue un asesinato en toda regla, con premeditación y alevosía. Se publicaron pancartas y octavillas pidiendo su muerte. Desde departamentos del gobierno se ordenó seguir el rastro de ambos y "cazarlos", según declaró Anton Fischer en 1920. Scheidemann y su amigo George Sklarz, que se hizo millonario durante la guerra, habían puesto precio a las cabezas de Liebknecht y Luxemburgo, ofrecían una recompensa por su asesinato: 50 mil marcos por cada uno.

El 13 de diciembre el periódico socialdemócrata *Vörwarts,* publicó un poema, que era una invitación al asesinato:

"Incontables muertos en una fila/ ¡Proletarios!/ Karl, Luxemburgo, Radek / y sus compinches/ ¡No estaban allí! ¡No estaban allí!/ ¡Proletarios!. El tono coincidía con el boletín que editaba la Freikorps (los paramilitares): "Hay que proceder contra los líderes con toda energía…también con ellos se actuará con dureza." (Haffner,2005,pp.159-161)

Luxemburgo y Karl se trasladaron de su refugio en Neukölln, un barrio obrero, a un barrio burgués, el de Wilmersdorf, al número 53 de la Mannheimerstrasse. El 15 de enero escribieron sus artículos para *Bandera Roja.* El de Luxemburgo se titulaba *"El orden reina en Berlín,* el de Karl, *¡A pesar de todo!* De este último citamos los párrafos finales:

"La marcha al Gólgota de la clase obrera alemana no ha finalizado todavía, pero el día de la liberación se acerca. El día del juicio para los Ebert-Scheidemann-Noske y para los potentados capitalistas que hoy se ocultan detrás de ellos. Hasta la altura del cielo golpean las olas de los acontecimientos: estamos acostumbrados a ser arrojados desde la cumbre a las profundidades."

Pero nuestro barco prosigue firme y orgulloso, recto por su rumbo, hasta el objetivo final. Y espero que todavía vivamos cuando ocurra, nuestro Programa vivirá, regirá el mundo de la humanidad liberada. ¡A pesar de todo!" (Nettl,1972,pp.750-751)

Pasadas las 20 horas los soldados apresan a los dos jefes del espartaquismo. Luxemburgo que estaba sufriendo una migraña estaba descansando en un dormitorio. Preparó una pequeña maleta con algunos libros y unas mudas de ropa, pensando que volvería a estar encarcelada. Pese a tener papeles falsos que le había proporcionado Wilhem Pieck, los soldados les reconocieron. Se llevaron primero a Liebknecht en un coche y después a Luxemburgo. Su destino fue el

Hotel Edén, que era el cuartel general de la división de la *Freikorps* "Fusileros Montados de la Guardia".

Luxemburgo llegó al hotel Edén a las 20.45 horas y los soldados la insultaron. La subieron al primer piso donde estaba la oficina del capitán Waldemar Pabst. Mantuvieron una breve conversación sobre la identidad de Luxemburgo. Pabst ordenó al teniente Kurt Vogel que la llevara a la prisión preventiva de Moabit. Fue sometida a maltratos y cuando salía por una puerta lateral el soldado Otto Runge que estaba en la puerta le dio un fuerte culatazo en la cabeza que la derribó. Cuando trató de levantarse le propinó otro golpe con la culata. Fue arrastrada hasta un coche por Vogel y cuatro soldados y tirada sobre el asiento trasero. El coche se puso en marcha y Vogel le dio un tiro en la sien izquierda y desde el puente Liechtenstein fue tirada al canal Landwehr.

Liebknecht fue entregado al grupo de asesinos dirigido por el teniente capitán Von Pflugk-Harttung y se dirigieron en un coche al Tiergarten. Le hicieron bajar y le dispararon en la nuca. Luego llevaron el cadáver a la morgue sin identificarlo, presentándolo como el cuerpo de un desconocido.

Jogiches que estaba libre el 17 de enero envió un telegrama a Lenin que decía que Luxemburgo y Liebknecht habían rendido su último servicio a la revolución. Pabst hizo un informe, cuya versión fue reproducida por los diarios, donde se afirmaba que Liebknecht se dio a la fuga y fue muerto y Luxemburgo durante el trayecto a Moabit sufrió el asalto de una multitud furiosa que se la llevó consigo ante la impotencia de los soldados. (Harmer, 2008,p.152)

Jogiches hizo una investigación sobre los asesinatos y el relato se publicó el 12 de febrero en *Die Rote Fahne*. En abril el gobierno reconoció los hechos, pero dijo que no se conocían quienes eran los culpables. Se negó a transferir la instrucción penal de un tribunal militar a uno civil. Al final la sentencia fue de penas leves a Vogel y a Runge.

A Vogel se le proporcionaron papeles falsos y salió de Alemania para esperar la amnistía. La prensa burguesa justificó los crímenes por el ambiente de guerra civil desencadenado por Luxemburgo y Liebknecht.

El 10 de marzo Leo Jogiches fue arrestado y se le identificó. Fue torturado y luego asesinado por el policía Tamschik. Ese crimen quedó completamente impune. (Nettl,1972, pp.756 y 762)

El 31 de mayo de 1919 el cuerpo de Luxemburgo fue visto por un transeúnte en el canal Landwehr. El Ministro de Defensa Noske ordenó que el cuerpo fuera trasladado a un recinto militar fuera de Berlín y enterrado en secreto. Cuando los amigos de Luxemburgo se enteraron de esos planes presionaron para que el cadáver les fuera entregado, Mathilde Jacob fue quien identifico el cadáver como el de Rosa Luxemburgo.

El 13 de junio su cuerpo fue enterrado en el cementerio Friedrichsfelde por un cortejo de trabajadores, soldados y marinos portando banderas rojas. El entonces líder del Partido Comunista Alemán, Paul Levi y Clara Zetkin tomaron la palabra para despedirla. Los presentes depositaron las banderas rojas sobre la tumba y cantaron la Internacional. (Hammer,2008, p. 154)

El papel jugado por el gobierno formado por cinco ministros socialdemócratas presidido por Ebert en el asesinato de Luxemburgo y Liebknecht, nunca ha sido aclarado pero las declaraciones de Pabst en una entrevista en 1962 acusan a Noske y es sabido que él jugaba el papel de "perro sangriento" de Ebert. (*Der Spiegel*, 1962, N°16, p.38)

Franz Mehring cuando fue informado del asesinato de Rosa y Karl quedó muy impresionado y el 28 de enero murió. Sin duda, la muerte de sus camaradas y amigos contribuyó a su muerte. Solía repetir indignado:

"Ningún gobierno hasta ahora había caído tan bajo". (Eduard Fuchs,1919, p.XV-XVI, Prefacio, Franz Mehring, *Karl Marx, Leipzig*, cit. por Nettl.p.759)

La filosofa H.Arendt expone que el gobierno de la República Federal Alemana de Bonn afirmó incluso, décadas después, que fue gracias a las *Freikorps* que Moscú no había logrado incorporar a toda Alemania en el "imperio rojo" y que el asesinato de Liebknecht y Luxemburgo fue legal ya que se produjo "de acuerdo con la Ley Marcial". (H. Arendt,2017,p.37)

Hasta esos extremos llega la impudicia de los gobernantes y de sectores del Partido Socialdemócrata de Alemania, que siguen sin hacer una autocrítica de las acciones llevadas a cabo por los que eran entonces sus jefes, Ebert y Noske.

Elecciones a la Asamblea Nacional Constituyente de 1919

El Partido Comunista de Alemania (KPD), habían decidido no participar en las elecciones del 19 de enero de 1919, pese a que como se ha expuesto, la posición de la dirección del partido era favorable a la participación. La ponencia de la Dirección defendiendo la participación electoral la hizo el abogado Paul Levi. Sin embargo, perdieron la votación de manera aplastante, 62 votos contra la participación en las elecciones y 23 a favor.

Luxemburgo que también defendió la participación en las elecciones a la Asamblea Nacional Constituyente explicó que no se podía imitar lo ocurrido en Rusia porque, entre otras cosas, cuando los bolcheviques disolvieron la Asamblea Nacional Constituyente ya tenían un gobierno dirigido por Lenin y Trotsky, mientras que en Alemania el gobierno estaba en manos de sus adversarios, Ebert-Scheidemann-Noske.

Argumentó Luxemburgo que el arma que sus enemigos querían usar en contra de la existencia de los consejos tenían que volverla contra ellos y, además, que aún las masas estaban políticamente inmaduras. Expuso que era una contradicción que algunos pensaran que en quince días podían ser capaces de derribar la Asamblea Nacional Constituyente y, a la vez, temieran los resultados de unas elecciones. Concluyó diciendo:

> "Yo no temo educar a las masas para que juzguen en su propio valor los motivos de nuestra participación en las elecciones. Vuestra acción directa es posiblemente más simple y más cómoda, pero nuestra táctica es justa porque tiene en cuenta que el camino a recorrer es más largo de lo que vosotros suponéis". (G. Badia, 1971, I, p.247)

Las elecciones del 19 de enero de 1919 para la Asamblea Nacional Constituyente habían sido aprobadas por el Congreso de los Consejos de Trabajadores y Soldados. Esas elecciones fueron muy importantes en la historia político-electoral alemana, ya que fue la primera vez que se aplicó el sufragio universal sin restricciones por razón de sexo, hombres y mujeres pudieron ejercer ese derecho político. "De los 423 diputados elegidos, 41 eran mujeres, es decir, el 9,6%; ni los parlamentos imperiales posteriores ni los federales después de 1945 han alcanzado jamás una cuota tan alta de representación femenina" (H.Schulze, 2019,p.197)

El SPD, el Partido de Centro (católico) y el Partido Democrático Alemán (DDP), liberal, obtuvieron entre los tres el 76 por ciento de los votos. El gobierno tripartito que se constituyó eligió a Ebert como Presidente de la República y se nombró a Philipp Scheidemann como jefe del gobierno, ambos socialdemócratas. Su orden reinaba en Berlín y Alemania, pero ellos con sus paramilitares y el uso desmedido de la violencia militar contra los trabajadores revolucionarios que les encumbraron al poder, habían contribuido con todo ello a incubar- sin saberlo ni desearlo- la serpiente del nazismo.

8. ¿Qué es el Luxemburguismo?

Rosa Luxemburgo es la cabeza más genial entre los herederos científicos de Marx Engels.

Franz Mehring

El PCA después de la muerte de Rosa Luxemburgo

Después del asesinato de Karl Liebknecht y Rosa Luxemburgo los miembros del Partido Comunista de Alemania (KPD) casi todos muy jóvenes, con excepción de Clara Zetkin, se mantuvieron fieles a las ideas expuestas por Luxemburgo. Muy especialmente Paul Levi que se quedó a la cabeza del partido.

Una vez fracasadas las insurrecciones llevadas a cabo en Berlín, Bremen y Múnich, el PCA (KPD) se vio obligado a pasar a la clandestinidad. Para éstos el Partido Socialdemócrata de Alemania (SPD) era el responsable último de los asesinatos y esto se confirmaba por los intentos de guardar las espaldas a los ejecutores del mismo. El viejo rival de Luxemburgo, Eduard Bernstein, escribió en su obra *La revolución alemana* que era lamentable que Luxemburgo "debido a una apreciación falsa de las posibilidades revolucionarias, se hubiera dejado llevar al campo de los partidarios irrealistas de la política de fuerza". (1921,p.,171 cit. Nettl,1972, II, p.770)

Durante mucho tiempo la autoridad política de Luxemburgo en el Partido Comunista fue incontestada. Thalheimer escribió en 1920 que los artículos y obras por ella publicados eran los únicos que todavía eran aptos para ser leídos, porque eran los que aportaban algo nuevo a la teoría. Una evidente exageración que muestra la *autoritas* teórica de Luxemburgo entre los socialistas y comunistas alemanes.

En ese momento no se trataba de contraponer las ideas de Luxemburgo a las de Lenin y resaltar sus discrepancias en cuestiones como la cuestión nacional, el imperialismo o los métodos de dirección. Lo importante era resaltar la calidad de sus trabajos y de su ejemplo revolucionario. Y esto era resultado también del clima imperante en

Europa donde en la socialdemocracia surgían alas de izquierdas que tenían a los mártires de Berlín como iconos y acicate para la acción.

El momento en el cual el nombre de Luxemburgo, después de su muerte, fue objeto de polémica en el PCA ocurrió cuando fracasó el golpe de Estado de Kapp en marzo de 1920. Hubo una discrepancia entre la dirección del partido y la posición mayoritaria en el Comité Central. La cuestión en debate era si se debía hacer una alianza con otros partidos para oponerse a los militares y políticos golpistas, o, si no se debía hacer ningún tipo de colaboración con los socialdemócratas, responsables del asesinato de Luxemburgo, Liebknecht, Jogiches y tantos otros militantes del partido.

Paul Levi defendía que Luxemburgo era opuesta a cualquier forma de golpismo o *putschismo* y que había que luchar contra él, coincidiendo en ese objetivo con otras fuerzas políticas. Paul Frölich, por su parte, explicó que él se opuso en el congreso fundador del KPD a la parte del texto de Luxemburgo sobre el programa del partido, donde ella señalaba que sólo se tomaría el poder por la voluntad expresa de la gran mayoría de la clase trabajadora. Para Frölich ese texto no podía interpretarse de manera restrictiva para frenar las acciones de los trabajadores.

Al final el KPD, llamó a la resistencia armada de los trabajadores contra el golpe y junto a los partidos socialdemócratas, SPD y USPD, y los sindicatos, apoyaron la huelga general que abortó el golpe, pero en el Ruhr los obreros en armas fueron más lejos, crearon la república de los consejos y fueron reprimidos *manu militari*.

Posteriormente a estos hechos, el partido comunista fue legalizado. El KPD que nunca había sido un partido de masas logró convertirse en tal gracias a que la socialdemocracia fue perdiendo adeptos y los trabajadores alemanes politizados fueron adhiriéndose al USPD. Este partido inclusive pidió adherirse a la III Internacional, lo cual produjo un debate en su seno, ya que entre los 21 principios para la adhesión a la III Internacional había algunos que eran inadmisibles para parte de sus dirigentes, ya que excluía a los líderes que hubieran estado comprometidos en la política anterior de la socialdemocracia.

Hubo un congreso extraordinario en diciembre de 1920 en Halle y la mayoría optó por ingresar en la III Internacional y fusionarse con el KPD. Así pues, el Partido Comunista Alemán pasó al año de su fundación de ser un grupúsculo de unos pocos miles de adherentes a tener 300 mil afiliados, es decir, a ser un partido de masas. No obstante, no se debe obviar el hecho que la mayoría de los trabajadores alemanes seguían afiliados a los sindicatos y al partido socialdemócrata de Alemania (SPD). (I.Fetscher,1975, p. 110)

Lenin hizo una crítica del ultraizquierdismo y apoyó las posiciones de Levi, Talheimer y Brandler. Los dirigentes del PCA trataron de aplicar la política de aprovechar todos los medios disponibles para reforzar la influencia del partido entre los trabajadores. Esto se manifestó en la política del Frente Único que fue lo que caracterizó a la III internacional hasta el giro de 1924. Pero esa política de lucha lenta, gradual y continuada para lograr influencia en las organizaciones de trabajadores, no era aceptada por todos y surgió en el PCA un ala izquierdista que exigía acción directa para conquistar el poder.

En marzo de 1921 se declara una huelga general y grupos comunistas toman las armas en Alemania Central. Levi critica estas acciones de manera pública y esto lleva a que su actitud fuera criticada tanto por Lenin como por el *Kominte*r y es expulsado del partido, si bien se reconocería posteriormente, que su análisis de la situación era la correcta.

Levi, acostumbrado a la libertad de expresión de sus ideas y de polemizar sobre las discrepancias, vivió en carne propia el cambio de los estilos. Bajo la égida del *Kominter*, dirigido por los bolcheviques, no se podía discrepar de las decisiones, al menos públicamente. Después de la muerte de Lenin, y bajo el control de Stalin, discrepar no sólo podía ser motivo de expulsión del partido sino de cosas peores: el exilio, el presidio, las sevicias y el sepelio.

Paul Levi se tomó la libertad o la revancha, como depositario de los manuscritos de Luxemburgo, de publicar los escritos que ella había redactado sobre *La revolución rusa*, que era un análisis crítico muy duro y sistemático de los métodos empleados por Lenin y Trotsky en la revolución bolchevique de octubre 1917. Esto produjo una situación difícil y el mismo Lenin intervino afirmando lo siguiente:

"Paul Levi desea ahora ganarse el favor de la burguesía (…) editando las obras en las que Rosa Luxemburgo se ha equivocado. A esto nosotros respondemos con dos versos de una fábula rusa: "Puede suceder que las águilas desciendan más bajo que las gallinas, pero jamás las gallinas podrán elevarse tan alto como las águilas". Rosa Luxemburgo se ha equivocado sobre la cuestión de la independencia de Polonia; se ha equivocado en 1903 en su apreciación del menchevismo; se ha equivocado en su teoría de la acumulación del capital; se ha equivocado cuando ha defendido en julio de 1904, junto a Plejanov, Vandervelde, Kautsky, etc., la unificación de los bolcheviques y los mencheviques; se ha equivocado en sus *Escritos de la prisión* de 1918 (además ella misma a la salida de la prisión al final de 1918 e inicios de 1919, ha corregido gran parte de sus errores). Pero pese a sus errores, ella fue y seguirá siendo un águila; y no solamente su recuerdo será siempre precioso para los comunistas del mundo entero, sino que su biografía y sus obras completas (que los comunistas alemanes se retrasan en publicar de manera injustificable, si bien se les puede excusar parcialmente por sus enormes pérdidas en una lucha muy dura), constituirán una lección muy útil para la educación de numerosas generaciones de comunistas del mundo entero". (V.I.Lenin, *Notas de un publicista*, escrita en 1922 y publicada en *Pravda*, 16 de abril de 1924. *Obras*, vol. XXXIII, pp. 211-212)

Sin embargo, en Alemania esto no bastaba, era necesario tratar a Levi como un renegado y así mostrarle como ejemplo disuasorio de otras posibles rebeldías y, además, aprovechar la ocasión para hacer una crítica de las ideas de Luxemburgo. Se empleó para ello a Warszawski, un amigo polaco de Luxemburgo que estaba en Moscú, para decir que ella se había convertido al bolchevismo al final de la guerra. También Lenin persuadió personalmente a Clara Zetkin para que hiciera una severa crítica de las ideas de Luxemburgo, su muy querida amiga y compañera.

Ante el dilema de hacer esa crítica o tener que abandonar el partido, Zetkin escogió lo primero y la criticó en un folleto publicado en Hamburgo en 1922 en el cual afirma que Luxemburgo tenía una concepción esquemática y abstracta de la democracia y que no había comprendido adecuadamente las leyes electorales discriminatorias decretadas por los bolcheviques, la disolución de la Asamblea Constituyente y el rechazo de los bolcheviques a celebrar nuevas elecciones.

Tampoco, según Zetkin, Luxemburgo entendió bien la naturaleza de la dictadura del proletariado ni la necesidad de utilizar el terror contra los enemigos de la revolución, así como tampoco fue capaz de comprender las relaciones entre el partido bolchevique y las masas. Es decir, la inteligente y genial Luxemburgo quedaba convertida en una lerda política incapaz de comprender ni analizar desde un punto marxista casi nada de la Revolución rusa. Ahora bien, Zetkin concluía señalando que Luxemburgo había abjurado de esas ideas y durante la revolución alemana de 1918-1919 se había convertido en una bolchevique sin tacha.

Lo cierto es que nada prueba que Luxemburgo, persona de firmes convicciones, se desdijera de sus análisis sobre los métodos de los bolcheviques, más bien la evolución posterior del bolchevismo lo que hace es confirmar lo acertado de sus análisis y lo único que se puede encontrar, como posible justificación del curso seguido en Rusia, sería su convicción de que muchos de los elementos negativos en ese país podían desaparecer si se producía la revolución socialista en Europa.

Porque ella, como cualquier marxista consecuente, sabía que la revolución en las condiciones del atraso político y económico de Rusia implicaba que la transición al socialismo no se diera en el marco previsto por las ideas de Marx y Engels, enemigos acérrimo del voluntarismo, que identificaban con el blanquismo y otras corrientes del socialismo no científico, utópico o pequeño burgués.

Siguiendo con los acontecimientos en Alemania, en octubre de 1923 se produce un levantamiento comunista en Hamburgo que es duramente reprimido. En 1924, en el IX Congreso celebrado en Frankfurt y en Offenbach, Ruth Fischer, se puso a la cabeza del PCA, conjuntamente con Arkadi Maslov y Ernst Thalmann, todos ellos pertenecientes al ala izquierdista.

Fischer tomó la tarea de atacar duramente las ideas de Luxemburgo y de quienes las sustentaban en el partido. El resultado práctico de ello fue que se abandonó la política de Frente Unido por el denominado "Frente Unitario desde abajo". Dicha política partía de la premisa que el único partido de los trabajadores era el PCA y por lo tanto no debía hacer acciones conjuntas con los socialdemócratas, sino desenmascararlos como agentes de la burguesía.

Se eliminó la democracia interna en el PCA y se hicieron purgas de los que disentían con la línea oficial del partido. Las consecuencias desastrosas de dicha política ultraizquierdista se miden por los siguientes datos: descenso de afiliados de 400 mil en 1923 a 150 mil en 1924. El número de votos pasó de 3,7 millones en mayo de 1924 a 1,8 millones en la segunda vuelta de las elecciones presidenciales de 1925. (I. Fetscher, 1975, p.116)

Fischer y Maslov pusieron las bases para la estalinización del partido y la "desluxemburguización" del mismo pero eso no fue óbice para que en 1926 fueran expulsados junto a otros ultra izquierdistas. El mando lo tomó Thaelmann que había sido elegido jefe del partido en 1925. En medio de una situación de crisis económica y de hiperinflación, el partido fue recuperando su crecimiento tanto en afiliados como electoralmente. En 1930 tenía 124 mil miembros y cuatro millones de votantes. A fines de 1932 alcanzó los 360 mil miembros y seis millones de votos, que si se suman a los votos de la socialdemocracia sobrepasaban en ¡un millón y medio (1,5 millones) los electores del partido nazi! (F. Claudín, 1978,p.96)

Sin embargo, la tragedia alemana ocurrió –entre otros elementos-, porque en 1928 la política ultra izquierdista adoptada fue que el enemigo principal era la socialdemocracia, lo cual fue fatal, ya que impidió formar un frente unido contra el nazismo y esto condujo en definitiva al ascenso de Hitler al poder cuando, en enero de 1933, Hindenburg entrega el poder a los nazis. Tres meses después, en marzo, el Canciller Hitler ilegaliza al PCA, expulsa del parlamento a los 100 diputados comunistas, confisca los bienes del partido y encarcela masivamente a sus miembros. Después hace lo mismo con la socialdemocracia (SPD).

Una gran lección histórica sobre las consecuencias del ultra izquierdismo y de la puerilidad política, que puede conducir a consecuencias criminales y nefastas para los intereses de la clase trabajadora y para el pueblo en general. Una de las causas de este desbarajuste está en la línea de la III Internacional estalinista, aplicada en Alemania por el PCA, que con su táctica política dogmática e intransigente, impedía objetivamente cualquier frente unido antifascista entre comunistas y socialdemócratas. Esta táctica se resume en la consigna que se expresa en la ecuación: socialdemocracia= social-fascismo= enemigo principal.

Un verdadero disparate y una aberración política que tuvo consecuencias criminales y llevaría al holocausto, a la destrucción de muchos países y a la muerte de 100 millones de personas en todo el mundo. Aunque otras estimaciones reducen la cifra a entre 55 a 60 millones. En una palabra: nos condujo a la barbarie nazi-capitalista. Esto no puede olvidarse nunca cuando se trata de evaluar lo que ha significado el estalinismo y no puede ser borrado por el papel posterior jugado por la URSS en la derrota del nazismo en los campos de batalla, porque hay que poner en la balanza que antes el estalinismo contribuyó, indirectamente es cierto y dando prioridad a ganar tiempo para fortalecerse, al ascenso al poder del régimen nazi con una política de alianzas equivocada.

Luego vendría la consabida crítica de estas posiciones erróneas, crítica *a posteriori* que no resuelve nada del mal cometido y que resumo en lo que sigue: Se subestimó el peligro fascista, se minusvaloró la herida al sentimiento nacional alemán, hubo desdén hacia las vacilaciones del campesinado y la pequeña burguesía, no se formuló un programa de emancipación social y nacional, se actuó con sectarismo y aplicando la política del *ultimátum* (Trotsky la llamó ultimátismo).

Esta se basaba en negociar sobre la siguiente precondición: "aceptas mi propuesta o no hay acuerdo. Es esto, lo tomas o lo dejas". Que era lo que planteaban los comunistas a los socialdemócratas para una alianza contra los nazis. El camino "negociador" más adecuado si no se quiere realizar alianza alguna, porque negociar y hacer alianzas implica una transacción en la que las partes negociantes ceden algo.

Trotsky escribió pasados apenas cuarenta y cinco días de la llegada al poder de Hitler una denuncia del fallo memorable de la política estalinista en Alemania, al haber propiciado indirectamente o por omisión, el auge del fascismo. Señala lo siguiente:

> "El papel criminal de la socialdemocracia no necesita comentario. La Internacional Comunista fue creada catorce años atrás precisamente para arrancar al proletariado de la influencia desmoralizadora de la socialdemocracia. Si no se ha logrado hasta el presente; si el proletariado alemán se ha encontrado impotente, desarmado, paralizado, en el momento de la gran prueba histórica, la responsabilidad directa e inmediata recae sobre la dirección de la Internacional Comunista pos leninista. Es la primera conclusión que hay que extraer". (León Trotsky, 1959,p.378, *Ecrits*,III, París,cit. por F. Claudín, o. cit., pp. 96-97)

Hasta hoy, casi 75 años después de la derrota del nazismo, el PCA no ha logrado tener ni de lejos la influencia que tuvo antes del nazismo en Alemania Occidental, ni tampoco desde la disolución de la RDA, en el conjunto de la Alemania unida. Las ideas políticas de Luxemburgo son enarboladas sin complejos por el partido *Die Linke* (La Izquierda), formado de una fusión de una disidencia del Partido Socialdemócrata de Alemania (SPD) y del Partido Democrático Socialista (formado inicialmente por antiguos militantes del Partido Socialista Unificado de la RDA), pero en las elecciones al parlamento federal de 2017 – las ultimas celebradas en el momento de redactar este texto-, quedaron en quinto lugar, con 4,2 millones de votantes, que representa el 9,2 % de los votos y obtuvo 69 diputados.

El partido trata ahora de ganarse- entre otros- a los votantes de clase trabajadora del partido populista de derecha Alternativa para Alemania (AfD), que les superó en votos y escaños (5,8 millones de votantes, 12,6% de los votos y 94 diputados). Para ello La Izquierda (*Die Linke)* experimenta entre otras políticas, con un nuevo enfoque de los problemas migratorios, tratando de abandonar así la política tradicional de izquierdas en esta materia, basada en consignas generalistas, abstractas y en cierto modo liberales.

Al percibir que parte no desdeñable de las clases populares alemanas se han dejado seducir por un discurso que pone el acento en el control migratorio, se plantean si deben seguir la corriente de pensar que la solución al problema de la pobreza en África, Asia y América Latina, se encuentra en una inmigración masiva a Europa y no en políticas de cooperación efectiva dirigidas al crecimiento económico en los mismos y no en externalizar la superpoblación relativa hacia Europa o en el robo de los cerebros o talentos del Tercer Mundo.

Die Linke abre con ello un debate interesante que, dada la sistematicidad del pensamiento alemán, podrá dar materia para la reflexión de la izquierda y el replanteamiento de ideas sumarias y simplistas, sacadas del ideario del humanismo abstracto pequeñoburgués y gran burgués y adoptadas acríticamente por una izquierda cuya pensamiento crítico al respecto se reduce, muchas veces, a ir un paso o dos más allá de lo que plantea el humanitarismo biempensante liberaloide.

Mientras tanto, los herederos nominales del partido creado por Luxemburgo, el actual Partido Comunista de Alemania (*DKP*) que sustituyó al KPD cuando fue ilegalizado en 1956, no ha logrado suficientes votos para estar representado en el parlamento y subsiste bajo el signo de la intrascendencia y la marginalidad política. Porque los partidos degeneran, se empobrecen y mueren cuando se aplican políticas erróneas y desvinculadas de las necesidades reales y sentidas de las masas.

El luxemburguismo según Lukács

El filósofo húngaro marxista Georg Lukács es quien más profundamente expone una apreciación crítica – en el sentido más radical del término- de lo que se entendería por "luxemburguismo". El análisis crítico no sólo se recrea en señalar los aspectos negativos, débiles o inconsistentes de un trabajo intelectual o político, sino que también muestra sus fortalezas o aciertos. En el caso de Lukács, como buen dialéctico marxista, trata de captar la totalidad de la obra, la esencia de la misma que queda oculta para aquellos que sólo reparan en lo formal y fenomenológico, sin ir más allá.

Lukács le dedica en su influyente *Historia y consciencia de clase. Estudios de dialéctica marxista*, varios ensayos al análisis del pensamiento de Luxemburgo. En uno de ellos analiza el método dialéctico desplegado por Luxemburgo en su obra *La acumulación de capital y en* la *Anticrítica.* Sostiene Lukács que son éstas las obras con las que se inicia el renacimiento teórico del marxismo junto a *El estado y la revolución,* de Lenin.

Se caracterizan ambas obras, por emplear "las tradiciones de método y de exposición de Marx y Hegel". La historia de los problemas se convierte en manos de Lenin en una historia interna de las revoluciones europeas del siglo XIX; y la exposición histórico-literaria de Luxemburgo crece hasta convertirse en una historia de las luchas por la posibilitación y la ampliación del sistema capitalista". (G. Lukács,1969, p.38)

Señala que los críticos de Luxemburgo pasaron por alto la parte que le parece más importante de su obra, la relativa a "las condiciones históricas de la acumulación" y se centraron en defender literalmente las fórmulas de Marx sobre la acumulación simple y ampliada, que él, por razones metodológicas, analizó como un capitalismo puro compuesto de capitalistas y trabajadores y, defiende, que la crítica de Luxemburgo no hace "más que pensar hasta el final el fragmento marxiano según la orientación de Marx y completarlo según su espíritu". (G.Lukács,1969, p.34)

Como ya se ha tratado la temática de la acumulación, no entramos a comentar el punto de vista de Lukács porque en esto no añade nada nuevo al debate sobre este tema que ya hemos expuesto en el capítulo 5.

Lo importante es resaltar lo que nos recuerda el autor sobre que si se admite la acumulación ilimitada del capital, es posible probar la vida ilimitada del capitalismo y al contrario, la imposibilidad de la acumulación en un momento dado del capitalismo, demuestra la necesidad histórica objetiva del final del capitalismo.

Otto Bauer al afirmarse en la acumulación ilimitada, capitula económica e ideológicamente ante el capitalismo. En su concepción fatalista sobre "la duración eterna del capitalismo, ellos mismos no son más que apéndices ideológicos y económicos del capitalismo (…) su aspiración es un capitalismo sin "lados malos", sin "excrecencias". (Ibid., p.41)

El segundo estudio lo dedica al análisis de la crítica de Luxemburgo a los métodos de la revolución rusa. Critica a Paul Levi por publicar los textos de Luxemburgo en un momento de ofensiva contra el PCA (KPD) y la III Internacional y le tilda de intentar con esa publicación de destruir los fundamentos teóricos de la táctica y organización bolchevique. Cuestión ésta que no es justa pero muestra como Lukács subordina su criticidad a la línea del movimiento comunista, como buen militante disciplinado, hijo de su época.

Estima Lukács que no basta con expresar que Luxemburgo posteriormente a ese escrito cambió su punto de vista, lo realmente relevante es ver si tenía o no razón en sus críticas. Lukács, a diferencia de Warszawski y Zetkin, no fundamenta su análisis del trabajo de Luxemburgo en sus insuficientes o deficientes conocimientos de la realidad Rusa o en las especiales circunstancias en que redactó su trabajo, sino que lo analiza como un conjunto o sistema coherente.

Va estableciendo los puntos principales que luego van a ser empleados por la maquinaria estalinista para arremeter contra el "luxemburguismo", considerado como una desviación del "marxismo-leninismo" y que sería asimilado a la otra gran desviación y "terror" de los estalinistas, el trotskismo. Así pues, ambos serán objeto de condena por el movimiento comunista oficial, que seguía las directrices políticas del Estado y partido ruso.

De manera que frente a cualquier problema teórico y político se reconocía que lo que había afirmado Lenin era lo correcto y en ese sentido como él se había referido a ella elogiosamente, se optó por silenciar las referencias a Luxemburgo. El trotskismo fue convertido en el "mono de goma" que recibía todos los palos y, de manera criptica, se asimilaba el luxemburguismo a una especie de trotskismo *avant la lettre*.

La cuestión agraria

Volviendo a las críticas llevadas a cabo por Lukács de la "errónea estimación del carácter de la revolución" en Rusia, en primer lugar, está la cuestión agraria. Luxemburgo creía que la política marxista de transición al socialismo no se debía enfocar en tratar de repartir la tierra para crear un campesinado pequeñoburgués sino poner las bases de una posterior reforma socialista de la agricultura.

En este sentido la concepción de Luxemburgo estaba en la línea del gurú teórico de la II Internacional Karl Kautsky, quien en su libro sobre *La cuestión agraria* propugnaba que la política progresista en el campo no consistía en el reparto pequeñoburgués de la tierra, para crear un amplio campesinado de pequeños y medianos propietarios de tierras sino en la concentración de la propiedad agraria, para crear así una verdadera agroindustria, similar al proceso que se seguía en la producción industrial. (Vid. K. Kautsky,1970)

Lukács considera que hay en Luxemburgo una sobre estimación del poder real de los bolcheviques. Los campesinos se habían repartido las tierras siguiendo sus propios intereses de clase y si los bolcheviques u otro partido, se hubiese opuesto a ese reparto, habría sido barrido dado el predominio campesino en Rusia. Para Lukács: "en aquél momento no se podía siquiera pensar en una progresiva desviación del movimiento campesino elemental "en dirección al socialismo". Esto se podía y se tenía que intentar más tarde". (Ibid. 1969, p.285)

Continúa afirmando que Rosa Luxemburgo recalcaba el carácter puramente proletario y a la vez subestimaba la importancia de los elementos no-proletarios para la revolución, lo que la conduce a minusvalorar la función del partido, la acción consciente política del mismo. Luxemburgo contrapone siempre a las exigencias del día principios de futuros estadios de la revolución". (Ibid.,1969, p.288)

Ahí está la fuente de errores continuos de la izquierda, especialmente de las alas ultraizquierdistas, que suelen querer poner el carro delante de los bueyes en numerosos asuntos en los que se subordina el análisis concreto y problemático de la realidad, a la escolástica de las frases descontextualizadas. De ese modo se quiere aplicar en el capitalismo o en los períodos de transición, políticas económicas o sociales que son necesarias en una etapa socialista pero que resultan contraproducentes, por su inadecuación y por los resultados políticos y económicos que producen, en otros períodos o etapas.

Es decir, no basta con poder citar textos que demuestran conocimiento de la teoría, es importante en la política real saber cuándo, cómo y donde es posible aplicar unas medidas en una determinada coyuntura en función de las fuerzas sociales en presencia y el nivel y etapa de la economía de que se trate. Es la diferencia que existe entre el ideólogo y el político con cabeza de estadista, hacer esto es más necesario aún cuando se está haciendo política contra la corriente o no siguiendo las viejas pautas ya trazadas.

Un ejemplo típico de ello es querer que la economía se mueva por incentivos morales en un período donde por necesidad se requieren estímulos económicos o materiales, o querer aplicar políticas de fronteras abiertas y sin control migratorio en un período económico donde no están puestas las condiciones para una movilidad poblacional sin límites a nivel global y así un largo etc.

Todo este "ideologismo abstracto" que adopta la izquierda, sin ninguna criticidad, conduce a errores que se materializan en fracasos económicos y alienación de grandes sectores del pueblo de la izquierda socialista o comunista, al ver que sus propuestas sólo pueden conducir a desastres económicos y sociales, hambrunas o escasez extrema y, por ende, llevan indefectiblemente a la desafección política por parte de las masas hacia las ideas y programas socialistas y comunistas.

Las masas son a veces más sabias, por intuición y conocimiento acumulado y transmitido oralmente de generación en generación, que esos miembros de comités centrales que creen tener la llave de bóveda de la "verdad" incontestable, por el simple hecho de poner sus posaderas en las sillas de los jefes.

La disolución de la Asamblea Constituyente

Afirma Lukács que se encuentra en Luxemburgo una sobrestimación del carácter orgánico del proceso histórico, visto éste semejante a la naturaleza orgánica, por lo cual siempre se produce junto a una real necesidad social los medios para poder satisfacerla, junto al problema, la solución.

Ella no niega la represión, la violencia, pero siempre tiende a verla como un medio "negativo" de remover los obstáculos políticos que se interponen al desarrollo de la economía. Sin embargo, sostiene Lukács, que aunque las revoluciones occidentales sean diferentes a las rusa habrá una etapa en ellas de oposición entre la burguesía y los trabajadores, y de confrontación por el poder político y económico, que tendrá cierta semejanza con el "comunismo de guerra", es decir, habrá que emplear métodos coercitivos, disciplinarios y autoritarios.

Respecto a la crítica de Luxemburgo a la disolución de la Asamblea Constituyente por Lenin y Trotsky, recordemos que la misma fue disuelta –según el argumentarlo bolchevique-, debido a su composición que no reflejaba una mayoría bolchevique, pero la misma se disuelve sin convocar a seguidas otra que siguiendo ese hilo argumental, pudiera reflejar la nueva composición de fuerzas sociales. Para Luxemburgo no haberlo hecho era una muestra de temor a la libertad de expresión de los trabajadores, ya que se ha visto como en otras revoluciones estos influyen en las asambleas representativas y éstas tienen que tener en cuenta sus demandas.

Lukács interpreta que con esto Rosa Luxemburgo hace una "sobrestimación de las fuerzas espontáneas, elementales, de la revolución". Y entonces le da la vuelta a ese argumento histórico de que en las revoluciones burguesas los parlamentos recogían los reclamos del pueblo, señalando que eso ocurría porque en las revoluciones burguesas el parlamento era el *órgano* de lucha de la clase ascendente, la burguesía.

En la Revolución bolchevique, afirma Lukács, los soviets son los que desempeñan ese papel. Era en ellos donde estaban los elementos más conscientes y éstos "depuraron" la Asamblea Constituyente de miembros de los otros partidos que no fueran bolcheviques y socialistas revolucionarios de izquierda y se pusieron en lugar de la Constituyente. Luxemburgo no reconoce a los soviets como gobierno del período de transición y como forma de lucha para imponer los presupuestos del socialismo. Lo que ocurre es que ella, en su crítica a la sustitución de la Asamblea Constituyente por los soviets, "se imagina entonces la revolución proletaria según las formas estructurales de las revoluciones burguesas". (Ibid., 1969, p.296)

Esta crítica de Lukács no logra entender que no se trata que Luxemburgo considere que la revolución de la clase trabajadora debe seguir "las formas estructurales" de las revoluciones burguesas, sino que una asamblea elegida democráticamente no debe ser tachada o disuelta sin que a continuación se permita una elección igual o más libérrima y no suprimir toda manifestación plural de la realidad.

Lukács pasa por alto ésta realidad fundamental, que Lenin y Trotsky, al obtener el poder, no querían ponerlo en peligro y evitaron, con la disolución de la Asamblea Constituyente, que se cuestionara sus decisiones, sea por dicha asamblea, sea por los soviets.

Lo cierto es que Luxemburgo no reclama imitar las formas de la burguesía sino que exige el ejercicio pleno de la democracia de los trabajadores. Sólo el militantismo disciplinario de Lukács o siguiendo a Lowy (*M. Lowy, 1978*) su "izquierdismo ético", puede explicar esa distorsión del pensamiento de Luxemburgo, en aras de hacerle una crítica haciendo abstracción de su defensa de los consejos de obreros y soldados en Alemania. Luxemburgo lo que defiende a rajatabla es que no se silencie a los trabajadores so pretexto de reprimir a la burguesía insurrecta contra ellos.

Se puede considerar que era mejor la opción tomada por Lenin-Trotsky y fundamentarla en los argumentos que se estimen adecuados, basados en la "razón de partido", en que lo importante son los fines, no los medios, etc., pero lo que no es correcto es señalar que Luxemburgo estima que la forma histórica de expresarse la democracia de los trabajadores tiene que ser la burguesa (una forma de parlamentarismo), porque no es cierto.

Todo ello responde a una profunda convicción, que ésta si se puede etiquetar de "luxemburguista": que el poder debe venir de la aprobación de una inmensa mayoría de la clase trabajadora. Eso lo expuso reiteradamente y lo confirmó en los objetivos de la Liga Espartaco, pocos días antes de su muerte.

Si de "luxemburguismo" se trata este es uno de sus puntos claves: el poder se toma con la aprobación de la gran mayoría. Es un clamor de democracia amplia, de democracia real y participativa, de la democracia de los trabajadores, nunca de dictadura de partido.

El partido

El choque de posiciones entre Lenin y Luxemburgo en cuestiones de organización del partido se remonta a los enfrentamientos entre mencheviques y bolcheviques, cuando ella se alineó con los primeros. La contraposición principal consiste en que para Luxemburgo el elemento revolucionario se encuentra en la "espontaneidad elemental de las masas" ya que las organizaciones centrales del partido suelen jugar un papel inhibitorio de esa espontaneidad. Es decir, actúan de manera más conservadora y en ocasiones más extrema y aventurerista. Lo importante para ella es la acción de las masas y el papel de la organización, que se debe focalizar principalmente en que la "socialdemocracia (el partido) se limita a introducir la consciencia política".

En Luxemburgo, el partido es el lugar de representación orgánica de la clase trabajadora y debe llegar a serlo del interés progresivo de todo el pueblo. En un escrito en *Die Neue Zeit* argumentaba lo que sigue:

> "La tesis de que la socialdemocracia es la representante de la clase proletaria pero, al mismo tiempo, la representante de todos los intereses progresivos de la sociedad y de todas las víctimas oprimidas por el orden social burgués no tiene que interpretarse sólo en el sentido de que en el programa de la socialdemocracia estén reunidos idealmente todos esos intereses. La tesis se hace verdad en la forma del proceso de desarrollo histórico, por el cual la socialdemocracia, incluso *en cuanto partido político,* va convirtiéndose en refugio de los más diversos elementos descontentos, hasta el punto de convertirse realmente en el partido del pueblo contra una reducida minoría de la burguesía dominante" (Die Neue Zeit, XXII, 2° vol., pp. 533-534, cit por Lukács, 1969,p.297)

Lukács considera que en las concepciones de Luxemburgo hay una idea contraria a la concepción bolchevique del partido, ya que para ella en el partido se van a unificar orgánicamente incluso capas pequeñoburguesas o de la "nueva pequeñaburguesía", de las "posiciones contradictorias de clase", o más acertadamente, del Trabajador Colectivo, mientras que la visión bolchevique del partido es que éste es un partido esencialmente de la clase obrera, aunque haga alianzas tácticas con otros sectores y clases.

Por otra parte, Luxemburgo tenía claro que era siempre más importante el movimiento revolucionario que el partido. Recordemos una vez más lo que afirmó: los errores cometidos por un movimiento de los trabajadores realmente revolucionario son, desde el punto de vista histórico, inmensamente más fecundos y valiosos que la infalibilidad del mejor comité central. Aquí está concentrada toda la concepción llamada *luxemburguista"* sobre la relación y el papel entre el partido y las masas.

La cuestión de la libertad

Aunque Luxemburgo no hace una defensa de la libertad en general, de la misma manera que tampoco lo hace de los derechos y de una serie de generalidades abstractas, si considera que las diferentes corrientes existentes deben tener derecho de expresarse. Para Lukács su posición es debida a una "errónea estimación de la correlación y agrupamiento de fuerzas en la real situación revolucionaria". El asunto está, para él, en si los mencheviques son una corriente dentro de la revolución o unos enemigos de la revolución.

La necesidad de la crítica la puede aceptar Lenin pero lo que se discute es "cómo" la libertad y todo lo que acarrea consigo, puede tener una función revolucionaria o no. Le parece algo bizantino contraponer dictadura del partido a la dictadura de la clase. Lo que hacen los bolcheviques es impedir que las fuerzas contrarrevolucionarias se puedan organizar, agrupar y articular para hacer frente al poder bolchevique. Esto lo expuso brillantemente Lenin en *El estado y la revolución:*

> "Se trata de mantener por todos los medios y en todas las circunstancias el poder del Estado en manos del proletariado". Posteriormente, el desarrollo económico mismo y la revolución mundial posibilitarán una mayor extensión de la libertad, libertad que Lenin siempre correlaciona con el estado de la lucha de clases. La libertad tiene que servir al dominio de la clase trabajadora y no al revés". (Lukács, 1969, pp.304-305)

Para justificar esta restricción de la libertad de los que están contra la revolución o para los que discrepan de las medidas adoptadas por la Dirección –cómo ocurrirá de manera sistemática y consuetudinaria, a la par que trágica, después de la muerte de Lenin–, Lukács acude a Engels en un escrito dirigido a Bebel donde afirma con rotundidad: "Por todo el tiempo que el proletariado utilice aún el Estado, lo utilizará no en interés de la libertad, sino en el de la represión de sus enemigos". Y es que Lukács intenta justificar las restricciones de las libertades en función de que se trata siempre de que la libertad no se utilice contra el poder bolchevique.

Ahora bien, si no solo los "enemigos" efectivos sino todo el que discrepa es considerado enemigo por el hecho de discrepar, la libertad se va restringiendo hasta ser eliminada. El filósofo húngaro considera que Luxemburgo hace una exageración de las "expectativas utópicas", al querer anticipar etapas posteriores del desarrollo, aseveración muy inteligente, pero si se somete a la prueba histórica concreta, lo que nos muestra el proceso real soviético es que en etapas posteriores de desarrollo económico y fortalecimiento del poder bolchevique, las libertades no se ampliaron.

Las divergencias siguieron siendo eliminadas, proscritas y, se impuso no ya solo una dictadura del partido sobre la clase trabajadora sino la dictadura del comité central sobre el partido, del comité político sobre el comité central y por último del secretario general sobre el conjunto del partido, del Estado y de la sociedad. La tiranía del jefe sobre las masas y sobre el partido, obviamente, respaldado por una nomenclatura que ejecutaba las órdenes impartidas.

Por ende, hay que resaltar la permanente actualidad y la pertinencia, en su momento, de la reivindicación libertaria de Luxemburgo, la imperiosa necesidad del ejercicio democrático para la elevación de la conciencia de clase de los trabajadores y su énfasis en que las instituciones democráticas tienen como principal beneficiario a los trabajadores.

Con esas ideas Luxemburgo está en la línea de los opositores, la llamada izquierda bolchevique, que no eran enemigos de la revolución sino que simplemente discrepaban del centralismo excesivo que ahogaba toda iniciativa venida de abajo. Y el resultado de ello fue la restricción primero y la criminalización después, de toda disidencia o criticidad y se puede resumir, en los elementos que exponemos a continuación

1) La centralización burocrática condujo a la militarización del trabajo y después de prácticamente de todo, dejando en una minoría el poder de decisión, al margen del contacto con las masas trabajadoras. La clase trabajadora perdió así toda capacidad de controlar el poder.

2) El partido y posteriormente el secretario general centraliza el poder. Los que no pertenecen al partido son marginados y los que pertenecen a él son simplemente ejecutores de órdenes de la cúpula.

3) Se establece un capitalismo de Estado –muy cierto que estimulado y casi "obligado" por la circunstancia determinante de la no realización de la revolución en Europa, tan esperada por Lenin y Trotsky-, y la clase trabajadora pasa a ser un elemento instrumental, aunque ocupe un lugar simbólico señero en el relato y el argumentario del discurso "soviético".

4) Se imponen los métodos *tayloristas* y *fordistas* en la producción, el trabajo a destajo y el despotismo de fábrica. El control de los trabajadores en las fábricas y una cierta democracia participativa industrial no existe en absoluto. La soñada democracia de los trabajadores se convierte en una dictadura de partido muy jerárquica, siguiendo el esquema militar y burocrático de que al superior en jerarquía se le obedece y punto.(Vid. F. Kool y E. Oberländer, 1971, ,Ediciones Zero, Madrid)

Ante esa realidad merece la pena repetir las advertencias proféticas de Luxemburgo, escritas en 1918 en *La revolución rusa*, que es un llamado muy actual para intentar no repetir lo que ella denuncia.

Es muy tentador apoyar a un Estado y a sus dirigentes y tratar de justificar sus acciones haciendo uso de todo el entramado intelectual, sofisticado, a veces, rudimentario en ocasiones, a veces incluso burdo, de tantos intelectuales, que imitan así lo que ha sido una tradición plurisecular, la de su subordinación y su servicio al Estado y a los que ejercen de sus mecenas públicos o privados.

Al contrario de esa actitud, tan arraigada en la historia universal, Luxemburgo pone de manera clara los principios que deben mantener los intelectuales marxistas y cualquier persona amante del progreso en materia de la relación entre clase, estado y democracia:

"La tarea histórica del proletariado, (de la clase trabajadora) si llega al poder, es la de crear la democracia socialista en lugar de la democracia burguesa, pero no derrocar cualquier democracia. La democracia socialista no comienza, sin embargo, en tierra prometida, cuando ya está creada la infraestructura de la economía socialista, como bonito regalo de navidad para el pueblo obediente, que ha permanecido mientras tanto fiel a un puñado de dictadores socialistas. La democracia socialista comienza, por el contrario, con la destrucción de la primacía de unas clases sobre las otras para la subsiguiente creación del socialismo. Dicha democracia socialista comienza con el momento de la toma del poder por medio del partido socialista".

9. El espontaneísmo de Rosa Luxemburgo

Las masas son, en efecto, el factor decisivo, porque son la roca sobre la que será edificada la victoria final de la revolución.

Rosa Luxemburgo

La espontaneidad en los procesos sociales

Para Luxemburgo las masas trabajadoras y populares son espontáneamente revolucionarias y partiendo de un hecho menor se puede producir un estallido revolucionario de gran calado. Esta tesis puede sustentar uno de los elementos del llamado "luxemburguismo", pero de ella no se puede deducir ninguna idea firme de que con ello se desprecia la acción necesaria del partido revolucionario o el papel que pueden y deben jugar los dirigentes en cuanto a orientar, dar ideas de cómo actuar más efectivamente y que escollos se deben evitar.

Las masas enardecidas, en un momento de agitación social, son como el agua desbordada de un río salido de su cauce, arrolla todo lo que encuentra a su paso. Darle una dirección a esa espontaneidad no está contrapuesto al hecho de las explosiones o estallidos espontáneos.

La acción del partido revolucionario y de los dirigentes es orientar a las masas para que vayan por unos cauces que les permitan obtener sus objetivos. Por ende, no se puede analizar la tesis de la espontaneidad de las masas de Luxemburgo, como una oposición entre organización y espontaneidad sino en términos de síntesis dialéctica. Hay espontaneidad y hay necesidad de encauzarla haciendo la fusión de ambas para lograr los fines buscados con una estrategia de fortalecer a las masas y debilitar a sus oponentes.

Lo que critica Luxemburgo es cuando los dirigentes de una organización consideran que su papel es "mandar" y el de las masas es "obedecerles", seguir a pie juntillas sus consignas, sus órdenes, ya sean tácticas o estratégicas, sin que exista ninguna retroalimentación de las masas hacia los dirigentes.

Se pretende asociar a Rosa Luxemburgo a un rechazo al partido, algo que no se puede demostrar, ya que ella siempre fue una militante y dirigente apegada a la organización partidaria. Tanto es así que de manera muy explícita se aferró siempre al partido socialdemócrata e incluso llegó a decir que era mucho mejor equivocarse con un partido ligado a las masas, que tener la "razón pura", dentro de un grupúsculo convertido en un club de discusión de supuestos notables que creen tener la "verdad teórica", aunque nadie entre la clase trabajadora les haga el menor caso.

Lo que Luxemburgo criticó fue a los dirigentes sindicales alemanes, que habían logrado crear una potente organización sindical pero que tenían la tendencia o el *habitus* de desmovilizar a la masa de sus afiliados. Convertidos en unos perfectos burócratas pensaban que el deber de la masa de afiliados era obedecerles porque ellos tenían una visión más amplia que los afiliados. También el éxito logrado por la masiva sindicalización y la creación de cooperativas, les produjo un instinto conservador y jerárquico acentuado.

En materia de huelgas pensaban que los sindicatos individualmente no debían irse a la huelga sin antes consultarlo no solo con los afiliados del mismo sindicato en cuestión, sino que debían convocarla única y exclusivamente si los dirigentes sindicales, después de las negociaciones previas y de haber hecho un pertrecho de medios logísticos y económicos, consideraban que esa huelga tenía posibilidad real de obtener sus objetivos y contaba con los recursos económicos para mantenerse durante un determinado período de tiempo.

Eso que se presenta a primera vista como algo racional y lógico, sin embargo, conduce a apagar la llama de rebeldía de los trabajadores y llevado a sus extremos podía ahogar la necesaria espontaneidad de las masas.

Lo que afirmó Luxemburgo y le costó que tuviera un rechazo frontal de los sindicalistas socialdemócratas y que vieran en ella a una anti partido, anti sindicatos y una especie de revolucionaria "anarquista" opuesta a toda idea de organización, disciplina, jerarquía y dirección. Una caricatura del personaje y de sus ideas, hecha a la medida del rechazo frontal que se profesa a quien se opone a las ideas e intereses de un sector con tanto poder en el movimiento socialista, alemán como era el caso de los dirigentes sindicales.

Algunos historiadores y estudiosos del marxismo tratan de explicar esa tendencia de Luxemburgo por la espontaneidad, a su condición femenina (Lichtheim), a una especie de fe religiosa en las masas (F.L. Carsten) o incluso a que su fe en las masas era de carácter anarquista (E.H.Carr). Esta fe en las masas no podía ser de carácter religioso ya que Luxemburgo nunca fue propensa a la religiosidad, ni siquiera a la judía, de la que siempre se sintió extraña, como tantos judíos no religiosos.

Respecto al anarquismo, es una acusación muy típica y tópica, que es lanzada por los adversarios por motivos polémicos, con el fin de resaltar la importancia de la organización, el encuadramiento y la verticalidad típica de las organizaciones jerárquicas. Algo que no es desdeñable sino de importancia para poder actuar en determinadas condiciones históricas, donde el orden, la disciplina, el respeto a la jerarquía es vital para poder realizar acciones eficaces. Es el principio que prima en el ejército, organización jerárquica por antonomasia y que sirve de modelo típico ideal.

Lo que verdaderamente llama la atención es la que hace el primero de los citados, Lichtheim, viendo en la defensa de la espontaneidad una consecuencia de su género, algo realmente curioso, o más bien, una manifestación de su concepción patriarcalista. Veamos su razonamiento prejuicioso:

"Rosa Luxemburgo lo arriesgaba todo con la esperanza de un movimiento revolucionario de masas. Esto sugiere que su seguridad en la "espontaneidad" frente a la "conciencia" puede que tuviera raíces psicológicas. En cualquier caso está el hecho de que (...) durante toda su carrera militante Luxemburgo producía la impresión de considerar el control constante como una amenaza a la espontaneidad, lo que es una idea típicamente femenina". (George Lichtheim,1964, p.384)

Frente a este tipo de interpretaciones nos quedamos con la que hace Geras, que considera que no existe en su orientación hacia las masas "fanatismo religioso", ni "romanticismo sindicalista", sino una actitud racional que respondía a una "amplia visión estratégica del más completo realismo". (N.Geras,1980, p.95).

Esta interpretación encuentra un fundamento sólido en lo que expresó Luxemburgo en *¿Reforma o revolución?*:

"El socialismo no surge espontáneamente y en todas las circunstancias de las luchas diarias de la clase trabajadora. El nacerá de la exasperación de las contradicciones internas de la economía capitalista y de la toma de conciencia de la clase trabajadora, que comprenderá la necesidad de abolirlas por medio de la revolución social". (R. Luxemburg,1971, I, pp. 46-47)

La huelga belga de 1902 y la polémica con Vandervelde

Todavía Luxemburgo no había encontrado un soporte fuerte en que basar esa capacidad de las masas para adquirir conciencia de clase y luchar por la revolución. Lo encontró en la huelga general belga de 1902 y posteriormente en la experiencia de la revolución rusa de 1905: la huelga de masas.

En su polémica con el reformista belga Vandervelde, analiza lo que constituye el fundamento mismo de la teoría revolucionaria: la espontaneidad revolucionaria de la clase trabajadora. Se plantea el dilema que sigue vigente hasta nuestros días:¿la clase trabajadora es una masa inerte que los jefes socialistas formados en la teoría llevan al combate político como un ejército disciplinado, o, la clase trabajadora, de manera espontánea, por su situación, se ve impulsada a reivindicar y luchar por sus intereses sociales y políticos?

En 1902 la clase trabajadora belga fue a la huelga general para reivindicar el sufragio universal que los partidos dominantes democristianos y liberales se negaban a establecer, manteniendo así un sistema censitario de voto basado en la propiedad, es decir, una "democracia de y para los ricos" y para los notables, que también figuraban en el censo electoral (jueces, abogados, ministros de los cultos religiosos, militares con grados superiores a tenientes y los titulares de un título universitario de doctor).Los miembros de la clase trabajadora y el campesinado no tenían derecho de voto.

En 1834 y 1839 hubo manifestaciones masivas de esta parte de la población que fueron reprimidas sin contemplaciones. Una reivindicación común era el sufragio universal que era negado tanto por los liberales como por los demócratas católicos, argumentando que no les aportaría ninguna ventaja, a lo cual respondían los líderes obreros: si el sufragio universal no aporta ninguna ventaja, ¿por qué lo negáis a los trabajadores?

Efectivamente, sin un contrapeso político parlamentario la burguesía tenía las manos libres para actuar y mantener a los trabajadores y a sus familias en una gran pobreza y opresión social. De acuerdo a estadísticas del gobierno belga de 1855, apenas el 5% de la clase trabajadora vivía en condiciones soportables y un 75% se encontraba en un completo desamparo. La mitad de la población era analfabeta.(R. Luxemburg-F. Mehring, 1969, pp.9-10).

En 1862 el trabajo de los niños no tenía ningún tipo de reglamentación, ni local ni nacional. Marx aporta la siguiente documentación sobre el trabajo infantil en Bélgica:

"Bélgica se acredita también como estado burgués modelo, en lo que respecta a la reglamentación de la jornada de trabajo. Lord Howard de Welden, ministro plenipotenciario inglés en Bruselas, informa al Foreign Office, con fecha 12 de mayo de 1862: "El ministro Rogier me ha dicho que el trabajo infantil no se halla reglamentado por ninguna ley general ni por estatutos de carácter local; que hace tres años que el gobierno se debate en cada legislatura con la idea de someter a la Cámara una ley sobre esta materia, pero que siempre se ha interpretado ante este propósito el temor celoso de que tal ley se halle en contradicción con el principio de la libertad absoluta de trabajo."(K. Marx, 1972, p.218)

Una primera encuesta realizada sobre las clases trabajadoras en 1842 y la segunda efectuada en 1869, proporcionaron datos alarmantes sobre la cuestión social. Muestran cómo un país puede tener un gran dinamismo económico pero esto no basta para que se produzca una redistribución de la riqueza e incluso unas libertades públicas para el conjunto de la población. Eso forma parte de un mito liberal conservador, la del "goteo" de la riqueza hacia los perceptores de rentas más bajas.

Se requieren luchas sociales y políticas para lograr disminuir la voracidad capitalista y que la riqueza social se distribuya más equitativamente. "Bélgica que, en numerosos campos (extracción de carbón, producción y explotación industrial sobre todo si uno analiza esos dominios con relación al número de habitantes), es desde hace tiempo el segundo país industrial del mundo, permanece, no obstante, como el país más conservador, antes de la primera guerra mundial, el más atrasado desde el punto de vista político y social". (Jean Puissant,1985,p.22,*Parti Ouvriere Belge ou syndicats ou inversement,Cahiers marxistes*, mars-avril Nº 131-132, cit. por Pascal Delwit, 2010, p.47,)

En 1885 se crea el Partido Obrero Belga, su objetivo principal era la obtención del derecho al sufragio universal, además de todos los derechos civiles, políticos y económicos. En agosto de 1886 convoca una gran manifestación que reclama el sufragio universal. Posteriormente se producen las huelgas generales de 1893 y 1902. La última llevó a la huelga a más de 300 mil trabajadores pero debido a que los liberales no quisieron apoyar a los trabajadores en su reivindicación de sufragio universal y que el rey se negó a disolver el parlamento, los jefes socialistas dieron marcha atrás y desconvocaron la huelga.

Luxemburgo enseguida publicó un artículo en *Die Neue Zeit* sobre las lecciones de la derrota el 23 de abril de 1902, en el que critica que los socialistas tuvieran un compromiso con los liberales lo que les ponía en la situación de un "Prometeo encadenado". Temía que la decepción que provoca la decisión de los jefes socialistas, condujera a un debilitamiento de la disciplina y de la confianza de las masas trabajadoras en los socialistas: "de esas masas sin las cuales no somos nada y que podemos perder un buen día por las ilusiones parlamentarias y las experiencias oportunistas".(R.Luxemburg-F. Mehring, 1969, p.22)

Emile Vandervelde no tardó en responderle en un escrito (del 30 de abril de 1902) dirigido a la revista socialista alemana, donde rechazaba lo expuesto por Luxemburgo y decía que no era cierto que ellos tuvieran un compromiso escrito con los liberales, éstos al igual que los clericales (los del partido católico), se resisten a aceptar la necesidad del sufragio universal. Para que los Liberales pudieran aceptar la posibilidad de un apoyo el Partido Obrero Belga limitó la petición del sufragio universal sólo a los hombres. Lo justifica Vandervelde en que entre las mismas masas del POB había una hostilidad a la reivindicación del sufragio femenino, porque consideraban que eso conduciría a fortalecer el dominio político de los clericales.

Las acciones extraparlamentarias fueron condenadas por los liberales y tanto el Gobierno como los alcaldes de Bruselas y otras ciudades tomaron medidas represivas contra los huelguistas. Ante este hecho y dado que no se podía obtener la reivindicación en el Parlamento y que de persistir en la huelga la represión hubiera sido brutal, fue que se decidió desconvocar la huelga.(Ibidem,pp.22-25)

La réplica de Luxemburgo no se hizo esperar (14 de mayo de 1902), afirma que no duda de la entereza de la dirigencia belga, demostrada en muchas otras acciones, pero que debían reconocer que la decisión de desconvocar la huelga era tan importante que el POB había tenido que convocar un congreso nacional extraordinario ante el malestar existente. Argumentaba Luxemburgo que una vez que los liberales habían dado la espalda a la reivindicación del sufragio universal era claro que la acción parlamentaria no conduciría a nada y que había que presionar con acciones extraparlamentarias. Afirma al respecto Luxemburgo:

> "la creencia en toda suerte de milagros políticos salvadores como la intervención de un rey, el suicidio político de los adversarios, todo esto es típico de la táctica pequeño burguesa liberal, la argumentación de Vandervelde no hace sino reforzar nuestra opinión, a saber, que los liberales tenían la dirección ideológica durante la última campaña, y ello sin que hubiera que tener un escrito de compromiso firmado entre liberales y socialistas. Además esa posición ha sido criticada por los socialistas de Charleroi y por los representantes de millares de mineros, los batallones más veteranos e importantes del ejército obrero belga. La crítica de Vanderlve a *Die Neue Zeit* por haber publicado esa crítica del Partido Obrero de Bélgica fue refutada por la dirección del mismo: "Lo que se ha dicho en *Neue Zeit,* nuestros camaradas belgas lo han dicho antes ellos mismos, y más enérgicamente". (R. Luxemburgo, 1969, p.25)

La huelga general no es una panacea global

Luxemburgo llama la atención sobre cómo la derrota de la huelga general política en Bélgica es aprovechada tanto en ese país como en otros para dedicarse a criticar la táctica revolucionaria, a calificarla de superada e incluso se llega a afirmar que la derrota de la Comuna de Paris era la última demostración de la ineficacia de los medios revolucionarios.

Aunque la huelga general es una de las consignas más antiguas del movimiento de los trabajadores, bajo ese paragua hay acciones muy diferentes: huelgas políticas, sindicales, industriales, nacionales, internacionales. Hay una concepción de la huelga general de influencia anarquista que funciona como un dogma de fe en una categoría abstracta, que se puede aplicar en cualquier tiempo y lugar, sin tener en cuenta las condiciones políticas concretas de la lucha de clases en cada país y sin el trabajo de organización y educación requerido. Considera esta concepción utópica.

La huelga general política anarquista es vista por ellos como el medio para desencadenar una revolución social e instaurar el socialismo. La idea subyacente es ver a la huelga como una panacea que se puede aplicar en cualquier país contra la sociedad capitalista como un todo o contra algunos de sus mecanismos básicos. Ese esquema es criticado por Luxemburgo, ya que estima que haciendo abstracción de tiempo, de lugar, de las condiciones políticas y de las luchas de clases en cada país, así como de la ligazón entre las luchas cotidianas de los trabajadores, del trabajo de organización y de formación, se revela el carácter utópico de la teoría anarquista.

La socialdemocracia, especialmente la alemana, expuso que el socialismo científico se dirige contra la "teoría absoluta anarquista" de la huelga general pero no contra la huelga general política para lograr el sufragio universal u otros objetivos.

La huelga general, empleada con fines políticos específicos o la que han realizado los belgas para exigir el sufragio universal no son asimilables a la teoría anarquista de la huelga general. Políticamente son dos concepciones opuestas, ya que la primera es el resultado de situaciones políticas particulares para obtener un determinado efecto político.

Critica Luxemburgo la concepción oportunista de ver una contradicción entre el trabajo político cotidiano, la labor en el parlamento y la huelga general política, ya que todos son instrumentos que sirven tanto para la lucha parlamentaria como para adquirir derechos. En Bélgica, una huelga general que realizan 300 mil trabajadores paraliza la vida económica del país, por la concentración industrial en un país pequeño.

Esto no ocurre en países con dispersión de su industria por un vasto territorio, como Alemania. Aparte de que en Alemania, en esa época había restricciones legales para abandonar el trabajo o para que los huelguistas pudieran ejercer presiones a los trabajadores que no quisieran ir a la huelga. En otros, como en Inglaterra, con concentración industrial y sindicatos fuertes, sin embargo, éstos no suelen hacer huelgas políticas porque no existía a inicios del siglo XX esa imbricación política entre sindicatos y partidos.

Por tanto, que la huelga general belga de 1902 no alcanzara sus fines no invalida la huelga general política, ya que la causa de su fracaso se encuentra en que los jefes políticos dieron la orden de suspenderla. Así pues, lo que verdaderamente se invalida es la alianza de los socialistas con los liberales, cuando los primeros van a remolque de los segundos, cediendo en sus reivindicaciones y programa, con lo cual fomentan el escepticismo en sus dirigentes y la falta de confianza y seguridad en sus propias fuerzas, de los trabajadores.

La huelga larga de 1913 en Bélgica

Los trabajadores belgas realizaron casi once años después otra gran huelga en abril de 1913, con una duración de diez días, para reclamar el sufragio universal, algo que pedían desde finales del siglo XIX. Con esa huelga fueron cuatro la ocasiones –en 1891,1893, 1902 y en 1913-, que los trabajadores de ese pequeño y desarrollado país se levantaron para exigir el derecho democrático al voto universal.

Fue una huelga larga, cuidadosamente preparada, tratando de evitar las improvisaciones, también pensaban que ésta era una "nueva arma de lucha en el arsenal del proletariado", como escribían los jefes del Partido Obrero Belga.

Sin embargo, después de esa larga huelga lo que se obtuvo fue la promesa de que una comisión buscaría una fórmula de unidad sobre el derecho electoral. Por eso Vandervelde, en su artículo en *Vorwärts* (28 de abril de 1913), haciendo un balance de la huelga de 1913 dice que el aspecto parlamentario "es el menos importante". Lo que importaba era el resultado político, "la conquista de la opinión pública" y, lo social, el despliegue de fuerza de los trabajadores unido al carácter pacífico de la huelga.

Luxemburgo contesta a los jefes del POB, que los trabajadores belgas durante más de veinte años habían dado pruebas de firmeza, de lucha y de entusiasmo. Por tanto, le extraña que después de veinte años, lo que se alabe es la preparación sistemática de la huelga, como si ésta fuera un fin en sí y se trate como algo fútil, el resultado parlamentario obtenido, que era el objetivo de la misma.

En realidad se trató de otra burla o táctica dilatoria del parlamento belga mayoritariamente dominado por los partidos católico y liberal. Concluye Luxemburgo que lo que nos muestra la huelga, tal como la han llevado los jefes belgas, es que esa táctica no es digna de imitar. Su punto de vista es que debían haber seguido en huelga hasta obtener el objetivo y no desconvocarla ante la primera apariencia de concesión por parte del parlamento.

La huelga de masas es un arma política

Luxemburgo afirma que la huelga de masas era un arma política con tradición en Bélgica. Las huelgas de 1891 y 1893 fueron manifestaciones con un carácter espontáneo, que lograron abrir una brecha en el derecho electoral censitario. El comportamiento de los trabajadores en las huelgas precedentes fue pacífico, fue "legal" y fue razonable. Por tanto, no venía a cuento compararlas negativamente con la de 1913 que también fue pacífica.

La violencia que se produjo en las huelgas anteriores fue debida a la provocación y represión de las tropas del gobierno y la sufrieron los obreros y sus familias. Fue en el decenio siguiente cuando los jefes del partido tomaron una orientación diferente. Una vez que, gracias a las luchas precedentes, podían tener acceso al parlamento, los dirigentes del POB se centraron en la lucha política en dicha institución. La mejor prueba de ello es que de 1902 al 1913 nunca promovieron una huelga general política para arrancarle el derecho democrático al sufragio universal.

Pero junto a ello se produjo una alianza entre los socialistas y la llamada burguesía liberal, factor éste que tendría una importancia creciente en la táctica socialista. Escribe Luxemburgo al respecto:

"La política del Partido Socialista sufrió como consecuencia de una cierta incertitud, tenía un carácter doble y equívoco. Es éste el que se manifiesta netamente en la campaña de 1902, donde el acoplamiento de la acción huelguista de las masas con la alianza con los liberales en el Parlamento determinó a los jefes del partido a no permitir la acción de las masas salvo como una advertencia sin coste, y a seguidas a reenviarles lo más pronto posible a sus casas, lo que evidentemente no podía sino hacer fracasar igualmente la acción parlamentaria". (R. Luxemburgo-F. Mehring, 1969, p.46)

En 1913 hubo una gran diferencia con las huelgas de 1891 y 1893, ya que éstas fueron movimientos espontáneos. Surgidas de los conflictos de las luchas sociales. Eran espontáneas pero no en el sentido de que fueran sin plan ninguno, desordenadas, caóticas o que no hubieran dirigentes de las mismas. En las huelgas posteriores ese elemento de resolución y entusiasmo de las masas había disminuido porque los jefes las convocaban y las desconvocan en función de sus objetivos parlamentarios y de alianzas con los liberales.

Los dirigentes belgas quisieron ordenarlo todo, asegurarse que nunca se saliera de los cauces por ellos previstos y como afirma Luxemburgo: "La energía revolucionaria de las masas no se deja meter en botellas y una gran lucha popular no se deja conducir como si fuera una parada militar". Queriendo planificar al dedillo cuál era el momento oportuno -para lo cual dejaron pasar nueve meses-, le quitaron todo su valor de movimiento sorpresivo:

"La huelga política de masas no es por ella misma, un medio milagroso. No es eficaz sino en una situación revolucionaria. Si se la transforma en una maniobra pedantemente preparada pierde su fuerza y entusiasmo y fracasa nueve veces sobre diez." (Vid. R. Luxemburgo-F. Mehring, 1969, pp.50-51)

Se encuentra en Luxemburgo un énfasis en tratar de unir la lucha por las reformas con el objetivo socialista, para evitar que las luchas por las reformas sociales, la lucha sindical, la lucha por los derechos democráticos, se conviertan en el verdadero objetivo y no formaran parte de la lucha de clases para hacer avanzar el socialismo, conquistando el poder político.

Para ello era de importancia, en su concepción, la acción directa de las masas. Así podría ganar seguridad en sí misma, en su fuerza y poder social y político. En ese sentido su marxismo era más acentuado y nítido, se trataba de que la emancipación de los trabajadores tuviera que ser obra de ellos mismos como señalara Marx.

En la época que le tocó vivir la huelga de masas era el instrumento que se creía más adecuado, era la nueva arma de los trabajadores, como lo demostró la revolución rusa de 1905 y la de 1917 en su primera etapa, la de febrero. Era el concepto estratégico revolucionario, la "estrategia de derrocamiento" para la conquista del poder político por los trabajadores.

Esta estrategia era opuesta a la "estrategia del desgaste" promovida y teorizada por Kautsky y, también, de la estrategia insurreccional o al putschismo de minorías actuando en "representación de la clase". "La revolución rusa se distinguía de todas las anteriores por la apelación de las grandes masas al arma típica del proletariado, la huelga, la huelga de millones de hombres, ya no sólo por causa de los salarios o el pan, sino por grandes objetivos políticos" (P.Frölich,1976, p.193.)

La huelga de masas en Luxemburgo se convierte en el articulador entre las acciones de las masas y el objetivo revolucionario. A través de estas acciones, la clase trabajadora se convierte de clase en sí en clase para sí, lucha contra sus enemigos de clase y lleva a cabo o intenta la conquista revolucionaria del poder.

Esa explicación no prescinde de las direcciones políticas, de los partidos y sindicatos, sino que tiene en cuenta la marcha objetiva de los procesos históricos, ya que las situaciones prerrevolucionarias o revolucionarias, no pueden ser planificadas u ordenadas por ninguna dirección política.

Recordemos que Lenin en *La bancarrota de la II Internacional* da una definición de situación revolucionaria como consecuencia de cambios objetivos, por tanto, independientes de la voluntad de los individuos, grupos, partidos o clases. Solo alguien blanquista o de mentalidad conspirativo-policial puede pensar en las revoluciones como algo que "la hace" un grupito de conspiradores "subversivos". Tal idea es contraria no solo a los principios de Marx sino también a los de Lenin y de Trotsky y, no digamos, de toda la tradición del llamado marxismo occidental (de Kautsky a Gramsci).

La idea de Luxemburgo era que un amplio sector de las clases populares sólo podían ser llevadas a aceptar el socialismo, no por folletos, periódicos, revistas o charlas de formación política sino en la vorágine de los acontecimientos en que se ven inmersas, en la lucha social, en las huelgas de masas y especialmente ante un proceso revolucionario, donde dan un salto hacia adelante en su concienciación política.

Grandes segmentos de población, en tales situaciones, pasan de la más absoluta y pasiva indiferencia a un despertar progresista, incluidos aquellos de comportamiento *lumpen*. Como expresaba Luxemburgo: "un año de revolución ha dado al proletariado ruso esa "educación" que treinta años de luchas parlamentarias y sindicales no pueden dar artificialmente al proletariado alemán". Y añade que:

> "si el elemento espontáneo desempeña un papel tan importante en Rusia, no es porque el proletariado ruso está "insuficientemente educado" sino porque las revoluciones no se aprenden en la escuela". (R.Luxemburgo, 1970, pp.86 y 100)

Es decir, las revoluciones no se aprenden en las escuelas de los partidos, ni las enseñan unos subversivos profesionales sino que surgen en los procesos de luchas sociales y es allí que las masas se gradúan, *in fieri,* es decir, en el mismo proceso revolucionario. De ahí su carácter espontaneo. Porque no es "la huelga de masas la que produce la revolución sino la revolución la que produce la huelga de masas" por lo cual no es un asunto que se puede decidir de manera arbitraria por una dirección política. (Ibid.pp.84-85)

Respecto al partido, Luxemburgo nunca creyó – y en eso coincidía con Kautsky, y ambos con la teoría de Marx-, que la función del mismo fuera " hacer la revolución", " desencadenar la revolución" u "ordenar su estallido". Esa idea puede ser cara a los anarquistas, a los blanquistas, a los "foquistas" y está muy arraigada entre los sectores reformistas y de derechas. Es el *leiv motiv* de las teorías conspiracionales de los cuerpos policiales y de seguridad, para quienes los partidos revolucionarios y marxistas están siempre "preparando la revolución".

Para ellos una revolución se organiza, se prepara, como un golpe de Estado, como un "golpe de mano", como un robo, un asesinato, una especulación financiera, una felonía bancaria o fiscal, un contrabando de drogas o el lavado del dinero proveniente de ese negocio. Nada es más incierto y anti histórico.

Las revoluciones no se preparan, las revoluciones estallan- de ahí la frase de Mao "una chispa puede encender la pradera", en los momentos menos esperados, por causas objetivas y subjetivas, pero que no suelen ser objeto de una programación sino producidos por elementos fortuitos, espontáneos e inesperados, las más de las veces.

El papel del partido marxista es saber orientar, dirigir, proporcionar las consignas adecuadas para actuar lo más pragmáticamente en orden de alcanzar las metas y no conducir las ansias revolucionarias a un callejón sin salida, a una masacre popular, a la frustración y el desencanto, que puede durar decenas de años. Un buen resumen del punto de vista de Luxemburgo sobre las revoluciones es el siguiente:

"Incluso si el proletariado (la clase trabajadora y los sectores populares), con la socialdemocracia a la cabeza desempeña un papel dirigente, la revolución no es una maniobra del proletariado sino una batalla que se desarrolla cuando alrededor todos los fundamentos sociales crujen, se desmoronan y se desplazan incesantemente". (Ibid., p.86)

Y no puede ser algo planificado por un grupo de subversivos porque una revolución implica tales sufrimientos que intentar programarla, es decir, prever todo ello, es algo tan descabellado y absurdo como pretender vaciar el océano en un vaso de agua ya que:

"el precio que paga la masa proletaria por toda revolución es un océano de privaciones y de sufrimientos terribles. Un período revolucionario resuelve esta dificultad en apariencia insoluble desencadenando en la masa una suma tal de idealismo que la vuelve insensible a los sufrimientos más agudos…en la tempestad revolucionaria…el padre de familia prudente, se transforma en un "revolucionario romántico" para el cual el bien supremo mismo-la vida- y con mayor razón el bienestar material tienen poco valor en comparación con el ideal de lucha" (Ibid. p.87)

¿Es posible conciliar el luxemburguismo con el leninismo?

Es posible y útil conciliar, utilizando el método dialéctico, el luxemburguismo con el leninismo, esto es, la combinación de las ideas de Lenin de la necesidad ineluctable de una organización autónoma de los trabajadores, con las tesis de Luxemburgo del desarrollo de la conciencia de clase a través de la acción de las masas y la organización que resulta del proceso revolucionario.

Existe una tendencia a querer contraponer Luxemburgo a Lenin como si sus posiciones políticas fueran radicalmente incompatibles. Cierto es que, como se ha expuesto en este libro, que entre ellos ha habido serias divergencias (sobre la cuestión nacional, sobre la concepción del partido, sobre la acumulación del capital y el imperialismo, sobre los métodos democráticos en la revolución) pero nunca Lenin, llegó a la descalificación, típica durante el estalinismo, de considerar a todo adversario un enemigo, un espía, un vendido a la burguesía y demás adjetivos peyorativos, además de fabricar calumnias a revolucionarios, por discrepar con él, lo que indefectiblemente conducía a la prisión, al exilio o al asesinato.

Esto es sobre todo cierto con el trato dado por Lenin a Luxemburgo, a la que siempre, aunque criticara sus posiciones, la distinguía de otros discrepantes, quizás porque sus coincidencias eran mayores que sus divergencias, aunque no puedan tampoco minusvalorarse. El motivo principal era político: Luxemburgo mantuvo siempre posiciones revolucionarias, siempre defendió el socialismo frente al revisionismo, el reformismo, el parlamentarismo, el anarquismo, el infantilismo izquierdista, el putschismo, el militarismo, el blanquismo y la subordinación política de la clase trabajadora a los intereses coyunturales de la burguesía, por muy liberal que ésta se presentara.

Ni Lenin ni Trotsky se dedicaron nunca a negar el carácter de gran revolucionaria y marxista de Luxemburgo. Lenin señaló lo que él considera los errores de Luxemburgo en *Notas de un publicista* pero también reconoció sus aciertos cuando los movimientos de huelgas de masa en Rusia: "Representantes del proletariado revolucionario y del marxismo no falsificado tan destacados como Rosa Luxemburgo, apreciaron inmediatamente la significación de esta experiencia práctica".(Lenin,1978,OC,T,34,p.40) Y no digamos cuando coincidieron, Lenin y Luxemburgo, en su condena a la carrera armamentista y en el rechazo a la participación en la guerra.

Trotsky alabó la postura de Luxemburgo contraponiendo la espontaneidad de las masas a la dirección burocrática de los sindicatos socialdemócratas alemanes y también que del espontaneísmo no hubiera hecho "una metafísica consumada", aunque dejó caer la crítica de que Luxemburgo no hizo bastante énfasis en el papel de la vanguardia.

Como señala Isaac Deutscher, el biógrafo de Trotsky, éste y Luxemburgo no dejaban ninguna ocasión para enfrentarse tanto personal como intelectualmente. Aunque Luxemburgo había colaborado en el periódico de Trotsky, *Nachalo* (*El Comienzo*) y Trotsky también lo hizo en la revista del partido de Luxemburgo, *Przeglad Socjal Demokratyczny (Revista Socialdemócrata)*. En 1907 en el Congreso del POSDR celebrado en Londres, Luxemburgo había sostenido la teoría de la revolución permanente. Ambos tenían personalidades afines y dotes políticas y literarias semejantes.

Luxemburgo coincidía con Lenin, aunque su pensamiento político fuera más profundamente democrático en sus métodos que el de Lenin y Trotsky. Quizás por ello hoy sus ideas son más aceptables para un socialismo adaptado a las necesidades de unas sociedades con un mayor nivel de desarrollo de sus fuerzas productivas, con un nivel cultural y democrático más avanzado y que acepta -como un imperativo categórico del orden social y político-, la necesidad de un pluralismo político, contrario a toda idea de un partido único que rija la sociedad basado en un modelo represivo que tenga como garante de su estabilidad la Seguridad del Estado, el poder militar y la uniformidad ideológica.

Para Luxemburgo el socialismo se basa en la auto emancipación de los trabajadores y este principio se aplica en todos los subsistemas del sistema social socialista en su conjunto: en lo político, lo económico, lo cultural y educativo. El socialismo o es democrático o es una caricatura de socialismo.

Es ahí que radica la diferenciación más acentuada entre leninismo y "luxemburguismo". El énfasis de Luxemburgo en que hay que mantener instituciones que preserven las libertades y que son esenciales para el ejercicio real y efectivo de la democracia de los trabajadores y de la mayoría social.

10. ¿Qué interés tiene hoy Rosa Luxemburgo?

Tiene que haber una forma de examinar el presente que muestre en su interior cierto futuro como potencialidad; de otro modo, sólo se hace a la gente desear infructuosamente.

Terry Eagleton

La mejor manera de predecir el futuro es creándolo.

Peter Drucker

Una de las acusaciones que se hace a los que profesan ideas de izquierda - es decir, los que quieren una sociedad más libre, más igualitaria y más solidaria, respetando el medio ambiente-, es que los autores en los que fundamentan sus objetivos de cambiar nuestras sociedades del siglo XXI, vivieron y escribieron en el siglo XIX o a principios o mediados del siglo XX y no llegaron a conocer los inmensos cambios en la ciencia y en la tecnología, en las comunicaciones y en la estructura y comportamientos sociales actuales y, que esos grandes cambios conllevan también otra percepción, por parte de los agentes sociales, de su papel en el mundo.

Este tipo de argumentos parecen ser muy juiciosos y tener una gran dosis de sentido común. Además es cierto que Marx, Engels, Luxemburgo, Kautsky, Lenin, Gramsci, Trotsky, Stalin y Mao, murieron entre 1883 y 1976. Todos antes de la revolución científica-tecnológica y de las comunicaciones, del impacto en la vida cotidiana que ha significado el desarrollo de internet, los GPS, los drones, la tendencia creciente a la robotización, la inteligencia artificial (AI), la acentuación de la globalización, de la financiarización de la economía y de la interdependencia creciente entre todos los países del mundo.

La principal objeción que hay que poner a ese argumento es que se basa en una premisa falsa. Aunque murió en 1883 Karl Marx no dedicó los duros y persistentes esfuerzos de su mente privilegiada y de una vida dedicada al estudio y a la investigación del capitalismo, a hacer una simple descripción histórica de cómo funcionaba el capitalismo, tarea ya de por sí loable e ímproba. ¿Qué fue en realidad lo que hizo Marx con el capitalismo? Descubrir los mecanismos, las leyes de su funcionamiento y reproducción y de su carácter perecedero.

El capitalismo como los otros modos de producción es temporal

Lo que hizo Marx fue desentrañar el funcionamiento profundo del capitalismo como modo de producción, las leyes intrínsecas que lo rigen y basándose en la historia económica y social, demostrar que ha habido una sucesión de modos de producción que parecían eternos e inmutables para quienes vivían en esas épocas, pero que fueron sustituidos por otras maneras de producir y de apropiarse de la riqueza.

Su conclusión y su legado científico fue que el capitalismo no era diferente a esos otros modos de producción y aunque era más adaptativo y dinámico que sus antecesores, llevaba en sí el germen de su futura sustitución por otra manera radicalmente diferente de producir, de apropiarse y repartir el excedente social global producido.

Nunca predijo sino que trató de demostrar que el capitalismo no era eterno. ¿Cuántos siglos duraría el capitalismo? ¿Dos, tres siglos, más aún? Eso nunca salió ni de sus labios ni de su pluma. No era un profeta era un científico social. Su método no era la cábala sino el método científico.

La importancia para la izquierda que se siente heredera del legado de Marx y de las buenas contribuciones de sus principales seguidores -como Luxemburgo-, así como de otros miles de autores que han contribuido a áreas específicas del análisis de las sociedades capitalistas, sea de manera global o local, es que aportan no sólo un mejor conocimiento de las sociedades en que vivimos, sino que ese caudal de conocimientos y experiencias, unas fallidas, otras truncadas, otras exitosas, permiten ir afinando los objetivos de construcción de otro tipo de sociedad, que se hará realidad mediante la lucha social y política.

Lo sustancial es que el legado de Marx y Luxemburgo y de muchos otros, es que el capitalismo por más transformaciones que haga, por más renovación tecnológica, por más acumulación a escala mundial que se produzca, no hace más que acentuar el carácter cada vez más social de la producción y el carácter privado de la apropiación. El beneficio se va concentrando de más en más y todo ello deberá conducir, en lo económico, a una percepción de que otra manera de organización social tiene que ir aneja a la manera de producir.

El capitalismo no es eterno y será sustituido históricamente por otro modo de producción y de los miembros activos de la sociedad dependerá que no caigamos en una nueva forma de barbarie. Que construyamos esa sociedad más libre en lo individual y colectivo, más informada, con una gran producción masiva de bienes y servicios y, que los mismos, puedan ser distribuidos de manera más equitativa y tendencialmente igualitaria entre los miembros de la sociedad, en función de la contribución de cada uno al acervo común. A eso es que Marx y Luxemburgo llamaron socialismo. Y nunca se dedicaron-como hacían los llamados socialistas utópicos- a describir cómo sería ese nuevo tipo de sociedad.

De manera que siguiendo esa tradición de la izquierda, que busca su fundamento en la ciencia y cuya pretensión es ver el socialismo desde una perspectiva científica, sería una trivialidad dedicarse a especular cómo sería esa sociedad, salvo en que no puede ni debe ser, semejante a la existente en el capitalismo que conocemos, desde el capitalismo de libre concurrencia a los capitalismos de Estado que han existido y de los que existen hoy día.

El socialismo no es una sociedad estatalizada

Las lecciones aprendidas nos deben llevar a reflexionar sobre las consecuencias perversas que puede tener, por ejemplo, querer poner todas las actividades económicas en manos de una burocracia estatal designada, sea por criterios técnicos, gerenciales o políticos. Intentar realizar una planificación centralizada de toda la economía de un país o región de países, desde la producción a los insumos que debe tener cada unidad productiva.

Se pueden permitir iniciativas privadas de empresarios, de cooperativas de producción, de consumo y la creación de iniciativas empresariales por parte del poder social, es decir, de asociaciones diversas de la sociedad civil, que se encuentran entre el Estado y los individuos. La estatización total de la economía no es una fórmula eficaz para un socialismo democrático.

Los beneficios de las iniciativas de emprendedores individuales o de sociedades, para el conjunto de la sociedad, son mucho mayores que los perjuicios que trae tratar de restringir o prohibir la capacidad emprendedora y de iniciativa en aras de una mayor igualdad social y económica. Porque el socialismo para Marx y sus seguidores no es un igualitarismo absoluto, sino un reparto social teniendo dos variables en consideración, el aporte a la sociedad y las necesidades vitales de los individuos o familias.

En el logro de esa equidad social que es consustancial a una sociedad socialista, los impuestos sobre los beneficios, sobre las rentas, sobre sociedades, sobre transacciones financieras, sobre el patrimonio y la herencia, son de una importancia estratégica, junto a dar seguridad jurídica a las empresas que cumplan con las regulaciones establecidas.

El economista Piketty llega a señalar que hubo momentos en que en la sociedad norteamericana el tipo aplicable a las rentas más altas entre 1932 y 1980 alcanzó el 81 por ciento en promedio. (T. Piketty, 2019, p.535) Ponemos este ejemplo no para transmitir la idea de que si eso fue posible en una sociedad capitalista con cierta regulación, en una sociedad socialista el impuesto debe ser del 90 o el 95 por ciento. Esa no es la idea que se quiere transmitir.

Lo que se quiere destacar es que se puede, de una manera perfectamente socialista, armonizar el justo interés de la colectividad con el emprendimiento, con la capacidad creativa e inversora, porque ningún Estado puede convertirse en un Behemot o un Leviatán, un monstruo queriendo controlarlo todo. Eso se ha demostrado que conduce a una falta de dinámica económica, a una frustración social y a cercenar fuentes útiles de iniciativas e innovación.

Si la idea clave para Marx y para Luxemburgo es que el socialismo consiste en un proceso de emancipación de los trabajadores, es decir, de todos los que participan en el proceso complejo de creación de mercancías, de distribución, de almacenamiento, de transporte, de financiamiento, etc., ello no puede conseguirse con una sociedad de trabajadores cuyo papel sea pasivo.

Se trataría de que el Trabajador Colectivo, organizado en múltiples organizaciones o asociaciones, tiene que tomar en sus manos iniciativas políticas, sociales y también económicas, tanto en el ámbito de la producción, como en el de la distribución y del consumo.

El socialismo no consiste tampoco en destruir lo que funciona adecuadamente sino en tratar de que lo que no funciona o lo hace mal, funcione mejor si es posible. Siempre teniendo como meta el bienestar del conjunto de la sociedad y la subordinación del interés individual al de la colectividad.

Si nos remitimos a los datos existentes nos encontramos que las sociedades más igualitarias del planeta tierra -aparte de las tribus amazónicas o de otros lugares donde se vive en una etapa de economía natural y de caza y recolección-, son aquellas que han establecido un control riguroso de las actividades del capitalismo.

Ya sea en la creación de empresas, sobre las inversiones, cómo producir determinados tipos de bienes resguardando la salud pública y el medio ambiente, con controles en los centros de dirección por parte de los trabajadores asalariados de las empresas y con elevados impuestos (sin llegar a ser confiscatorios), tanto sobre los beneficios de las sociedades como sobre los ingresos o rentas de cada persona.

Eso aún es capitalismo. Hay capitalismo porque hay apropiación de la plusvalía por parte de los dueños de los medios de producción pero es un capitalismo controlado, regulado, un capitalismo restringido por los intereses de la colectividad, del conjunto de la población. Un capitalismo menguado que si se sigue la lógica de apropiación social creciente del excedente, se convierte progresivamente en algo más poscapitalista que puramente capitalista.

Los países del Norte de Europa, son los que más han avanzado socialmente, aunque durante las últimas décadas han progresado las iniciativas neoliberales. ¿Son sociedades perfectas? No. ¿Existen desigualdades sociales? Si. ¿El Estado no tiene ningún condicionamiento por la clase dominante de esos países? Claro que está sometido a un proceso contradictorio de luchas entre los intereses privados de las clases dominantes y el interés público de la mayoría social.

Hay momentos donde el interés público predomina y hay momentos y decisiones que favorecen más los intereses privados de sociedades e individuos capitalistas pero eso demuestra –aunque no se emplee la terminología- que se está ante un proceso social de lucha de clases, de conflicto de intereses, entre lo público y lo privado.

Eso ocurre en una sociedad capitalista regulada y ocurrirá en una sociedad poscapitalista o de socialismo participativo y democrático, porque no puede ser de otro modo. Si no se produce ese escenario de luchas entre intereses contrapuestos, no estaríamos en una sociedad viva, sino en una sociedad estancada, asfixiada por el poder de un Leviatán hiper autoritario donde se perdería progresivamente el impulso vital para avanzar.

Las contradicciones sociales y económicas no se eliminan por un decreto del Estado, ni por leyes del parlamento, ni con un pelotón de fusilamiento. Se afrontan a través de la lucha de posiciones encontradas, diferentes, contrarias y, lo más racional y práctico, es tratar de resolverlas con una síntesis superadora, con lo mejor de ambas posiciones, aunque históricamente quizás haya predominado lo absurdo de querer simplemente aplastar lo contrario y desechar lo que pudiera haber de positivo, interesante o salvable de sus posiciones.

El hombre, se ha dicho que es un ser racional. Pero esa es una visión muy simplista. Mientras la estructura social forje los comportamientos dirigidos a la lucha por la competencia individual por bienes escasos, tiene más razón Hobbes que Aristóteles, el hombre es más un lobo para el otro hombre. Esperemos que no sigamos marchando de esa manera. El poscapitalismo y el socialismo participativo y democrático es el camino.

El socialismo no se impone por decreto

Hay algo fundamental en el socialismo de Marx que es también el de Luxemburgo. Socialismo no consiste en que unos gobernantes se auto proclamen "socialistas" y crean que repartiendo lo existente lo más igualitariamente posible se ha resuelto el problema. El socialismo es producto de un desarrollo de las fuerzas productivas que entra en contradicción con las forma de apropiación, ya que limita la capacidad de expansión de esas fuerzas productivas.

El éxito del capitalismo ha sido tener la capacidad de lograr que esas fuerzas se siguieran desarrollando, incorporando nuevas áreas de acumulación tanto en ámbitos nacionales como a escala mundial y, teniendo que ceder parte de la cuota global de plusvalía, sea para emplearla en represión, sea para utilizarla en políticas sociales.

De la represión del enemigo externo ha hecho un modo de expansión de la inversión estatal en la industria de armamentos para guardar las fronteras o ampliarlas con el fin de ganar otros territorios. De manera que también han hecho de la guerra o de la amenaza de guerra, un incentivo para la acumulación, la producción y la apropiación de cuotas de plusvalía.

Este dinamismo del capitalismo contrasta con el *rigor mortis* de muchos progresistas que pretenden que van a hacer avanzar a sus pueblos con el simple reparto del parte del producto social, sin tratar de desarrollar las fuerzas productivas y apelando a una dialéctica del reparto, de la distribución de lo existente, sin, a la vez, incrementar la producción y la productividad. Marx y Luxemburgo no son economicistas en el sentido de considerar que todo depende de la producción pero tampoco son unos voluntaristas o sentimentales que piensan que los problemas sociales se resuelven con grandes dosis de optimismo abstracto y de incompetencia práctica.

Para avanzar en la distribución de riqueza de bienes suficientes —mejor aún de bienes abundantes-, hay que aumentar la producción. Para aumentar el nivel de vida de la población hay que crecer racionalmente en la producción de bienes agrícolas e industriales. Hay dos modelos en pugna, el consumista que estima que el nivel de vida y el bienestar consisten en tener más y más bienes desechables per cápita, lo que conduce a la necesidad de un crecimiento en espiral y cada vez con más despilfarro.

Hay otro modelo que no es consumista sino centrado en una economía más dirigida a las personas, que considera que no se trata de tener más pantalones, faldas, camisas, y coches a cambiar cada tres o cinco años, sino que la sociedad ofrezca a todos más servicios públicos. Más y mejores servicios de salud, de guarderías infantiles, escuelas, universidades, bibliotecas y mediatecas, comedores o restaurantes populares, mejores medios de transporte colectivos, un empleo más cultural y saludable (deportivo) del tiempo libre, más teatros, cines, accesibles a todos, más gimnasios en los barrios y clases de lenguas, pintura, música, declamación, arte dramático, talleres de escritura, escuelas de actividades diversas, etc.

Esto además de crear empleo, aumenta las capacidades de las personas y esa ampliación de sus horizontes provoca también mayor sensibilidad para entender que, mientras una sociedad es más igualitaria, menos desigual, la vida y las oportunidades de todos mejoran sensiblemente.

Socialismo no es una dictadura personal ni de partido

Luxemburgo tuvo la certeza desde el inicio de la revolución rusa de 1917 de ver con claridad el tipo de revolución que se estaba desarrollando. Ella como todos los socialistas consideraba que en Rusia se estaba ante una revolución democrática burguesa que debía poner fin al atraso de ese país, a la autocracia y ampliar las libertades individuales y públicas. Esa idea la mantenían tanto los mencheviques como los bolcheviques.

En febrero de 1917 a nadie se le había ocurrido que la revolución pretendiera instaurar el socialismo, pasar de una sociedad con sectores capitalistas industriales importantes, pero donde lo que predominaba eran relaciones sociales de semi-servidumbre, a una sociedad socialista.

Luxemburgo sostenía que para que no se restaurase la autocracia no eran los liberales los que debían tener la hegemonía del proceso sino los trabajadores rusos organizados en los consejos o soviets. Ellos tenían que poner fin a la guerra. También señaló que esa revolución democrática tenía una dimensión socialista, es decir, iría avanzando rápidamente hacia una democracia de trabajadores.

Lo importante era que los trabajadores empujaran para que no hubiera una paz por separado con Alemania sino para que se detuviera la guerra imperialista. Esta idea chocaba con la de Lenin que quería firmar la paz por separado con Alemania para poder conservar las recientes conquistas democráticas.

Rosa Luxemburgo sostuvo que si la clase trabajadora no llevaba a término la lucha contra sus burguesías que les habían arrastrado a la guerra, si no conquistaba el poder y declaraba el socialismo en los países europeos más avanzados, especialmente en Alemania, la revolución en Rusia fracasaría, sería derrotada.

Luxemburgo no creía, hasta entonces, en el establecimiento del socialismo en Rusia sino en países como Alemania, Francia, Inglaterra, siguiendo en eso una lógica derivada de Marx y Engels. Su idea era transformar la lucha contra la guerra en revolución socialista en Europa y si ello ocurría, Rusia también podría ser socialista. Los rusos habían señalado el camino para la revolución pero ellos solos no podían construir una sociedad socialista.

Los marxistas rusos y los alemanes coincidían en la falta de madurez de condiciones en Rusia para el socialismo. No fue sino en abril que Lenin cambió de punto de vista – con sus *Tesis de abril*- y se alineó con las que habían sido las posiciones de Trotsky: la teoría de la revolución permanente. Es decir, que en la etapa imperialista con una interdependencia entre las naciones era posible el paso de una sociedad atrasada al socialismo.

Lo decisivo y su prerrequisito era que sí se producía una revolución en los países capitalistas más adelantados, ello permitiría superar el atraso económico en Rusia. Era una tesis sugestiva. Pero sobre todo era una argumentación tremendamente optimista, digna de un doctor Pangloss revolucionario, que encontraría posteriormente a su Cacambo, en la persona de Stalin.

Obviamente, en tan poco tiempo —de febrero a octubre-, las condiciones sociales de Rusia no se habían transformado en la base económica para sustentar el cambio de rumbo de Lenin. Lo que sí había ocurrido era que las masas trabajadoras eran cada vez más protagónicas y decisivas en la lucha de masas.

Los bolcheviques iban ganando cada vez más adeptos y Lenin y Trotsky no querían desperdiciar la oportunidad que se les presentaba de hacerse con el poder. Como así lo hicieron, disolviendo la Asamblea Constituyente donde no tenían la mayoría y, lo más criticable para Luxemburgo, era que si socialmente la mayoría era ahora pro bolchevique- como pensaban Lenin y Trotsky-, no entendía por qué entonces en vez de convocar a nuevas elecciones prefirieran disolver la Asamblea Constituyente.

Para Luxemburgo que los bolcheviques tomaran el poder no implicaba que por ese hecho ya el socialismo estuviera implantado, que se hubiera pasado de la revolución democrática a la socialista. El control del aparato estatal y que los consejos ya no tuvieran el poder de decisión, implicaba para Luxemburgo que se estaba ante una dictadura no del proletariado sino de una dictadura sobre el proletariado, porque la democracia de los Consejos no significaba eliminar otras instituciones democráticas, como era la Asamblea Constituyente.

Lo expuesto por Luxemburgo en el folleto *La revolución rusa* y en una serie de cartas no es una crítica de derechas a Lenin y Trotsky sino al contrario. Lo que se critica no es que la revolución se radicalizara sino que a diferencia de la idea esencial de Marx y Luxemburgo, que es la emancipación de la clase trabajadora, los bolcheviques sustituyeran los órganos democráticos de los trabajadores por su verticalismo, ejerciendo una dictadura política sobre los trabajadores y sobre todo el pueblo.

Lo que ella reclama es que los trabajadores sean más decisivos, que ejerzan la democracia y no que el partido bolchevique decida por ellos. Para ella la democracia es esencial, sobre todo, para los trabajadores.

El socialismo es una democracia integral

La crítica marxista de Luxemburgo realizada en 1918-1919 sobre la cuestión de la relación masas y jefes, dictadura y democracia, democracia de los trabajadores y no dictadura de un partido, fue tan lúcida que vista ciento y un año después parece una profecía.

Da algo más que vergüenza que todavía hoy con toda la cuantiosa información con que se cuenta sobre la URSS y las llamadas democracias populares, personas que se proclaman marxistas y dicen ser socialistas o comunistas, mantengan una indiferencia vital e intelectual tan acentuada sobre la repetición y el calco de ese modelo.

Se aplica el modelo con ligeras variantes pero se mantiene el núcleo esencial del mismo, a saber: la dictadura personal o de un grupo minoritario, con poderes plenipotenciarios y discrecionales, que imponen al pueblo en su conjunto su voluntad, de manera absoluta.

Sin embargo, no existe en Marx y en su legado teórico nada que sustente la identificación del marxismo con dictaduras personales, grupales o de un partido que monopolice el poder e imponga un pensamiento único, una ortodoxia oficial incontestable. No se encuentra una defensa desde el marxismo de un tal sistema de dominación.

La que más se acercó a un intento de dar una explicación al fenómeno –en ese momento embrionario- fue Luxemburgo al explicar que las condiciones de cerco y guerra de potencias extranjeras contra los bolcheviques, llevaron a estos a hacer una política y economía de guerra que implica una organización jerárquica y verticalista, que se aplicó a todas las esferas, pero eso era por cuestiones de necesidad coyuntural, se negó rotundamente a hacer de la necesidad virtud. Es decir, cantar loas a la dictadura de los jefes sobre las masas, del partido sobre la clase trabajadora.

No lo hizo Rosa Luxemburgo porque hacerlo hubiera sido renunciar a su acendrado marxismo. Nada podía encontrar en ese legado hasta 1918, de una justificación del despotismo o del autoritarismo verticalista, ya que lo más cerca que se encuentra en Marx de una prefiguración de que es un gobierno de los trabajadores estaba en la Comuna de Paris de 1871 y es sabido que el gobierno de ésta fue una especie de democracia directa y plural, ya que los trabajadores tenían diferentes tendencias, corrientes y concepciones del socialismo (proudhonianos, saint-simonianos, blanquistas, anarquistas, etc.).

Quince días antes de ser asesinada aquel 15 de enero de 1919 dejó escrito en el programa del recién formado Partido Comunista de Alemania, surgido de la Liga Espartaquista, que la revolución de los trabajadores no necesita acudir al terror para alcanzar sus fines y que más bien le tenía horror al odio y a la muerte. Que no combatía contra los individuos sino contra las instituciones.

Todo lo contrario, pues, de lo que se impuso en Rusia diecisiete años después cuando en 1936 se inicia el proceso que llevó a la condena a muerte de Zinoviev, Kamenev, Tomsky, Probajensky, Bujarin, Piatakov y Rukov, entre muchos otros de los principales dirigentes del partido bolchevique y compañeros de la dirección política con Lenin. Para continuar en 1940 con el vil asesinato del creador y jefe del Ejército Rojo y coprotagonista indiscutible con Lenin de la Revolución de octubre, León Trotsky.

Para Luxemburgo son las masas, mejor dicho, los trabajadores organizados y disciplinados, la fuerza motriz de la lucha por la ampliación de la democracia, de los derechos y del socialismo. Luxemburgo no confiaba en las masas desorganizadas, en aquellos que se reducen a votar cada vez que se convocan elecciones y que permanecen el resto del tiempo pasivos, ella como Gramsci rechazaba a los indiferentes porque ellos se convierten en una masa utilizada por los políticos al servicio de la clase dominante y, por tanto, son el segmento más atrasado y menos educado políticamente del pueblo.

Los socialistas luchan para que haya una masa trabajadora consciente de sus derechos ciudadanos y sus intereses de clase. Mientras a los que les interesa manipularlos y convertirlos en seguidores ciegos de consignas, les da igual que no tengan una conciencia cívica y de clase, siempre que obedezcan sus órdenes, sea de coger un fusil o de ir a depositar un voto. En ese sentido actúan igual los llamados "estalinistas", los socialdemócratas y los liberales. Quieren obediencia, no conciencia.

Obviamente, la gran lección de Luxemburgo –de alcance universal- es que la democracia es sobre todo vital para el conjunto de los trabajadores y que todo lo que sea limitar la capacidad de expresión y manifestación de los trabajadores -por más que se justifique por motivos muy diversos: cerco imperialista, defensa contra la ofensiva de los enemigos, etc.-, termina perjudicando a los mismos que por su pretendido bien, se adoptan las medidas de recortes de las libertades. Como ella afirmaba en el caso de los bolcheviques: lo que no se puede pretender es hacer de la necesidad virtud.

El socialismo hoy: ¿Adiós a Marx?

El socialismo de Marx y Luxemburgo no tiene como base los sentimientos humanitarios, la bondad o la fe en una religiosidad trasplantada a la tierra para tratar de hacer de ella un paraíso terrenal donde vivamos en una república cosmopolita de hermanos.

Se entiende perfectamente que no se trata de negar la importancia de los sentimientos y de las buenas intenciones. Simplemente, ese no es el fundamento en que se basa el socialismo de Marx para incentivarnos a luchar por un cambio revolucionario que conduzca a otro tipo de sociedad, basado en otro modo de producción y de relaciones sociales.

El socialismo de este tipo se apoya en una concepción científica, en el sentido de que se basa en los avances científicos aplicados a todos los ámbitos y trata de estudiar la sociedad en su conjunto empleando el método científico. No trata de especular, construir castillos en el aire o enhebrar un discurso emotivo que impulse a la acción. Se trata de que el capitalismo sea superado por otro modo de producción que se oriente a la satisfacción de las necesidades humanas, que no destruya el eco sistema. Si no se organiza la producción con esos objetivos al servicio del bien común, la humanidad caerá en una nueva barbarie.

En las ciencias sociales hay una arqueología del saber antimarxista que acude a cualquier elemento de la sociedad que parezca "contradecir" las ideas de Marx para intentar descalificarlas y decretar su absoluta superación y mostrar que es una teoría en desuso, anticuada, sino muerta. A ellos se les puede responder con lo expresado por Frigga Haugh: "La actualidad del marxismo da a su oración fúnebre una disonancia estridente".

Cualquier avance social es empleado por los sicofantes y portavoces de las clases dominantes para desarrollar teorías de grado medio, o teorías de sistemas globales, que "echan por tierra" –supuestamente-, las teorías de Marx.

Lo que ocurre que esas teorías cumplen su ciclo de moda académica, difusión en los medios de comunicación y algunas se hacen virales en las redes sociales, hasta que terminan en el olvido, hasta que surge otra que trata con "novísimos" datos o fenómenos, volver al mantra típico: Marx no tiene nada que decir en la sociedad actual.

Así fue a fines del siglo XIX, en el siglo XX, y continúa en estas primeras décadas del siglo XXI. Empero, lo único cierto es que Marx, doscientos años después de su nacimiento, no pudo haber dicho todo, haberlo previsto todo en sus detalles y particularidades, dar cuenta de la manera que asumen los cambios sociales y de comportamientos.

Lo que sí se puede afirmar por especialistas como David Harvey (que tiene casi cincuenta años dando seminarios y talleres sobre los tres tomos de *El Capital*), es que en ese libro se encuentran expuestos o prefigurados elementos que hoy se nos presentan como si fueran grandes novedades y que Marx avizoró, no por dotes proféticas, sino como tendencias del modo de producción capitalista.

Pongamos ejemplos de ello, la globalización de la economía capitalista. La acumulación capitalista y la reducción de formas de producción pre-capitalistas. La concentración de la riqueza mundial en un ínfimo número de capitalistas. El incremento de la desigualdad social absoluta o relativa, tanto a escala internacional como interior de los países. La progresiva sustitución del trabajo vivo por el trabajo muerto y de la plusvalía absoluta por la relativa. La persistencia de las crisis periódicas.

De ninguna manera esto quiere decir que no se tengan en cuenta nuevos desarrollos y que no se analicen a fondo. En Marx hay más aciertos de los que se le quiere reconocer por la llamada ciencia social "burguesa" o "neutra" y, su principal mérito, es que su profundo estudio del capitalismo indica el funcionamiento esencial del mismo y las leyes internas que rigen su reproducción.

Mientras exista el capitalismo Marx seguirá teniendo vigencia. Mientras el capitalismo permanezca, las modas intelectuales pasarán, pero el análisis de Marx del capitalismo prevalecerá, con las puestas a punto que realizan quienes aplican la investigación científica al servicio del interés general de la humanidad y no de la economía basada en el lucro.

Los verdaderos marxistas no lo son en sentido litúrgico, aspiran y se sentirán felices cuando la teoría de Marx se quede obsoleta. Si el marxismo se supera, objetivamente hablando, no con las habituales logomaquias al uso, querrá decir que el capitalismo ha sido superado por otro modo de producción. Marx será entonces una "antigualla" cuando el capitalismo sea una materia del pasado. No antes.

Como expuso de manera anticipatoria en su último discurso Rosa Luxemburgo presentando el programa del partido KPD (PCA):

"El desarrollo capitalista en gran escala ha llegado tan lejos (…) que hoy nos podemos proponer seriamente liquidar al capitalismo de una vez por todas. No sólo estamos en condiciones de cumplir esta tarea, no sólo es un deber para con el proletariado (*es decir, en lenguaje actual, para el Trabajador Colectivo y la mayoría social, es decir, para casi todo el pueblo*), sino que nuestra solución le ofrece a la humanidad la única vía para escapar a la destrucción".

Marx y Luxemburgo en la era cibernética

¿El socialismo debe ser visto en este siglo XXI como una utopía del pasado, es algo obsoleto? La respuesta a esto es que el desarrollo científico-tecnológico, lo que nos indica es que estamos avanzando de manera apresurada en poder producir más y en poder satisfacer las necesidades de toda la población mundial.

Si esto no ocurre es porque es imprescindible para lograrlo un control político democrático de las nuevas tecnologías para hacer que la transformación del mundo sea a mejor. La infraestructura tecnológica y de comunicaciones del siglo XXI está produciendo los recursos con los que puede haber un nuevo sistema político y económico mundial inclusivo.

Los cambios tecnológicos avanzan de manera tan acelerada que lo conseguido en una década, parecía inimaginable hace apenas veinte o treinta años atrás. Por ejemplo, internet, las redes sociales, han dado voz a miles de millones de personas que antes no podían exponer sus puntos de vista y esto permitiría una democracia participativa y si se quiere hasta directa, no solo a nivel nacional sino a escala planetaria.

Los avances de la ciencia y de las nuevas tecnologías permiten una mayor longevidad y que la vida de las personas sea, en general, mucho más saludable que antes. Aunque es cierto que ahora no es igual en todo el mundo ni tampoco lo es en las diferentes clases y capas sociales. Aunque siempre exista la amenaza de virus y pandemias.

Los programas de simulación y los famosos logaritmos ofrecen posibilidades para que se pueda hacer una más precisa planificación de procesos económicos y tener una dirección más racional de la economía, utilizando la planificación democrática. Ninguna gran empresa ha dejado nunca de emplear la planificación de sus actividades y procesos. Es una técnica que se puede aprovechar a favor de una sociedad más igualitaria y democrática.

En el mundo de la producción las imprentas 3D, los software gratuitos, la informatización generalizada y aplicada a los servicios y a la producción de bienes, la internet de las cosas, la 5G, está haciendo que pueda haber abundancia de los mismos y que la miseria pueda ser cosa del pasado. Y junto a ello avanzamos hacia la automatización del trabajo, que cada vez más hará que los robots sustituyan el trabajo humano, o sirva para complementarlo y hacerlo más eficaz y productivo.

Un estudio de la Universidad de Oxford expone que un 47 por 100 de los empleos existentes en los Estados Unidos podían ser automatizados. Eso en 2017, hoy a lo mejor sería el 50 por ciento o más. Encuestas del Centro de Investigaciones Pew (de EE.UU.) han expuesto que el 80 por ciento de los estadounidenses piensan que para 2050 los robots estarán haciendo la gran mayoría de los trabajos que hoy hacen las personas y que habrá una mayor desigualdad económica. Pero eso no tiene ser así si se modifica el sistema a favor de los intereses de la mayoría social.

La robotización no es ciencia-ficción, es una realidad que se expande, que se irá generalizando en el mundo de las empresas de producción de bienes y de servicios. Alguno concluye que todo este proceso está minando las bases del capitalismo tal como lo conocemos, debido a que:

"Una economía basada en la información, por su tendencia misma a los productos de coste cero y a la debilidad de los derechos de propiedad, no puede ser una economía capitalista. (Paul Mason, 2016,p.236).

Así pues, muchas de las que han sido demandas tradicionales de las izquierdas: menos tiempo de trabajo, que no haya escasez de bienes sino una relativa abundancia de los mismos, una economía más democrática centrada en la satisfacción de las necesidades más que en la obtención de lucro, una renta mínima universal, etc. Están más cerca de poder conseguirse que en ningún otro momento de la historia de la humanidad. (Nick Srnicek, Alex Williams, 2015)

Sin embargo, al mantenerse el sistema de relaciones sociales capitalistas y el poder político que lo sostiene se produce todo un conjunto de problemas sociales, económicos, de desigualdad social, conflictos bélicos, deterioro del medio ambiente y pandemias, entre otros muchos problemas que estamos viviendo: trabajos inseguros, precarios, estagnación de los salarios, deuda privada creciente de las familias, etc.

Se teme por la sostenibilidad de las pensiones, por los sistemas de salud universales. La automatización y la robotización en vez de ser un medio de liberación social y humana están aumentando el desempleo y empobreciendo la vida de las familias trabajadoras (sean obreras o de la llamada "clase media").

Mientras, ya conocemos lo que ocurre, el 1 por ciento más rico de la población mundial sigue acrecentando su riqueza. ¡En 2018 poseían más del doble de riqueza que la suma de la que tienen casi 6090 millones de personas! O sea, sigue la concentración de la riqueza en unos pocos individuos, mientras la inmensa mayoría de la población mundial tiene un porcentaje menor de la riqueza y del capital existente.

Todo ello demuestra que estamos viviendo en una contradicción irresoluble en el marco del sistema capitalista. Cada vez hay mayores posibilidades tecnológicas, científicas y de innovación para intensificar la producción y tener un mundo en el que puedan vivir dignamente todos los habitantes, disfrutando de los bienes esenciales para alimentarse, tener un techo, acceder a la educación y disfrutar del tiempo libre, no quizás con un consumo ostentoso o con un consumismo frenético, basado en el despilfarro, sino con una vida mejor y más libre, consumiendo racionalmente y con respeto al medio ambiente.

Eso no es una utopía de soñadores sino un hecho social. ¿Por qué ese mundo mejor no es posible aquí y ahora? Por la archi concentración de la riqueza en un puñado de billonarios. Por el control por parte de ellos de las finanzas y la economía mundial. Por la subordinación del poder político estatal a sus designios y la falta real de autonomía de los gobiernos para tomar decisiones libres y democráticas, ante la amenaza de que el dinero huya y se descapitalicen los países "rebeldes" y no digamos los considerados revolucionarios.

El capitalismo neoliberal ha sido capaz de vencer al capitalismo burocrático de Estado (la ex URSS y las democracias populares), y ahora está tratando de derrotar a la democracia. "La razón neoliberal –hoy ubicua en los despachos gubernamentales y los centros de trabajo, en la educación y en la cultura, en el hogar y en una amplia gama de actividades cotidianas- está configurando todos los aspectos de la existencia en términos económicos y transformando al ciudadano en un simple y explotado *homo aeconomicus*". (Wendy Brown, 2016, p.279)

¿Puede la democracia sobrevivir en estas condiciones? ¿Estamos todavía a tiempo para tirar del freno de emergencia antes de que el neoliberalismo lo arrase todo? ¿Acaso la democracia está siempre destinada a que la capturen y se aprovechen de ella aquellos con dominio social? ¿Acaso el demos (el pueblo) siempre se verá contenido, dividido y reprimido en nombre de su propia forma política? Estamos ante un orden que se basa en una teodicea centrada en el mercado. A él se remite todo. Siempre la solución neoliberal a todos los problemas se reduce a una idea única: más mercado y menos regulaciones e impuestos.

Por ello es fácil entender que hay una oposición frontal entre un mundo para todos, para el pueblo, para la gente, y este capitalismo ensimismado en su concentración de capital y patrimonio en una exigua minoría, que una vez que se ha eliminado a uno de sus competidores -el modelo alternativo económico de planificación central-, se dispone eliminar otra fuente de problemas: una democracia sustantiva basada en el poder del pueblo. Para ir hacia su sociedad ideal, para beneficio de una ínfima minoría: Capitalismo de mercado. Democracia de mercado. Sociedad de mercado. El resultado es un darwinismo social.

Por una izquierda para mejorar la vida del pueblo

La izquierda democrática, el socialismo democrático participativo, que se nutre de las ideas de Luxemburgo, sabe que nunca antes ha tenido las condiciones objetivas más maduras para realizar una sociedad alternativa al capitalismo neoliberal, pero que los obstáculos que tiene para lograrlo son cada vez mayores. Ante la rendición de tantos, ante la falsa omnipotencia del neoliberalismo, hay que seguir con la certeza de que podemos y lograremos ganar un mundo para hacerlo mejor para todos construyendo unas sociedades donde:

- todos podamos vivir mejor- en lo económico, social y ecológico- con una economía centrada en las necesidades de las personas y que proporcione a todos una igualdad esencial de oportunidades y un reparto equitativo de la riqueza social producida.

- vivir libres –practicando la autodeterminación de las mujeres y hombres- de manera que nadie decida por ellos las condiciones de su propia vida en todos los órdenes (en lo cultural, religioso, sexual, ideológico) siempre que ello no perjudique a otros.

- vivir en una democracia en la que los ciudadanos-no una minoría con dominio social y económico-, compartan y manejen el poder, participando activamente en las decisiones que les conciernen, tanto a nivel local como estatal e internacional. La revolución de las tecnologías de la comunicación lo permite.

Por tanto, las ideas de Luxemburgo, su legado político esencial, puede seguir siéndonos extremadamente útiles hoy en día, siempre que tengamos la racionalidad de comprender los cambios acaecidos desde 1919 hasta nuestros días y que tengamos sabiduría y sentido práctico y político.

Es decir, que practiquemos la "realpolitik revolucionaria" que Luxemburgo reclamaba. Ser revolucionario y practicar la *realpolitik* parece que son términos excluyentes. Sin embargo: "La búsqueda de una política revolucionaria que sea a la vez realista es actual y urgente para la invención de una nueva política de izquierdas en el siglo XXI". (Frigga Haug, 2013.pp.65)

Entendemos que si no podemos asaltar el cielo, por lo menos intentemos que nuestra meta sea acercarnos lo más posible a las estrellas. El dilema expuesto por Engels y empleado hasta hacerlo tan suyo que va ligado políticamente a las ideas de Luxemburgo sigue estando a la orden del día: ¡Socialismo o barbarie!

Hay en este dilema un elemento profético, no porque prevea cual es el porvenir sino como señala Daniel Bensaïd porque hace una "anticipación condicional". Advierte a toda la humanidad de las catástrofes que nos vendrán encima si seguimos el camino que nos conduce paso a paso a ella: la búsqueda del lucro por encima de todo y a cualquier precio.

Por ende, hay que rectificar, enrumbarnos por otra vía, actuar antes de que se llegue a un momento de no retorno. Y esa vía, no importa el nombre que le demos, consiste básicamente en organizar la economía en función de la satisfacción de las necesidades sin seguir destruyendo el planeta. Esa es la fuerza social anticipatoria pero de apremiante actualidad que tiene hoy el grito de: ¡poscapitalismo o barbarie! ¡Socialismo o barbarie!

Ni capitalismo neoliberal, ni capitalismo burocrático de Estado

Volver a Luxemburgo no debe ser un ejercicio de nostalgia sino de anticipación del camino que debemos recorrer para salvar el planeta de su acelerada destrucción y organizar la economía y la sociedad a partir de la satisfacción de las necesidades humanas.

La socialdemocracia ya no se plantea ir más allá del capitalismo sino ser un sostén de ese sistema, conformándose con plantear unas políticas algo más sociales, para evitar las disfuncionalidades evidentes del capitalismo y, aún así, únicamente si hay una presión desde abajo para denunciar y afrontar las desigualdades y las exclusiones. La socialdemocracia se ha rendido al sistema capitalista y al neoliberalismo.

Así pues, el pensamiento de Luxemburgo puede servirnos para buscar un camino hacia el poder de la mayoría social, de los que contribuyen a crear la riqueza social, que racionalmente logre cambiar a través de reformas profundas y progresivas, el sistema económico capitalista neoliberal imperante.

La prospectiva económica nos muestra que ese cambio revolucionario, en sus fines, podrá ser detenido durante un tiempo pero será en cierto modo inevitable y terminará produciéndose. La movilización social de la colectividad podrá acelerar ese proceso. Nadie, ninguna fuerza puede detener el deseo de justicia social, de mayores libertades, de igualdad social, de disfrute del ocio, de desarrollo y disfrute de todas las manifestaciones del arte.

Eso no es una utopía en el sentido de un sueño inalcanzable. Tenemos cada vez más los medios científicos, tecnológicos, comunicacionales, de robótica y de inteligencia artificial, para que ese mundo se pueda construir. La utopía real, concreta y posible, prevista por Karl Max y por la que luchó y murió Rosa Luxemburgo está al alcance de nuestras manos. Ya que como ella nos dijo, la sola emancipación verdadera es la emancipación realizada por nosotros mismos. Si nos movemos colectivamente para conseguirla, tendremos ese mundo mejor para todos.

Hacia una sociedad donde predomine la automatización y la satisfacción de las necesidades de todas las personas

Los creyentes y los teólogos de un capitalismo eterno se basan en las dos centurias y media en que el capitalismo ha sobrevivido haciendo posible lo que Schumpeter denominó la "destrucción creativa". El capitalismo ha evolucionado e incluso prosperado a través de la revolución industrial, el proteccionismo, la gran depresión, dos guerras mundiales, el fin del patrón oro y de los acuerdos de Bretton Woods, la crisis del petróleo y la crisis financiera de 2008-2009.Está por verse si podrá hacerlo después de la Gran Recesión causada por la pandemia del Covid-19.

Los problemas no se esfuman, siguen existiendo y se agudizan: un crecimiento bajo, un declive del nivel de vida, aumento de las tensiones geopolíticas, pero nada de eso inmuta a sus partidarios porque entienden que el capitalismo ha logrado resolver problemas semejantes. Empero hay elementos de crisis que no parecen permitir la reproducción de este sistema que se fundamenta en el crecimiento, la producción para el lucro o beneficio y el trabajo asalariado.

Afirma David Harvey que el "abismo de empatía" entre la oligarquía global y el resto de los pobladores es inmensa y aumenta:

…"los oligarcas confunden rentas superiores con valor humano superior y toman su éxito económico como evidencia de su superior conocimiento del mundo en lugar de atribuirlo a su dominio superior de los trucos contables y las sutilezas legales. No saben cómo atender la situación difícil del mundo". (D.Harvey,2014, p.282)

¿Cómo podrán resolver la cuestión del cambio climático, del calentamiento global, de la escasez de recursos, especialmente de energía, minerales, de agua potable? Y seguimos, ¿cómo solucionarán el envejecimiento de la población, el aumento de la esperanza de vida y la disminución de la tasa de nacimientos y una sobrepoblación global de pobres que más que un "precariado" constituye cada vez más un "innecesariado, en un sistema capitalista"?

¿Cómo en una era de las nuevas máquinas que hace cada vez más prescindible el "trabajo vivo" (humano) y crea un desempleo tecnológico creciente, ya que de manera cada vez más acelerada el trabajo manual o físico y parte del trabajo intelectual o cognitivo es realizado por máquinas más que por personas humanas, se podrá reproducir el capitalismo?

Así pues, el capitalismo tal como se ha conocido y tal como es, está claro que está en el principio de su fin. Aunque sigan creyendo sus sacerdotes y feligreses que la ley de la gravedad no se aplica mientras la manzana cae del árbol.

Keynes no era de ninguna manera radical y mucho menos un revolucionario. Tampoco leyó a Marx según confesó y sin embargo le criticó. Lo que demuestra que se puede ser un sabio y ser humilde confesando una carencia y, a la vez, lo bastante audaz para criticar las ideas de alguien sobre el que se afirma no ha leído en sus fuentes. A pesar de esto coincide con Marx en la idea expuesta por éste en los *Grundrisse* de la relación entre aumento del progreso tecnológico en la producción y la reducción de la necesidad del trabajo humano. Veamos.

Keynes entiende que el capitalismo tiene la habilidad para ser cada vez más productivo mientras reduce la demanda de trabajo, lo que se traducirá en una semana más corta de trabajo debido a las mejoras en la productividad gracias al progreso tecnológico. El tiempo libre está destinado a aumentar, mientras la necesidad de trabajar irá lentamente desvaneciéndose. Iremos hacia el fin del trabajo tal como se ha conocido.

La diferencia entre Marx y Keynes está en que para Marx la abundancia que creará esa productividad de la tecnología y la automatización solo llegará a ser disfrutado por la mayoría de la sociedad si combaten por ella mediante una lucha entre clases, ya que el capitalismo tiende a concentrar esa riqueza en una minoría y no le importa la exclusión social que eso produce y seguirá produciendo.

¿Hechos? A fuer de ser reiterativos: En 2019 el 1% de los más ricos del mundo poseen el 45 % de la riqueza mundial y si nos referimos al 10% de los más ricos, entonces nos encontramos que ellos tienen el 82% de la riqueza global. Eso nos deja con que el resto de la población, o sea el 90%, apenas poseemos el 18% del capital y bienes del mundo. (Credit Suisse,2019, p.2) ¿Un mundo así puede continuar siendo viable?

Otro autor que tampoco es marxista, sino un gurú mundial del *management*, advierte que el capitalismo va a ser sustituido:

"Cada pocos cientos de años en la historia de Occidente se produce una súbita transformación. Se cruza una línea divisoria. En el espacio de unas cuantas décadas, la sociedad se reestructura a sí misma: cambia su visión del mundo, sus valores básicos, su estructura política y social, sus artes y sus instituciones claves (...) En estos momentos estamos viviendo una transformación así. Se está creando la sociedad postcapitalista". (P.Drucker, 1998, p.11)

En esto coincide con Marx quien escribió algo semejante sólo que 139 años antes. En *La contribución a la crítica de la economía política* expone que:"Ninguna formación social desaparece antes de que se desarrollen todas las fuerzas productivas que caben dentro de ella y jamás aparecen nuevas y más altas relaciones de producción antes de que las condiciones materiales para su existencia hayan madurado en el seno de la propia sociedad antigua". (Marx y Engels,1975,I, pp.373-374)

Obviamente, el desarrollo de la investigación+ desarrollo+ innovación (I+D+I), se traduce en que la ciencia y la tecnología han puesto las condiciones para que esa sociedad poscapitalista se vaya instaurando, de manera gradual aunque muy dinámica. Su aceleración o freno dependerá de las luchas y contradicciones entre los intereses contrapuestos en juego, los de una minoría hiper poderosa y el resto de la sociedad, la mayoría social.

El cambio de sociedad y modo de producción del que hablan Marx y Drucker terminará produciéndose pero será el pueblo, las clases sociales y sus complejas luchas o la pasividad de grandes sectores sociales, los que terminarán influyendo en que el *tempo* para este cambio de época o de modo de producción *sea sostenuto, allegro o presto agitato.*

Mientras, el viejo topo sigue hoyando y los objetivos de una sociedad organizada al servicio de las personas y no de una ínfima minoría se irá logrando, aunque los árboles impidan a muchos ver el bosque. La ciencia, la tecnología, la inteligencia artificial, la revolución de las comunicaciones, la automatización y la robotización creciente están creando las condiciones para esa sociedad poscapitalista de bienestar y relativa abundancia para todos, que sustituirá al progresivo hundimiento del sistema capitalista.

Por tanto, hay que señalar al pueblo, a todos los trabajadores que crean la riqueza y que contribuyen al ciclo de realización de la plusvalía, que hay una alternativa al neoliberalismo. Con sus luchas, con sus movilizaciones, con sus votos y con la adquisición de la conciencia de cuáles son sus verdaderos intereses, otras sociedades, otro mundo es posible. Ese es el mundo que tenemos que ganar. Y tenemos las bases materiales y productivas para hacerlo realidad. No es una utopía quimérica, es una "utopía" real.

Albright, Madeleine, 2018, *Fascismo. Una advertencia*, Paidos, Madrid.

Arendt, Hannah, 2017, *Hombres en tiempos de oscuridad*, Editorial Gedisa, Barcelona.

Badia Gilbert, 1971, *Los espartaquistas,* 2 vols., Mateu, Barcelona.

_____, 1969, *Rosa Luxemburg Textes*, Editions Sociales, Paris.

Báez Evertsz, Carlos J., 2017, *Desigualdad y clases sociales*, Betania, Madrid.

_____, 21/05/2020, *Lección aprendida: cuestiones organizativas en Lenin y Rosa Luxemburgo*, https://unmundoporganar.org

_____, 18/02/2019, *Rosa Luxemburgo y la revolución alemana abortada de 1918-1919*, https://unmundoporganar.org

Bastani, Aaron, 2019, *Fully Automated Luxury Communismn. A Manifesto, Verso, London.*

Basso Lelio, *El pensamiento político de Rosa Luxemburgo*, 1976, Peninsula, Barcelona.

Beramendi J.G. y Fioravanti E., 1974, *Miseria de la economía I,* Península, Barcelona.

Bernstein Eduardo, 1966, *Socialismo teórico y socialismo práctico. Las premisas del socialismo y la misión de la socialdemocracia*, Clari dad, Buenos Aires.

Blair,Tony, 1998,*La Tercera Vía*, Aguilar, Madrid.

Blanc Eric, *El mito de Rosa Luxemburgo: Una crítica de la política de Luxemburgo en Polonia (1893-1919)*, Historical Materialism, 2018, 26, 1: 1-34pp (Extracto en Sin Permiso,6/2/2018)

Bloch Ernst, 2018, *On Karl Marx*, Verso, London.

Brown Wendy, 2016, *El pueblo sin atributos. La secreta revolución del neo liberalismo*, Malpaso, Barcelona

Claudín Fernando, s/f, *La revolución alemana de 1918*, OmegaAlfa, España.

_____, 1978, La *crisis del movimiento comunista. T.1, De la Komintern al Kominfor*, Ruedo Ibérico, París.

Cliff Tony, 2009, *Rosa Luxemburgo*, Doble J, Sevilla.

Cole G.D.H., 1961, *Historia del Pensamiento Socialista*, V, 1914-1931, México, FCE.

Credit Suisse, 2019, *Global Wealth Report 2019*, Ginebra.

Dély Renaud,27/10/2014, *1914: Jean Jaurés/Rosa Luxemburgo, la misma lu cha*, Sin Permiso.info

Delwit Pascal, 2010, *La vie politique en Bélgique de 1830 á nos jours*, Editions de l'Université de Bruxelles, Bruxelles.

Díaz de Valcárcel, J.A., 1975, *La pasión revolucionaria de Rosa Luxemburgo*, Akal,Madrid.

Döblin Alfred, 2017,*Karl y Rosa, Noviembre de 1918*,Edhasa, Barcelona.

Ducange Jean Numa, 2010, *Rosa Luxemburgo. L'intégrité d'une ouvre, Contretemps* N° 8, pp.17-28, Paris.

Dunayevskaya Raya,1980, *Rosa Luxemburgo. La liberación femenina y la filosofía marxista de la revolución*, FCE, México. (Las citas de este libro se hacen de la versión para Kindle.)

Drucker, Peter F., 1998, *La sociedad poscapitalista*, Apóstrofe.

Elorza, Antonio, 2019/25/9, *Una pequeña Atlántida*, El País.

Estefanía Joaquín, 2019/13/enero, *Rosa Luxemburgo, mujer, marxista, pacifista*, El País.

Ettinger Elzbieta, 1990, *Rosa Luxemburg. Une vie*. Belfond, Paris.

Evans, Kate, 2017, *La Rosa Roja. Biografía gráfica sobre Rosa Luxemburgo*, Ediciones Izquierda Diario, España.

Fetscher Iring, 1974, *El marxismo, su historia en documentos. Economía*, Zero, Madrid.

_____,1975, *Comunismo*, Plaza & Janes, Barcelona.

Frölich Paul, 1976, *Rosa Luxemburgo vida y obra*, Editorial Fundamentos, Madrid.

Garí Manuel, Rodríguez Teresa, 26/01/2019, *Rosa roja, águila anticapitalis ta*, Viento Sur.

Geras Norman, 1980, *Actualidad del pensamiento de Rosa Luxemburgo*, Era, México.

_____, 10/3/2011, *Recordando a Rosa Luxemburgo: La democracia y los fines del marxismo*, Viento Sur.

Gómez Llorente Luis, 1975, *Rosa Luxemburgo y la socialdemocracia alemana*, Cuadernos para el diálogo, Madrid.

Guérin Daniel, 1973, *Rosa Luxemburgo y la espontaneidad revolucionaria*, Editorial Proyección, Buenos Aires.

Guillerm Alain, s/f, *Le luxembourgisme aujourd'hui, Spartacus* N° 4, París.

Gustafsson Bo, 1975, *Marxismo y revisionismo*, Grijalbo, Barcelona.

Gutierrez-Álvarez Pepe, 18/2/2019, *La recepción de la obra de Rosa Luxemburgo en España*, Viento Sur.

_____, 25/1/2009, *Rosa Luxemburgo hoy*, Kaos en la red.

_____, 2019, edición y prólogo de *Cartas de amor y revolución*, Viejo Topo, Barcelona.

Haffner Sebastian, 2005, *La revolución alemana de 1918-1919*, Inédita Editores, Barcelona.

Haug Frigga, 2013, *Rosa Luxemburgo y el arte de la política*, Tierra de nadie ediciones, Madrid.

Harmer Harry, 2008, *Rosa Luxemburgo*, Haus Publishing, Londres.

Heilbroner, Robert L., 1972, *Entre capitalismo y socialismo*, Alianza Editorial, Madrid.

Hobsbawm, Eric, 2003, *Años interesantes. Una vida en el siglo XX*, Editorial Crítica, Barcelona

Horney Karen, 1985, *La personalidad neurótica de nuestro tiempo*, Planeta-Agostini, Barcelona.

Husson M., 2009, *Capitalismo puro*, Maia, Madrid. Janus, 1978,
  Nacionalismo, degeneración del marxismo, Taller de sociología y
  Colectivo Janus, Nacionalismo, degeneración del marxismo, Madrid s/f.
Kautsky Louis et Guillermin Alain, 1973, *Rosa Luxembourg. Souvenirs
  et Le Luxemburguisme aujourd`hui, Cahiers Spartacus*, París.
Keynes John Maynard, 1988, *Ensayos de persuasión*,Crítica, Barcelona.
Kool Frits y Oberländer Erwin, 1971, *Documentos de la Revolución
  Mundial. T.1.Democracia de trabajadores o dictadura de partido*,
  Ediciones Zero, Madrid.
Kratke Michael R.,09/03/2019, *Para celebrar el 8 de marzo: Rosa
  Luxemburgo, una economista muy política*, Sin Permiso.info.
Labedz, Leopold, 1968, *Revisionismo*, Instituto de Estudios Políticos,
  Madrid.
Lenin V.I., 1961, *Sobre el derecho de las naciones a la autodeterminación*,
  Obras Escogidas I, Editorial Progreso, Moscú.
  __, 1961, *¿Qué hacer? Obras Escogidas I*, Editorial Progreso, Moscú.
  __, 1961 *Un paso adelante, dos pasos atrás, Obras Escogidas I*, Editorial
  Progreso, Moscú.
  __, 1978, *Obras Completas,T.34*,Akal,Madrid.
  __, 1963, T.5, *Obras escogidas en 12 tomos, La bancarrota de la II
  Internacional*, Editorial Progreso, Moscú.
Lewis Ben, 27/10/2013, *Rosa Luxemburgo: La república y el socialismo*,
  Sin Permiso.info
Lichtheim George, 1964, *El marxismo. Un estudio histórico y crítico*,
  Anagrama, Barcelona.
Lowy Michael,1975, *Dialéctica y revolución*, Siglo XXI, México.
  __, 1978, *El marxismo olvidado*, Editorial Fontamara, Barcelona.
  __,*1978, Para una sociología de los intelectuales revolucionarios, Siglo
  XXI, México.*
  __,2019, *Rosa Luxemburg. L`étincelle incendiaire*, Le Temps des Cerises,
  Montreuil.
  __,20/8/2009, *Actualidad revolucionaria de Rosa Luxemburgo*,
  Viento Sur.
  __,14/11/2007, *Rosa Luxemburgo: un comunismo para el siglo XXI*
  Viento Sur.
Lukács Georg, 1969, *Historia y consciencia de clase*, Grijalbo, México.
Luxembourg, Rosa 1946, *Marxisme contre Dictature, Cahiers Spartacus*.
  __,1967, *La acumulación de capital*, Grijalbo, México.
  __,1969, *Œuvres I*, Maspero, Paris.
  __,1969, *Œuvres II* (Écrits politiques 1917-1918), Maspero, Paris.
  __-Mehring Franz, 1969, *Grèves sauvages, spontanéité des masses.
  L'expérience belge de grève générale, Cahiers Spartacus*, Paris.
  __, 1970, *La crise de la social-democratie*, La taupe, Bruxelles.
  __y Liebknecht Carlos, 1971, *La comuna de Berlín*, Grijalbo, México.
  __, 1974, *Introducción a la economía política*, SXXI, España.

__, 1975, *La revolución rusa,* Anagrama, Barcelona.

__, 1976, *Cartas de la prisión*, Akal, Madrid.

__,1977, *Textos sobre la cuestión nacional*, Ediciones de la Torre,Madrid.

__,1977, *J'étais, je suis, je serai! Correspondance 1914-1919*, Maspero, Paris.

__,1989, *Lettres á Leo Jogiches*, Denoël, Paris.

__, 2001, *La question nationale et l'autonomie,* Le Temps des Cerises, Saint-Germain-du-Puy.

__, 2013, *The Complete Works,vol.I, Economics Writings* 1, Verso, Londres.

__, 2019,*The Complete Works of Rosa Luxemburg, Vol. III, Political Writings I. On Revolution:1897-1905,*Verso, Londres.

__,2020, *Cartas de amor*, Titivillus,EPUB.

Mandel E., 1971, *Préface a Rosa Luxemburg, Introduction á l'économie politique*, UEG, Paris.

Martínez L. Josefina, 16/1/2017, *Rosa Luxemburgo, la rosa roja del socialismo*, Viento Sur.

Mason Paul, 2016, *Postcapitalismo. Hacia un nuevo futuro*, Paidos, Barcelona.

Morán, Gregorio, 2008, *El cura y los mandarines. Cultura y política en España 1962-1996*, Akal, Madrid.

Muhlmann David, 2010, *Réconcilier marxisme et démocr*atie, Seuil, Paris.

Muiña Ana, 2019, *Rosa Luxemburgo en la tormenta*, La linterna sorda, Madrid.

Negt Oskar, 1980, *Rosa Luxemburgo y la renovación del marxismo*, en E.J.Hobsbawn et alt., *Historia del marxismo*, T.4, Bruguera, Barcelona.

NettJ.P., 1972, *La vie et l`oeuvre de Rosa Luxemburg*, tomes I et II Maspero, Paris.

Piketty Thomas, 2019, *Capital e ideología*, Deusto, Barcelona.

Permach Joseba, Zengotitabengoa Idoia, 16/1/2019, *Deconstruyendo la economía de Rosa Luxemburgo*, Viento Sur.

Puissant Jean,1985, *Parti Ouvriere Belge ou syndicats ou inversement, Cahiers marxistes,*mars-avril N° 131-132.

Ramos Juan Ignacio, 2014, *Bajo la bandera de la revolución. Rosa Luxemburgo y la revolución alemana,* Fundación Federico Engels, Madrid.

_____, 2018, *Rosa Luxemburgo. La llama de la revolución*, Fundación Federico Engels, Madrid.

Renzi Dario y Bisceglie Anna, 2000, *Rosa Luxemburgo*, Prospettiva Edizione, Roma.

Roberts Michael, 2020, *La depresión económica pospandemia*, https://thenextrecession.wordpress.com

Robinson Joan, 1951, *Introducción a The Accumulation of Capital*, Yale

University Press, New Haven.

Salvadori Massimo,1990, *Karl Kautsky and the Socialist Revolution 1880-1938*, Verso, London.

Seidemann María, 2002, *Rosa Luxemburgo y Leo Jogiches*, Muchnik, Barcelona.

Schulze Hagen, 2019, *Breve historia de Alemania*, Alianza editorial, Madrid.

Srnicek Nick, Williams Alex, 2015, *Inventing the future. Postcapitalism and a world without work*, Verso, London

Trepp Leo, 1980, *The Complete Book of Jewish Observance*, Behman House, New York.

Trías Juan y Monereo Manuel, 2001, *Rosa Luxemburgo. Actualidad y clasicismo*, El Viejo Topo, España.

Trotsky León, 1971, *Martyrs of the Third International: Karl Liebknecht, Rosa Luxemburg*, International Marxist Group, Londres.

_____, 2009, *La revolución permanente*, Público,Madrid.

_____, *Terrorismo y comunismo*,1977, Ediciones Júcar, Barcelona.

Vercammen François, 19/01/2014, *Rosa Luxemburgo: teórica revolucionaria y marxista*, Sin Permiso.info

Vidal Villa José María, 1978, *Conocer Rosa Luxemburgo y su obra*, Dopesa, Barcelona.

Viejo Viñas Raimundo, 14/1/2007, *La organización del movimiento. Notas provisorias sobre el "partido" en el pensamiento vivo de Rosa Luxemburgo, Viento Sur.*

Walicki Andrzei, 1980, *El marxismo polaco entre los siglos XIX y XX, E. Hobsbwan,Historia del marxismo, 3*, Bruguera, Barcelona.

Weill Claudie, 2010, *Rosa Luxembourg par delà l'icône : Auto-administration, autonomie, autogestion, Contretemps* N° 8 pp.29-36., Paris.

Weitz, Eric D., 2016, *La Alemania de Weimar. Presagio y tragedia*, Turner, Madrid.

Índice biográfico

Bebel August (1840-1913) fundador del Partido Socialdemócrata de Alemania (SPD) y su Presidente. Mantenía correspondencia con Engels. Dirigentes destacado de la Segunda Internacional. Era crítico de las posiciones revisionistas. Su tolerancia fue muy importante para que esta posición fuera tomando cada vez más fuerza en ese partido. Fue diputado al Reichstag en 1867-1881, 1883-1913.

Bernstein Eduard (1850-1932) Dirigente y teórico del SPD. Estuvo exiliado en Suiza y en Londres. Fue diputado en el Reichstag de 1902 al 1906 y luego del 1912 al 1918. Renunció del SPD por sus posiciones pacifistas y se adhirió a los Independientes USPD. En 1919 volvió al seno del SPD. Encabezó la corriente revisionista y reformista del SPD.

Bismarck Otto (1815-1898): estadista alemán. Jefe del Estado prusiano entre 1862 y 1871; canciller del Imperio Alemán entre 1871 y 1890. Organizó la unificación de Alemania en la Guerra de las Siete Semanas contra Austria, y en la Guerra Franco-Prusiana. Promulgó las leyes anti socialistas, también llamadas leyes de excepción, que estuvieron en vigor desde 1878 hasta 1890 que prohibían las organizaciones y publicaciones socialistas. A los socialdemócratas sólo les permitían la actividad parlamentaria.

Bolchevique deriva de la palabra rusa que significa mayoría. En el congreso de 1903 del Partido Obrero Social Demócrata Ruso, celebrado en Londres, se produjo una ruptura en torno al tipo de organización revolucionaria que debía construirse. Lenin logró imponer sus posiciones por mayoría; desde entonces se conoció a su tendencia como bolcheviques.

Dzerzhinski Félix (1877-1926) militante y dirigente de la socialdemocracia de Lituania. Se fusionaron con el partido de Rosa Luxemburgo para crear el Partido de la Social Democracia del Reino de Polonia y Lituania. Colaboró con los bolcheviques y fue el primer jefe de la seguridad del Estado soviético que luego fue bautizada como KGB.

Diefenbach Hans (1884-1917) médico de profesión. Fue amante de Rosa Luxemburgo. Cumpliendo con su llamado a filas fue muerto durante la Primera Guerra Mundial. Dejó una herencia a Luxemburgo que estipulaba que solo podía serle entregada en cuotas anuales.

Dittman Wilhelm (1874-1954): socialdemócrata alemán. En 1916 era el secretario de la Hermandad Obrera Socialdemócrata, luego dirigente del

USPD. Apoyó el ingreso de éste al Comintern pero se negó a aceptar los 21 puntos estipulados por dicha organización para la afiliación.

Ebert Friederich (1871-1925) socialdemócrata de derechas. Desde 1905 fue miembro de la Ejecutiva del SPD. Partidario de la entrada de Alemania en la Primera Guerra Mundial. Fue diputado en el Reichstag de 1912 al 1918 y fue presidente del grupo parlamentario. El 9 de noviembre de 1918 fue nombrado Canciller (primer ministro) del Imperio Alemán. También fue el primer Presidente de la República alemana. Se alió con el Alto Mando Supremo del Ejército para reprimir la revolución de 1918-1919 y se le acusa de estar envuelto en la trama que condujo a la muerte de Karl Liebknecht y Rosa Luxemburgo el 15 de enero de 1919.

Frölich Paul (1894-1953) miembro del ala izquierda del SPD. Estuvo opuesto a la Primera Guerra Mundial. Miembro de la Liga Espartaco y uno de los fundadores del Partido Comunista Alemán (KPD). En 1928 se le expulsó del partido por ser supuestamente "derechista". Estuvo preso en 1933. Estuvo exiliado durante el nazismo. Escribió una biografía de Rosa Luxemburgo en 1939. En 1950 regresó a Alemania del Oeste y reingresó al Partido Socialdemócrata de Alemania (SPD).

Haase Hugo (1863-1922), sucesor de Bebel en la conducción del PSD. Pacifista durante la guerra, pero siguió la disciplina del partido y votó a favor del presupuesto de guerra. Renunció a su cargo partidario en 1915. Encabezó el Partido Socialdemócrata Independiente (USPD) en 1916. Ministro del gobierno de coalición formado después de la abdicación del Kaiser Guillermo, en noviembre de 1918. Renunció a fines de diciembre en protesta por el curso contrarrevolucionario del gobierno. Fue asesinado en 1919 por las tropas y las *Freikorps* encargadas por Ebert, Noske y Scheidemann de reprimir a los revolucionarios.

Hilferding Rudolf (1877-1941) economista y dirigente del partido Socialdemócrata de Alemania (SPD). Fue autor del libro *El capital financiero*. Se opuso a la participación en la Primera Guerra Mundial y fue de los creadores del USPD, el partido de los socialdemócratas Independientes.

Hindenburg Paul von (1847-1934) general y político. Presidente de Alemania desde 1925 hasta su muerte en 1934. Durante la Primera Guerra Mundial dirigió desde el Alto Mando del Ejército la política de Alemania de 1916-1918 junto con el general Ludendorff. Aunque era opuesto a Hitler fue presionado para que le nombrara canciller en 1933. Firmó el decreto que suspendió las libertades civiles en Alemania, llamado decreto del incendio del *Reichstag*.

Jacob, Mathilde (1873–1943), secretaria de Luxemburgo y se convirtió en su amiga. Durante el tiempo que Rosa Luxemburgo pasó en la cárcel durante la Primera Guerra Mundial, se ocupó de mantener el contacto de Luxemburgo con el exterior. Fue quien identifico su cadáver. Escribió unas memorias sobre Rosa Luxemburgo.

Jaurés Jean (1853-1914) fue profesor de filosofía. Atraído por la política fue elegido diputado. En 1901 contribuyó a unir a los socialistas franceses en el Partido Socialista Francés. En 1904 fundó y fue director del periódico *L'Humanité* que posteriormente fue el órgano del Partido Comunista Francés. Murió en París el 31 de julio de 1914 asesinado por un nacionalista de extrema derecha.

Jogiches Leo (Tyszco) (1867-19199, fue amante de Rosa Luxemburgo desde 1890 en Zúrich hasta su ruptura sentimental en 1907. Fue uno de los fundadores del Partido Socialdemócrata del Reino de Polonia y de Lituania (PSDRPiL). Miembro fundador del Grupo Internacional y de la Liga Espartaco y miembro del comité central del KPD. Fue arrestado y asesinado en marzo de 1919.

Kautsky Karl (1854-1938) muerto Engels era reconocido como el principal teórico del marxismo y se le denominado "el Papa" del marxismo. Era el editor de la principal revista teórica del SPD *Die Neue Zeit* .Defendió siempre un marxismo ortodoxo muy centrado en el evolucionismo y en el énfasis en el desarrollo de las fuerzas productivas. Políticamente combatió el revisionismo en el SPD pero desde posiciones más "centristas" que Rosa Luxemburgo. También mostró conformidad con las posiciones del partido referente a que había que apoyar a Alemania en la guerra contra Rusia, con el fin de derrocar al zarismo. Posteriormente se desmarcó de las posiciones de Ebert y fue de los fundadores del partido de los Independientes, el USPD. Regresó al seno del SPD en 1920.Fue un crítico acerbo de los métodos leninistas y la revolución bolchevique. Lenin le replicó con su famoso folleto *La revolución proletaria y el renegado Kautsky*. Hoy en día sus libros son de estudio obligado para cualquier interesado en la teoría marxista.

Kautsky Luise (1864–1944). Esposa de Karl Kautsky. Fue amiga muy cercana de Rosa Luxemburgo incluso cuando se produjo la ruptura política con Karl Kautsky. Divorciada de Karl Kautsky vivió un tiempo en Londres cuidando a Frederick Engels en los últimos años de su vida junto a su nuevo marido Ludwig Freyberger.

Lasalle, Ferdinand (1825-1864) Fundó en 1863 la Asociación General de Trabajadores Alemanes. En el congreso celebrado en Gotha en 1875 se unió con los socialdemócratas para formar SPD, Partido Socialdemócrata de Alemania.

Lenin Vladimir Ilich Uliánov (1870-1924), teórico, político y revolucionario ruso. Fue el líder del Partido Obrero Socialdemócrata de Rusia (POS-

DR), encabezando la rama denominada bolchevique. Dirigió el partido y los soviets en la toma del poder en la Revolución Rusa. Se convirtió en el principal dirigente de la Revolución de octubre de 1917. Nombrado Presidente del Consejo de Comisarios del Pueblo y luego de la Unión de Repúblicas Socialistas Soviéticas (URSS) en 1922. Fundó la Internacional Comunista, identificó al imperialismo como fase nueva del capitalismo y puso énfasis en el partido como vanguardia de la revolución. Murió en 1924 como consecuencia de un atentado.

Levi Paul (1883-1930) fue abogado defensor de Rosa Luxemburgo y durante un breve período su amante. Formó parte del Grupo Internacional y de la Liga Espartaco, uno de los fundadores y dirigentes del KPD. Expulsado del KPD en 1921. En 1922 publicó la obra inédita de Rosa Luxemburgo *La revolución rusa*. Reingresó en el SPD en 1923.

Liebknecht Wilheim (1826-1900), fundador del SPD en 1869 con Bebel. Amigo y colaborador de Karl Marx. Fue elegido diputado del Reichstag desde 1867. Condenó la participación alemana en la guerra con Francia en 1871. Padre de Karl Liebknecht.

Liebknecht Karl (1871-1919) abogado y político revolucionario, hijo de Wilhelm Liebknecht, amigo de Karl Marx. Fue diputado en el parlamento prusiano (1908-1916), y del *Reichstag* de 1912-1918. El primer diputado del SPD en votar contra los bonos de guerra y la participación alemana en esta (como ya hiciera su padre anteriormente en 1871). Miembro del ala más izquierdista del partido, sería expulsado de este en 1916. Uno de los fundadores del *Grupo Internacional*, que se transformó en la *Liga Spartakus* y luego en el *KPD* (Partido Comunista de Alemania). Fue asesinado el 15 de enero de 1919.

Liebknecht, Sophie (1884–1964): segunda esposa de Karl Liebknecht. Historiadora del Arte. Amiga de Luxemburgo.

Lübeck Olympia (1851-1930) nacida en Polonia conoció a Luxemburgo cuando era estudiante en Zúrich y ayudaba a su marido a redactar artículos y hacer correcciones. Era la madre de Gustav Lübeck esposo de Rosa Luxemburgo.

Lübeck Gustav nació en 1873. Accedió a realizar un matrimonio de conveniencia con Luxemburgo en 1898 con el fin de que ésta pudiera adoptar la nacionalidad prusiana alemana y así poder residir en Alemania y dedicarse a hacer política, algo vedado a los extranjeros. El matrimonio fue disuelto en 1903.Nunca tuvieron una convivencia.

Ludendorff Erich (1865-1937) general alemán. Durante la Primera Guerra Mundial fue vencedor de la batalla de Lieja y Tannenberg. Era miembro del Alto Mando del Ejército y durante la guerra junto con el general Hindenburg eran quienes realmente mandaban de 1916 a 1918. Fue uno de los estrategas de desvincular al ejército de la firma del armisticio con los aliados para poder achacar a un gobierno civil la derrota y la aceptación de las reparaciones de guerra, la llamada "puñalada por la espalda". Se convirtió en un político nacionalista extremo y participó en los golpes de Kapp de 1920 y en el de Múnich promovido por Hitler.

Marchlewski Julian (1866-1925) fundador del SDKP y en 1900 del SDKPiL (Partido Socialdemócrata del Reino de Polonia y Lituania). También fue de los editores de la revista del partido *Sprawa Robotnicza (La causa de los trabajadores)* En Alemania trabajo en la redacción del periódico socialdemócrata *Leipziger Volkszeitung .F*undador de la Liga Espartaco.

Martov Yuli (Yuli Osipovich Tsederbaum) (1873-1923): uno de los fundadores de la socialdemocracia rusa; en sus años juveniles estuvo muy ligado a Lenin y luego fue dirigente del ala izquierda de los mencheviques. Se opuso a la Revolución de Octubre y emigró a Alemania en 1920.

Mehring Franz (1846-1919), teórico marxista y miembro del SPD. Se alineaba con las posiciones de izquierda. Fue editor jefe del periódico *Leipziger Volkeitung* del 1902-1907. Dio clases en la Escuela del Partido SPD. Apoyó la creación del Grupo Internacional y fue de los fundadores de la Liga Espartaco y del Partido Comunista de Alemania (KPD).

Menchevique fracción, dirigida por Martov, quedó en minoría en el congreso del PSODR; de ahí su nombre de mencheviques. Los bolcheviques dirigieron la Revolución Rusa de octubre de 1917. Otros dirigentes importantes de los mencheviques fueron Plejanov, Dan y Tseretelli.

Naródniki (populistas): organización de intelectuales revolucionarios rusos del siglo XIX (actuaron entre 1860 y 1870) y luchaban por la liberación campesina. Su ideología era un socialismo agrario. Querían derrotar a los campesinos ricos y a la monarquía y distribuir la tierra entre los campesinos. Creían que se podía saltar la etapa capitalista y el desarrollo industrial y pasar de una economía agraria al socialismo. La comuna local sería el embrión del socialismo. Utilizaban tácticas conspirativas y terroristas porque creían que la historia la hacían los héroes que dirigen el campesinado -la clase revolucionaria-, hacia la revolución. Fueron reprimidos. Esto dio paso a la formación del partido revolucionario "La Voluntad del Pueblo" (*Naródnaya Volya*), que se organizó como una sociedad secreta que empleaba métodos terroristas.

Noske Gustav (1868-1946), formaba parte del ala derechista del Partido Socialdemócrata de Alemania (SPD). Ministro de la Guerra (1918-1920). Estuvo entre los propiciadores de la organización paramilitar de los *Freikorps* (Cuerpos Francos de voluntarios) y dirigió los ataques contra los hueguistas y contra los levantamientos de la llamada "Semana Espartaquista". Se le atribuye estar implicado en la persecución y asesinato de Rosa Luxemburgo y Karl Liebknecht y de tratar de encubrir a sus asesinos.

Pabst Waldemar (1880-1970), capitán del Cuerpo de la guardia.Fue acusado por ser responsable de la muerte de Rosa Luxemburgo y Karl Liebknecht . Dijo en el juicio que cumplía órdenes de Gustav Noske.

Plejanov Georg (1856-1918). Fue uno de los más importantes teóricos y fundador del marxismo en Rusia. Abandonó sus estudios militares y de ingeniería en 1875 para dedicarse a la causa revolucionaria. Ingreso en la organización bakuninista "Tierra y Libertad". Se opuso al método terrorista y creó una organización centrada en la agitación y propaganda. En 1880 salió a un exilio que duró treinta y siete años. Se convirtió al marxismo. Fundó el grupo "Emancipación del Trabajo". La primera organización marxista rusa. Influyó en Lenin con quien compartía su jacobinismo y marxismo ortodoxo, aunque luego rompió con Lenin y se acercó a los mencheviques. Durante la Primera Guerra Mundial defendió una posición nacionalista. Regreso a Rusia después de la Revolución de febrero de 1917.Fue contrario a las posiciones bolcheviques y a su manera de tomar el poder. Se exilió en Finlandia donde murió de tuberculosis.

Príncipe Max von Baden (1867-1929).estudio leyes y como militar obtuvo el rango de general de división. Se retiró del ejército en 1911. Fue nombrado canciller el 3 de octubre de 1918 y renunció el 9 de noviembre de ese año nombrando como sucesor al jefe del SDP Friedrich Ebert.

Radek Karl ((1885-1939) Miembro del PSDRPiL y del POSDR desde su juventud. Se hizo bolchevique en 1917, luego de la Revolución de Octubre. Ocupó varios cargos en partido y en la Comintern pero acabó víctima de las purgas de Stalin y murió en prisión en 1939.

Scheidemann Philip (1865-1939), era un dirigente del SDP. Fue diputado del Reichstag de 1903 al 1918. Era del ala reformista del partido y durante la guerra partidario de participar en la misma. Era co-presidentes del SPD junto con Ebert durante 1917-1918. Jugó un importante papel en la liquidación de la revolución de 1918-1919. Desde un balcón del Reichstag proclamó la República alemana el 9 de noviembre de 1918.

Tolstói León (1828-1910): nació en Tula de padres de la nobleza. Participo en la guerra de Crimea en 1853. Tras el sitio de Sebastopol donde murieron 100 mil personas se hace vegetariano, pacifista, partidario de la resistencia no violenta Se inclina por un anarquismo cristiano. Novelista es considerado uno de los escritores más importantes de la literatura mundial. Autor de *Guerra y paz* y *Ana Karénina*, ambas consideradas como las más excelsas expresión del realismo ruso.

Trotsky Lev Davidovich (1879-1940) unos de los revolucionarios rusos más brillantes, tanto como orador como escritor. Durante algún tiempo estuvo cercano a las posiciones mencheviques, luego intentó que mencheviques y bolcheviques se unieran y durante la revolución de febrero de 1917, sus posiciones se fueron haciendo coincidentes con las de Lenin y los bolcheviques. Como Comisario de Guerra contribuyó a crear y dirigió el Ejército Rojo a la victoria en la Guerra Civil rusa y en la invasión imperialista a la Rusia soviética. Ayudó a crear y luego dirigió la Oposición de Izquierda a Stalin. Desarrolló la teoría de la Revolución Permanente y fundó la IV Internacional. Murió asesinado en México en 1940 por el agente ruso de la GPU, Ramón Mercader.

Vandervelde Émile (1866-1938) dirigente del Partido Obrero Belga y de la Segunda Internacional. Mantuvo una polémica con Luxemburgo sobre las alianzas con los partidos liberales. Fue un crítico de los abusos que cometía en el Congo el rey Leopoldo. Apoyó la participación en la Primera Guerra Mundial. Se alineó con las posiciones reformistas y anti bolcheviques. Fue numerosas veces ministro de su país.

Vogel Kurt (1889-1967), era un miembro de las *Freikorps*. Estuvo implicado en la muerte de Rosa Luxemburgo y Karl Liebknecht.

Warszawski (Warski) Adolph (1868-1937) uno de los fundadores del SDKRP y el SDKPiL. Era el representante de este último partido en el comité central del POSDR (1906-1912). En 1918 estuvo entre los fundadores del Partido de los Trabajadores Comunistas de Polonia. Fue ejecutado durante las purgas de Moscú por orden de Stalin.

Zetkin Clara (1857-1933) dirigente del SPD. Se encargó de la organización feminista. Directora de la publicación socialdemócrata para las mujeres *Gleichheit (Igualdad)*, de 1892 hasta 1917. Fue una de las impulsoras del Día Internacional de la Mujer. Era una de las delegadas en la fundación de la Segunda Internacional en 1889. Siguió siempre las ideas de Luxemburgo de la fue una de las amigas más íntimas. Su hijo Kostya fue amante de Luxemburgo durante algunos años. Fue miembro del Grupo Internacional, de la Liga Espartaco y fundadora y dirigente del KPD hasta su muerte. Fue utilizada por los bolcheviques para que criticara las posiciones políticas defendidas por Rosa Luxemburgo.

Zetkin Konstantin (Kostya) (1885-1980), hijo de Clara Zetkin. Se convirtió en amigo y luego amante de Rosa Luxemburgo después que ésta rompiese con Jogiches en 1907.

Cronología 1863-1919

1863

Ferdinand Lasalle, crea la Asociación General de Trabajadores de Alemania y August Bebel y Wilhem Liebknecht, por su parte, crearon la confederación de Uniones de Trabajadores Alemanes.

De aquí surgiría lo que luego sería el Partido Socialdemócrata fundado en Leipzig el 23 de mayo.

1869

Se crea el Partido Obrero Socialdemócrata de Alemania (*SDAP* en sus siglas en alemán) teniendo como líder a Wilhem Liebknecht. Se afilia a la Asociación Internacional de los Trabajadores. Se adoptó el programa llamado de Isenach por la ciudad en que se celebró el congreso.

1870

22 abril, nacimiento de Vladimir Ilich Ulianov Lenin.

19 julio, Napoleón III de Francia declara la guerra a Prusia.

21 julio, los líderes del de la socialdemocracia alemana August Bebel y Wilhem Liebknecht rechazan votar los créditos de guerra en el parlamento del Norte de Alemania.

1-2 septiembre, el ejército francés es derrotado en Sedán por Alemania.

4 de septiembre se proclama la República en Paris.

5 septiembre El Partido Socialdemócrata Alemán exige la firma inmediata de la paz.

9 septiembre los firmantes del llamado a la paz son arrestados en Alemania.

28-29 noviembre, August Bebel y Whilhem Liebknecht proclaman en el parlamento (*Reichstag*) su solidaridad con el pueblo de Francia.

17 diciembre arresto de Bebel y Liebknecht.

1871

5 de marzo nace en Zamosc, en la parte de Polonia ocupada por Rusia, Rosa Luxemburgo. Era la más joven de cinco hermanos de una familia judía cuyo padre era comerciante y la madre procedía de una familia judía de rabinos.

18 de marzo a 28 de mayo Comuna de París, primer gobierno de los trabajadores en París. Establecen una democracia directa con cargos electos y revocables en todo momento. Fue aplastada por las tropas enviadas por Thiers. La represión causó 20 mil muertos, casi todos durante la *Semana Sangrienta* (del 21 al 28 de mayo).

1873

La familia de Rosa Luxemburgo se muda a Varsovia

1875

Se crea el Partido Socialista Obrero de Alemania (*SAPD,* por sus siglas en alemán), cuyos fundamentos se encuentran en el Programa de Gotha .Marx criticó ese programa por hacer demasiadas concesiones a las ideas de Lasalle.

1876

Luxemburgo tiene un problema de cadera, quizás una displasia congénita. Su crecimiento es anormal. Pese a los tratamientos se quedará coja y con una estatura muy pequeña.

1881

El zar Alejandro II es asesinado.

1882

Ludwik Warynski funda el primer partido socialista de Polonia, el grupo *Proletariat* (Proletariado).

1883

El 14 de marzo muere Karl Marx en Londres.

1884

Luxemburgo entra como alumna en la escuela de educación secundaria para chicas. Las clases se dan en ruso. La entrada de judíos está muy restringida y la exigencia es alta para admitirlos.

1886

Los dirigentes de *Proletariado* son encarcelados. Cuatro de ellos son ahorcados en la Ciudadela de Varsovia. Warinski es condenado a dieciséis años de prisión. Muere al tercer año de prisión en 1889.

1887

Luxemburgo se gradúa de bachiller. Pese a sus excelentes notas no le entregan la medalla de oro que le correspondía alegando su comportamiento rebelde.

1888

Se une a las actividades clandestinas de los remanentes del grupo *Proletariado*. Tenía 15 años.

1889

En Polonia las mujeres no podían entrar en la universidad. Además los dirigentes del grupo socialista reciben una filtración de que la Policía está tras su pista. Le recomiendan a Luxemburgo que deje de participar tanto por su seguridad como por la de ellos. Toma la decisión de irse a Suiza, a Zúrich, para estudiar en la universidad.

1890

Los socialistas adoptan el nombre de Partido Socialdemócrata de Alemania (*SPD*)

En Zúrich abundaban los exiliados rusos y de otros países. Desde 1889 la Segunda Internacional (1889-1916) se había trasladado desde París a Suiza. Luxemburgo entra en contacto con ellos. Allí conoce a Leo Jogiches y se convierten en amantes y forman una relación política que durará hasta su muerte.

1892

Se crea el Partido Socialista de Polonia Polska Partia Socjalistyczna (PPS), con una línea política de independencia nacional y socialdemócrata. Afiliado a la Internacional Socialista poco después de su fundación.

1893

Se funda el Partido Socialdemócrata del Reino de Polonia (SDKP en polaco). Sus creadores más destacados son: Rosa Luxemburgo, Leo Jogiches, Julian Marchlewski y Adolf Warszawski.

Con los fondos aportados por Leo Jogiches se crea el periódico *Sprawa Robotnicza* (*La causa de los trabajadores*), que se edita en Paris.*Sprawa Robotnicza* se convierte en el órgano político del partido y Luxemburgo se convierte en la editora. Viaja mucho a Paris para sus estudios sobre la economía polaca y para la redacción del periódico.

Se celebra en el mes de agosto en Zúrich, el Tercer Congreso de la Segunda Internacional. Luxemburgo critica al Partido Socialista Polaco por sus posiciones sobre la cuestión nacional y la independencia de Polonia. Ella considera que la lucha por la independencia no es pertinente sino la unión entre la clase obrera de rusa y polaca contra el zarismo y contra el capitalismo.

1895

El 5 de agosto muere Friedrich Engels.

1896

Rosa Luxemburgo publica sus primeros artículos en *Die Neu Zeit* , órgano teórico de la socialdemocracia alemana, sobre la cuestión polaca.

Cuarto Congreso de la Segunda Internacional celebrado en Londres. Luxemburgo es la representante del SDKP que es admitido en la Internacional Socialista.

1897

Luxemburgo obtiene el título de doctor por la universidad de Zúrich con una tesis sobre *El desarrollo industrial de Polonia*. Su madre muere en Polonia. Hace un matrimonio blanco con Gustav Lübeck, el hijo de una familia amiga, con el fin de obtener la nacionalidad alemana. Se divorciará cinco años después (1902). Nunca convivió con el marido legal.

1898

Se muda a Berlín y comienza a trabajar para el Partido Socialdemócrata Alemán (SPD). Hace campaña política socialdemócrata entre los trabajadores polacos de las minas de la Alta Silesia.

Publica un artículo atacando el revisionismo de Eduard Bernstein. Y también participa en el Congreso del SPD en Stuttgart donde interviene sobre el mismo asunto.

Conoce en el mes de octubre a Clara Zetkin (1857-1933), una de las líderes feministas socialistas más importantes. Surge la amistad entre ellas y Clara será una firme seguidora de las ideas de Luxemburgo.

1899

Se publica el libro de Luxemburgo *¿Reforma social o revolución?* Una defensa del marxismo revolucionario frente a las tesis revisionistas y reformistas de Bernstein, expuestas sistemáticamente en un libro aparecido a inicios de ese mismo año, *Las premisas del socialismo y la misión de la socialdemocracia.*

Luxemburgo es la primera mujer que es nombrada directora de un diario socialdemócrata en Alemania la *Sachsische Arbeiterzeitung.*

En octubre le ofrecen dirigir *Vörwarts* pero no acepta el puesto.

Luxemburgo mantenía una doble militancia, en el SPD alemán y en el SDKP de Polonia, del cual era una de las dirigentes principales.

1900

EL SDKP se amplió a Lituania, y se rebautizó como Partido Socialdemócrata del Reino de Polonia y Lituania (SDKPiL).

Septiembre. Luxemburgo hace un informe sobre el militarismo en el Congreso Socialista Internacional celebrado en Paris.

1902

Nombran a Rosa Luxemburgo en febrero en un puesto de dirección del periódico dirigido por Franz Mehring *Leipziger Volkszeitung.* En octubre renuncia por discrepancias con el director.

1903

El 30 de julio y el 23 de agosto se celebra el segundo congreso del partido Obrero Social Demócrata Ruso (POSDR), primero en Bruselas y luego se traslada a Londres. Se produce la histórica división entre bolcheviques (mayoritarios) y mencheviques (minoritarios).

1904

Luxemburgo es condenada a tres meses de prisión por ofensas al Emperador, que cumplirá en el otoño de este año.

Publica un informe sobre *Cuestiones de organización en la socialdemocracia rusa.*

En agosto participa en el Congreso de la Internacional Socialista en Amsterdam, donde hace un ataque a las posiciones revisionistas del marxismo.

1905

22 de enero. Se produce el domingo sangriento en Petersburgo que desencadena la llamada revolución rusa de 1905.

En diciembre Luxemburgo se traslada a Varsovia para participar en la revolución.

Publica numerosos artículos sobre las huelgas de masas y el proceso revolucionario de 1905-1906 en Rusia y Polonia.

1906

4 de marzo Luxemburgo es arrestada en Varsovia. Gracias a la nacionalidad alemana y a sobornos es liberada en agosto y deportada a Finlandia. Escribe allí su folleto *Huelga de masas, partido y sindicatos*, en el cual saca las conclusiones políticas de su experiencia de la revolución rusa de 1905.

En septiembre participa en Mannheim en el congreso del SPD.

1907

13 mayo a 1 de junio, Luxemburgo participa en el congreso del partido ruso, POSDR, que se celebra en Londres como delegada del partido polaco y lituano, SDKPiL

En el Congreso de la Segunda Internacional de Stuttgart (18 al 24 de agosto) se aprueba una moción presentada por Luxemburgo, Lenin y Martov sobre la actitud a mantener por los socialistas en caso de que estalle una guerra.

Participa en la primera Conferencia Internacional de Mujeres que crea la Internacional Socialista de Mujeres.

Es designada profesora en la Escuela del Partido SPD en Berlín. Enseña allí economía política. Posteriormente se recogerán parte de los apuntes de esas clases para editar el libro *Introducción a la economía política*.

1908 y 1909

Escribe numerosos artículos en la Revista socialdemócrata del partido SDKPiL.

1910

Desde enero se inicia una gran campaña contra el modo de escrutinio censitario de Prusia. Luxemburgo participa en mítines en una decena de ciudades para promover la modificación del sistema electoral prusiano.

Se produce una polémica entre Karl Kautsky, que preconiza una estrategia de paciencia y Luxemburgo. Hay una ruptura política entre ellos.

1911

Crisis de Marruecos. Alemania envía dos barcos de guerra a Agadir. Luxemburgo critica la actitud pasiva de la dirección socialdemócrata.

1912

El 12 de enero en las elecciones al parlamento (*Reichstag*), el Partido Socialdemócrata de Alemania (SPD) es votado por 4 250 000 electores y obtiene 110 diputados. Los sindicatos tienen 2,421,000 afiliados.

1913

En enero Luxemburgo publica su obra más importante *La acumulación del capital.*

En diciembre funda junto a Mehring y Karski la *Sozialdemokratische Korrespondenz* (Correspondencia Socialdemócrata).

En octubre y en junio se produce las llamadas primera y segunda guerra balcánica.

1914

Luxemburgo es condenada a un año de prisión acusada de incitar a los militares a desobedecer las órdenes del mando. Tiene nuevas acusaciones por insultos al Ejército. El proceso judicial es aplazado sin fecha fija.

En julio Luxemburgo participa en la reunión en Bruselas del Buró Socialista Internacional junto a Jean Jaurés y Hasse.

En julio hay grandes manifestaciones de masas en Alemania contra la guerra y a favor del mantenimiento de la paz.

El 28 de julio estalla la Primera Guerra mundial

El 1 de agosto. Alemania declara la guerra a Rusia. El 3 de agosto a Francia.

4 de agosto. Los diputados socialdemócratas votan en el *Reichstag*, en su totalidad, a favor de los créditos de guerra. Alemania invade Bélgica.

27 de agosto Jules Guesde, socialista francés, y Sembat, entran a formar parte del gobierno francés.

2 de diciembre. Karl Liebknecht vota contra los créditos militares para la guerra.

Luxemburgo y otros compañeros políticos crean el Grupo Internacional.

1915

El 19 de febrero. Luxemburgo entra en prisión para purgar su condena de un año de cárcel.

18 de marzo. Primera manifestación de mujeres en Berlín contra la guerra.

14 de abril. Se difunden en Berlín cinco mil ejemplares de la *revista* Die Internationale *(*La Internacional*)*, obra de Luxemburgo.

24 de mayo. Se difunde la octavilla de Karl Liebknecht *Der* Hauptfeind steht im eigenen Land (El enemigo principal está en tu propio país).

19 de junio. La oposición centrista publica un manifiesto Das Gebot der Stunde *(*El mandato de la hora), firmado por los dirigentes Hesse, Kautsky y Bernstein.

5 al 8 de septiembre. Se celebra la Conferencia Internacional de Zimmerwald.

21 de diciembre. Diecinueve diputados socialdemócratas votan contra los créditos militares para la guerra.

1916

12 de enero. Karl Liebknecht es expulsado del SDP. Se crea el Spartakus Bund, la Liga Espartaco.

27 de enero aparece la primera "Carta de Spartacus".

En febrero circula un folleto editado en Zúrich, titulado *La crisis de la socialdemocracia*, firmado por Junius, pseudónimo adoptado para la ocasión por Luxemburgo. Será conocido como el folleto Junius.

19 de marzo. Se celebra una conferencia nacional del grupo Espartaquista.

1 de mayo. Gran manifestación contra la guerra en la Postdamer Platz en Berlín. Arrestan a Liebknecht.

28 de junio. Liebknecht es condenado a treinta meses de prisión.

10 de julio. Es encarcelada Luxemburgo. En prisión concluye la respuesta a sus críticos del libro *La acumulación de capital. La Anticrítica.Que han he-*

cho los epígonos de la teoría de Marx.(Este texto será publicado por primera vez en 1921).

En Agosto se llevan a cabo manifestaciones en numerosas ciudades exigiendo un mejor abastecimiento. Se pone en libertad a Luxemburgo pero se la vuelve a arrestar y se la envía a la prisión Wronke.

Se forma el Grupo Internacional llamado también Grupo Espartaco.

A principios de noviembre manifestaciones por la paz en Dresde.

1917

18 de enero. El SPD excluye a la oposición interna.

Febrero revolución democrática en Rusia.

Marzo se produce el derrumbamiento del zarismo en Rusia.

El 6 der abril se funda en Gotha el Partido Socialdemócrata Independiente (USPD) con los excluidos del SPD.

En abril Lenin regresa a Rusia desde el exilio.

En Berlín y en otras grandes ciudades alemanas se producen numerosas huelgas.

En julio Luxemburgo es trasladada de la prisión en la fortaleza de Wronke a la prisión de Breslau.

Agosto, hay motines de los marinos de guerra de la flota alemana.

Del 5 al 12 se celebra la Conferencia de la Internacional en Estocolmo.

7 de noviembre. Revolución de octubre en Rusia.

Luxemburgo escribe varias cartas a sus amistades donde señala la importancia internacional de esta revolución.

4 de diciembre. Se produce el armisticio en el frente ruso-alemán y el 22 comienzan las conversaciones de paz en Brest-Litovsk.

1918

8 de enero discurso del presidente Wilson donde expone los Catorce puntos para un armisticio.

A finales de enero hay grandes huelgas en Berlín y las grandes ciudades alemanas. Comienzan a constituirse los primeros Consejos obreros.

El 3 de marzo. Se firma el Tratado de Paz de Brest-Litovsk y el 21 de marzo los alemanes lanzan una ofensiva sobre el frente occidental.

El 24 de marzo. Es arrestado el dirigente de la Liga espartaquista Leo Jogiches.

En septiembre Luxemburgo redacta *La revolución rusa* que deja inacabada y que nunca publica durante su vida. Paul Levi la publica en 1922.

29 de septiembre. El Gran Estado Mayor propone que Alemania firme la paz.

El 3 de octubre. El príncipe Max Von Baden es nombrado canciller y forma un gabinete en el que entran los socialdemócratas del SPD.

7 de octubre. La Liga Espartaquista realiza una conferencia nacional.

21 de octubre. Liebknecht es liberado de la prisión.

El 30 de octubre. Los marinos se sublevan y no dejan que la flota de guerra abandone los puertos. Estalla la revolución en Viena y Budapest.

El 3 de noviembre. Los marinos se sublevan en Kiel.

8 de noviembre. Luxemburgo es liberada de la prisión de Breslau y dos días después se traslada a Berlín.

9 de noviembre. Revolución en Berlín. El rey Guillermo II abdica. Ebert del SPD reemplaza al príncipe Max von Baden como Canciller. Se crea la República Alemana.

10 de noviembre. Se constituye el Consejo de Comisarios del Pueblo formado por tres miembros del SPD y tres del USPD.

11 de noviembre. Alemania firma el armisticio.

6 de diciembre. Gran manifestación de la Liga Espartaquista en Berlín. Ocupan un periódico conservador donde editaran desde entonces Rothe Fahne *(*Bandera Roja*)*.

14 de diciembre. Se publica *El programa Espartaquista*, redactado por Luxemburgo.

25 diciembre ataque del ejército por orden de Ebert contra los Marinos del Pueblo. Estos resisten. El gobierno les hace concesiones para neutralizarlos.

Del 29 de diciembre al 1 de enero se realiza el Congreso de fundación del *KPD* (Partido Comunista Alemán).

1919

6-12 de enero, hay huelgas y manifestaciones que se conocen como la *Semana Espartaquista*. Con enfrentamientos armados.

Se producen combates en Berlín y manifestaciones de masas en varias ciudades de provincias. Se proclama en Bremen la república de los Consejos.

11 de enero. Noske, del SPD y ministro de Defensa, entra en Berlín al frente de las tropas gubernamentales reforzadas por el grupo paramilitar de los llamados *Freikorps* (Cuerpos Libres). Se inicia una gran represión y fusilamientos de obreros y miembros de los consejos.

15 de enero. Apresamiento de Luxemburgo y de Karl Liebknecht. Son asesinados. El cuerpo de Luxemburgo es arrojado al canal Landwehr por sus asesinos.

19 de enero elecciones a la Asamblea Nacional Constituyente.

25 de enero. El cuerpo de Karl Liebknecht es enterrado junto a 32 otros asesinados durante la denominada Semana Espartaquista.

29 de enero. Muere Franz Mehring.

11de Febrero. Friedrich Ebert (SPD) es elegido Presidente de la república alemana.

13 de febrero. Scheidemann (SPD) es designado primer ministro.

De febrero a julio se lleva a cabo una "operación de limpieza y pacificación" por el Ejercito y los Cuerpos Libres contra los miembros de los Consejos en las principales ciudades de Alemania.

2 de marzo. Se funda la Internacional Comunista o III Internacional.

El 10 de marzo. Leo Jogiches es arrestado, sometido a torturas y asesinado.

7 de abril. Se proclama la República de los Consejos de Baviera en Múnich.

1 de mayo. Las tropas del gobierno entran en Múnich y tras una sangrienta represión ponen fin a la República de los consejos de Baviera.

8 al 15 de mayo. Se hace una farsa de proceso contra los asesinos de Rosa Luxemburgo y de Karl Liebknecht.

31 de mayo. Es descubierto el cuerpo de Rosa Luxemburgo en el canal Landewer

13 de junio. Se lleva a cabo el funeral por Luxemburgo en el cementerio de *Friedrichsfelde* de Berlín.

22 de junio. El parlamento acepta las condiciones de paz.

El 6 de agosto estalla la revolución de los consejos obreros y soldados en Hamburgo, Breme y se extiende a Hanover, Colonia, Brunswick y Múnich. Es aplastada por los soldados y los *Freikorps*.

11 de agosto. Entrada en vigor de la Constitución Republicana de Weimar.

Este libro se terminó de imprimir
el 1 de enero de 2021

editorial **BETANIA**

Apartado de Correos 50.767
Madrid 28080 España
E-mail: editorialbetania@gmail.com
http://ebetania.wordpress.com

Catálogo de CIENCIAS SOCIALES
(1987-2020)

* *Educación universitaria y oportunidad económica en Puerto Rico*, de Ramón Cao García y Horacio Matos Díaz.

* *La inmigración dominicana en el Tercer Mundo (Seminario Internacional)*, VV. AA.

* *Primer Congreso de Asociaciones de inmigrantes dominicanos en el mundo*, VV. AA.

* *Partidos políticos y movimiento popular en República Dominicana*, de Carlos Julio Báez Evertsz.

* *Derecho rendido y sociedad durmiente (Un ensayo desde el desencanto)*, de Enrique Barrero Rodríguez.

* *Iuris tantum*, de José Alfredo Pérez Alencar.

* *Rosa Luxemburgo hoy: su legado para una izquierda democrática*, de Carlos Julio Báez Evertsz

Obras de Carlos Julio Báez Evertsz en Betania

2011

2012

2016

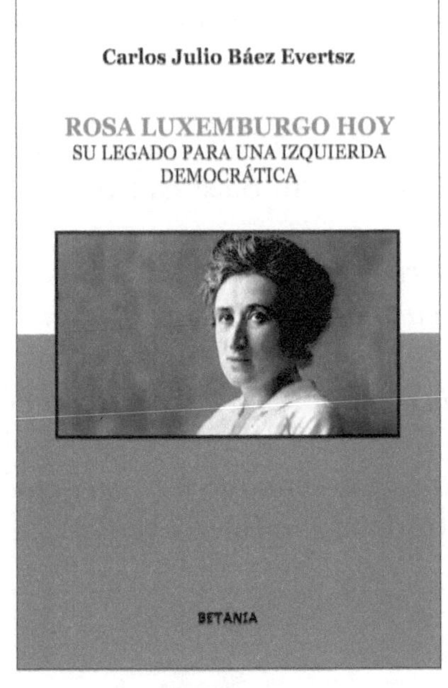

2021

www.ingramcontent.com/pod-product-compliance
Lightning Source LLC
Chambersburg PA
CBHW021944120726
47992CB00001B/140